国家社会科学基金西部项目“城乡统筹进程中土地、资本和劳动力整合机制研究”（12XJY018）资助

城乡统筹发展中的要素整合与机制设计

刘后平　王丽英　著

科学出版社
北　京

内容简介

城乡统筹以缩小城乡发展水平差距，形成城乡发展的良性互动为目的。城乡统筹所追求的是城乡一体化发展，在其进程中，城市、农村两部门的互相作用是促进一体化的关键。而其中，最重要的就是对生产要素配置的整合。城乡统筹发展所涉及的生产要素主要包括土地、资本与劳动力，土地、资本和劳动力同时也是影响农村经济社会发展最重要的因素。为了更好地整合资源促进“三农”发展，本书从全国范围的农村土地、资本和劳动力角度出发研究现阶段我国城乡统筹背景下的农业发展情况，再以机制设计理论与现实结合将三者整合起来，为实现城乡资源的优化配置提供支持。

本书立足于我国城乡发展的现实，从理论、实证和实践经验等多角度综合分析城乡统筹发展进程中要素整合的体制与机制，可供该领域的研究人员、高校师生和政府决策部门人员阅读参考。

图书在版编目(CIP)数据

城乡统筹发展中的要素整合与机制设计 / 刘后平，王丽英著.—北京：科学出版社，2019.11

ISBN 978-7-03-061137-6

Ⅰ.①城… Ⅱ.①刘… ②王… Ⅲ.①城乡一体化-发展-研究-中国 Ⅳ.①F299.21

中国版本图书馆 CIP 数据核字（2019）第 083613 号

责任编辑：莫永国 / 责任校对：彭　映
责任印制：罗　科 / 封面设计：墨创文化

科学出版社出版
北京东黄城根北街16号
邮政编码：100717
http://www.sciencep.com

四川煤田地质制图印刷厂印刷
科学出版社发行　各地新华书店经销

*

2019年11月第　一　版　开本：787×1092 1/16
2019年11月第一次印刷　印张：12 3/4
字数：320 000

定价：99.00 元

（如有印装质量问题，我社负责调换）

前　言

统筹城乡发展是解决“三农”问题的关键之一，是形成城乡发展一体化新格局的重要内容，也是社会政治经济稳定的战略举措和重要手段。城乡统筹工作的开展成效、城乡关系的协调、全社会政治经济的稳定与发展状况都将直接决定我国城镇化、工业化乃至现代化的路径演变和发展质量。目前，统筹城乡综合配套改革进入“深水区”，急需在体制机制改革上有明确的思路和创新，必须统筹解决人、土地、资本、体制与机制建设问题。

本书以城乡统筹进程中要素的整合机制为主要研究内容，用理论联系实际的方法对关于城乡统筹的重大理论与实践问题展开系统研究。在对要素理论和统筹城乡发展的相关理论进行系统梳理的基础上，研究探讨了中国统筹城乡发展进程中各要素的形成过程、利用效率、出现的问题和解决路径，并试图构建起统筹城乡发展的指标体系，尝试对现阶段中国城乡统筹发展的实践进行科学评价。

本书研究聚焦统筹城乡发展的理论和实践问题，以期在理论和实践上进一步完善统筹城乡过程中要素的机制整合与体制改革研究，为提高各要素的配置及利用效率，提升城乡统筹发展的质量和速度进行探索；并以理论为指导，结合国内和四川省城乡统筹的实践经验，提出政策主张和具体措施，以期能为当前和今后城乡统筹实践工作开展提供有益的参考。

本书主要围绕以下八个方面进行研究：

(1) 我国土地产权制度改革的演变与发展。以我国农村土地制度改革的演变与发展为突破口，研究农村土地政策的制度变迁、土地整理确权及农村土地三权分置改革。首先，梳理新中国成立以来土地产权制度的改革历程；其次，在一定评价准则下用发展的眼光对现行土地产权制度进行客观评价，介绍三种土地产权制度改革方案。随后利用 2013 年全国部分地区的调查问卷数据从农地使用情况和流转意愿等角度对我国农地流转的现状、动因进行描述分析，介绍土地流转的有效途径。在土地利用效率与规模经营的研究部分中，首先以全要素利用效率动态模型对我国 1985～2013 年的农地利用状况分析，并结合调研数据说明我国农地规模经营的现状；其次从理论模型上分析实现农地规模经营的微观和宏观条件，提出农地规模经营的实现路径。

(2) 农村资本的形成与发展。主要围绕农村资本的形成路径、资本的利用效率及其与产业发展之间的关系进行研究探讨。首先在概念上对资本进行了规定，再通过对固定资产价格指数、主要农产品产量、生产资料价格指数等指标的描述与分析，反映出农村资本的现状与发展情况，并以永续盘存法对农村资本存量进行了粗略估计；其次，用相关分析法揭示农村资本与融资渠道之间的相关关系并对资本的形成路径进行分析；最后，对不同路径形成的资本在统筹城乡发展过程中产生的影响进行了说明。根据分析，研究当前我国农村中面临的资本来源与利用效率上的现状，并对此提出相关建议。

(3)劳动力与农村劳动力产城转移。主要研究农村劳动力的质与量、剩余劳动力转移的条件和路径以及劳动力转移与区域经济增长之间的相互影响。依据 1980～2013 年相关数据，本部分对全国农村劳动力转移的实际情况进行分析，并寻找转移过程中的规律和特点，然后运用对数平均迪氏指数(logarithmic mean divisa index，LMDI)分解分析方法、线性回归方法以及偏离-份额(shift-share)实证分析模型对农村劳动力转移的影响因素和劳动力在产业间转移所产生的效应进行计算分析。结果发现，影响劳动力转移的各主要因素以及劳动力产业间转移过程中非农产业就业结构的变化对劳动生产率增长的贡献，均随时间推移呈现不同程度波动的特点。

(4)城乡统筹进程中要素整合机制设计。根据系统性与效率公平原则，研究城乡统筹发展过程中的土地、资本与劳动力要素整合机制设计，提升要素生产效率。本部分对城乡统筹过程中各生产要素的流转进行了动机分析，认为科学合理的生产要素整合是遏制要素趋利性带来的严重单向性流动、满足整个社会经济活动达到"帕累托最优效率"的有效措施。本章采用数据包络分析(data envelopment analysis，DEA)法与马奎斯特(Malmquist)指数分析评估我国各个省级区域的要素整合效率。最后在国家发展规划指导下，分析了现行要素整合过程中政府与市场的职能区分。据此，对现行要素整合机制设计过程中发现的问题提出切实的解决方法。

(5)统筹城乡发展与农业产业化。这一部分结合四川省统筹城乡发展与农业产业化实践，对四川农业产业化发展的动力机制及新旧动能转换问题进行了探讨分析。从 2008 年汶川地震以来，中央政府加大了对四川灾后重建的投资力度，带来了当地 2008～2011 年的高速发展。随着 2012 年灾后重建工作陆续结束，四川省同全国一样，进入以"中高速、优结构、新动力、多挑战"为特征的经济发展新阶段。根据农业产业化发展相关理论以及四川省在过去十年的发展情况，分析四川省经济发展各个阶段的特征，采用数据包络分析模型计算出农业投入产出的效率，寻找四川农业产业发展的新动力，探索四川省农业发展新旧动能转化及其实现机制。

(6)统筹城乡与农业供给侧结构性改革。供给侧结构性改革成为当前深化改革和转变经济增长方式的重中之重。本部分以四川省为例，在文献研究和实际调查资料基础上，结合统筹城乡发展与供给侧结构性改革的要求，遵循十八届五中全会提出的"创新、协调、绿色、开放、共享"的理念，围绕"去产能、去库存、去杠杆、降成本、补短板"结构性改革内容展开研究；深入分析了四川省农业要素配置、农业生产和主要农产品供给的现状和问题，建立供给侧结构性改革的目标、理念，深化改革内容，形成改革路径；以农业经营主体为中心，从政府与市场角度研究西部地区供给侧结构性改革的机制及保障体系；从农业内部的产业结构和产品结构方面探索四川省农业供给侧结构性改革问题，提升四川农业发展的层次、优化农产品供给结构、提高农产品特色和品质，实现从传统农业向现代农业、特色农业、绿色农业和效益农业的转变；运用经济学理论和计量经济学实证研究如何实现"要素配置优化、农业提质增效"目标。

(7)"两化"互动统筹城乡创新驱动发展战略。"新型工业化"和"新型城镇化"为新型城乡形态的形成和区域经济发展提供了新的动力和增长极，有助于破解城乡二元结构、缩小城乡差距。而土地、资本、劳动力等生产要素在产业和城乡间转移对区域经济发展具有重要影响。迄今为止，学术界和实际工作部门对此缺乏系统的研究。本部分在对四川省“两化”互动、统筹城乡发展实践研究的基础上，运用要素流动理论、经济增长等相关理论进行综合理论分析，借助于统计模型对工业化和城镇化良性互动发展中的新型城乡形态及产城关系开展理论和实证研究，形成四川省“两化”互动统筹城乡创新驱动发展战略与实施路径的相关建议。

(8)典型经验及借鉴。在我国统筹城乡发展实践中，各个地区由于历史、经济、地理环境等各有不同，因地制宜地探索出了符合各自需要的城乡发展模式。本部分系统梳理我国城乡统筹发展的几大主要模式：成都模式——“田园城市”模式；珠江三角洲模式——“城市-工业”带动模式；苏南模式——小城镇发展模式；上海模式——城乡整体规划模式。对各地区在城乡统筹发展方面的典型经验进行了归纳整理，这些已经经历过实践的城乡统筹模式及经验对我国其他待发展或者正在推进统筹城乡发展的地区具有较大参考价值。

本书得到国家社会科学基金西部项目“城乡统筹进程中土地、资本和劳动力整合机制研究”(12XJY018)、四川省软科学研究计划项目“四川省‘两化’互动统筹城乡创新驱动发展战略实施路径研究”(2014ZR0012)、四川省哲学社会科学“十二五”规划项目“两化互动、农村劳动力产城转移对区域经济发展的影响研究”(SC12B060)、四川省统计局专项课题“新常态下四川农业产业化发展新动力研究”(2015XDL17)、“四川省农业供给侧结构性改革研究”(2016JGX24)、成都理工大学哲学社会科学研究基金重点研究基地建设项目“乡村产业振兴研究中心”(YJ2017-JD005)资助。

在本书相关课题研究的过程中，曾得到四川大学经济学院院长蒋永穆教授学术上的指导，成都理工大学商学院院长淳伟德教授、林宇教授对本书的编写和出版给予了大力支持与帮助，我们的硕士研究生邓霞、王庆瑞、凌弈、张明东、王雪梅、邓浩月、喻水仙、张荣莉、丁姝羽等在资料收集和整理上做了大量基础性工作，在此表示衷心的感谢！同时，感谢科学出版社莫永国编辑等对本书出版提供的支持与帮助！

城乡统筹发展理论机制复杂，实践素材丰富。由于作者理论水平的局限性和实践观察的有限性，对城乡统筹发展等问题的研究和理解还不够深入，本书中难免会存在问题和缺陷，敬请读者批评指正。

目　录

第1章 绪　论

本章主要说明城乡统筹进程中土地、资本和劳动力整合机制研究的背景、目的与意义、研究框架、研究方法及研究创新等。本章有助于读者了解本书研究的切入点、逻辑框架、研究的主要内容与研究方法以及研究的创新等内容。

1.1 研究背景

城市和乡村是构成我国社会经济活动的两个重要区域，由于历史、经济、文化、生产现状和生活方式等方面的较大差异，二者相互区别。同时，在城乡发展过程中二者又密不可分。随着工业化与城镇化的推进，农村资源要素大量流向城市，使得城市在经济社会发展中的优势地位更加明显。改革开放以来，城市和农村面貌都有了重大变化，城乡居民的收入持续增长。城乡发展一体化是影响我国全面建成小康社会和实现现代化的关键问题，也是当前促进城乡统筹发展必须解决的重大问题，也引起全社会的高度关注。十六大报告首次明确提出"统筹城乡经济社会发展"的重大命题。十六届三中全会上，又提出了以统筹城乡发展为首的"五个统筹"战略。十八大将城乡发展一体化提高到是解决"三农"问题根本途径的高度。十八届三中全会提出，必须健全体制机制，形成"以工促农、以城带乡、工农互惠、城乡一体"的新型工农城乡关系。中央的顶层设计与基层的改革创新正在破解城乡二元结构问题。

统筹城乡发展强调的是各生产要素在城乡之间的合理流动配置，但城乡二元经济结构的存在使得要素市场被分割，资源在城乡间的配置效率较低。城乡间生产要素整合机制的建立是改变我国当前二元要素市场格局的新路径，这将有助于建立城乡一体化的产业体系，从而为城乡统筹的深入开展奠定基础。农业在国民经济中的地位不言而喻，农村土地、农村资本与劳动力共同构成了农村三大要素，对这三大要素的整合及其机制设计也是解决统筹城乡发展问题的关键，更是巩固农业基础性地位的关键。

1.2 研究目的与意义

统筹城乡发展是解决"三农"问题的关键，是形成城乡发展一体化新格局的重要内容，也是社会政治经济稳定发展的战略举措和重要手段。城乡统筹工作的开展成效、城乡关系的协调、全社会政治经济的稳定与发展状况都将直接决定我国城镇化、工业化乃至现代化的路径演变和发展质量(杨翼，2013)。

自十六届六中全会以来，党中央确定今后相当长一段时期内的重大任务之一就是要逐步扭转区域发展差距扩大的趋势，实现区域之间的协调发展。中西部地区是我国相对欠发达地区，东部沿海地区的整体发展水平则相对较快、较好，全国范围内的地区发展差异明显，一些地区即使是地区内的城乡发展水平也很悬殊。为在全国范围内全面铺开城乡统筹而选取具有重大影响和带动作用的试点率先开展改革工作，对中央的重大政策措施先试先行，这对缩小城乡差距、加快农村地区发展、推动区域协调发展都有重大战略意义①。根据中国统计年鉴资料，2014 年我国城镇居民人均可支配收入 28844 元，农村居民人均可支配收入 10489 元，前者是后者的 2.75 倍，差距较大②。当前，我国城乡统筹综合配套改革已经进入“深水区”，急需有明确的思路来创新这一进程中的要素整合，进行体制机制创新，统筹解决好人、土地、资本、体制机制建设的问题。

本书以城乡统筹进程中土地、资本与劳动力要素的整合及机制设计为主要研究内容，用理论联系实际的方法对关于城乡统筹的重大理论与实践问题展开系统研究。在对要素理论和统筹城乡发展的相关理论进行系统梳理的基础上，本书研究探讨了中国统筹城乡发展过程中各要素的形成过程及其利用效率，出现的问题和解决路径，并构建起统筹城乡发展的指标体系，对现阶段中国城乡统筹发展的实践进行科学评价。本书研究聚焦统筹城乡发展的理论和实践问题，以期在理论和实践上有所丰富，进一步完善统筹城乡发展过程中要素整合的体制机制，提高各要素的配置及利用效率，提升城乡统筹发展的质量和速度；并以理论为指导，结合国内城乡统筹的典型实践经验，提出政策主张和具体措施，以期能为当前和今后各地区城乡统筹实践工作的开展提供有益的参考。

1.3 研究框架

城乡统筹过程中需要解决的重点难点问题是：①统筹城乡土地制度改革，即如何有效解决农村土地产权及其流转问题。②农村财政金融体制改革问题，即如何形成农村金融资本、投资及其效率问题；城乡统筹发展的产业互动关系研究，即如何处理好人、土地、产业协调发展之间的问题。④统筹城乡劳动力就业与社会保障制度，即如何围绕公平就业与公平保障形成城乡一体化的就业、保障格局的问题。⑤城乡统筹进程中的土地、资本、劳动力整合机制设计，即如何提高城乡生产要素的优化配置问题。

为解决以上问题，本书主要从以下四个方面深入研究：第一，以深化土地制度改革为突破口，研究农村土地政策的制度变迁、农村土地整理确权及土地流转机制。第二，对农村资本的形成路径、资本的利用效率及其与产业发展之间的关系进行研究探讨。第三，研究农村劳动力的质与量、农村剩余劳动力转移的背景和路径以及劳动力转移与区域经济增长之间的相互关系。第四，根据系统性与效率公平原则，研究城乡统筹发展过程中的土地、资本与劳动力整合机制设计，提升要素生产效率。以上的研究都以逐步实现土地集约化、农业现代化、农村产业化、农户社区化、农民工市民化、城乡一体化，形成城乡统筹发展的新格局为中介目标。而最终目标则是要实现要素流转顺畅、经济充满活力、城乡协调发展局面(图 1-1)。

① http：//www.chengdu.gov.cn/special/template/detail.jsp？id=249911&ClassID=02120510.成都获批设立全国统筹城乡综合配套改革试验区，2007.6.11。

② http：//www.stats.gov.cn/tjsj/zxfb/201502/t20150226_685799.html.国家统计局 2014 年国民经济和社会发展统计公报，2015.3.10。

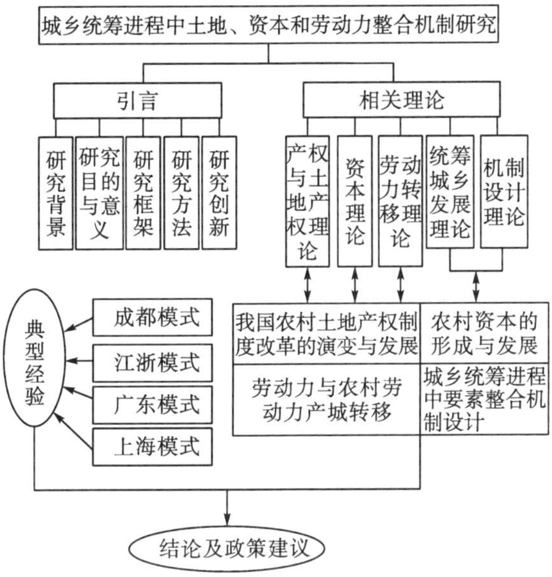

图 1-1　研究框架图

土地、资本和劳动力被认为是推动现代经济增长的三要素，本书根据统筹城乡发展的五大主体(农户、村镇组织、政府、企业、金融机构)，通过政府引导或强力推动、建立完善市场机制、规范契约(农户产权)、法律制度等工具，形成农村发展的正式和非正式制度；对农村土地进行整理、确权、流转整合，建立健全农村产权市场和劳动力市场，推动农村剩余劳动力向非农产业转移；建立完善农村金融市场，为农村产业发展提供资本支持；形成一套良好的城乡统筹发展的土地、资本、劳动力整合机制，提升要素生产效率，逐步实现资源合理利用、发展协调稳定的城乡一体化目标，构筑城乡统筹发展的新格局。城乡统筹发展的土地、资本、劳动力整合机制研究示意图如图 1-2 所示。

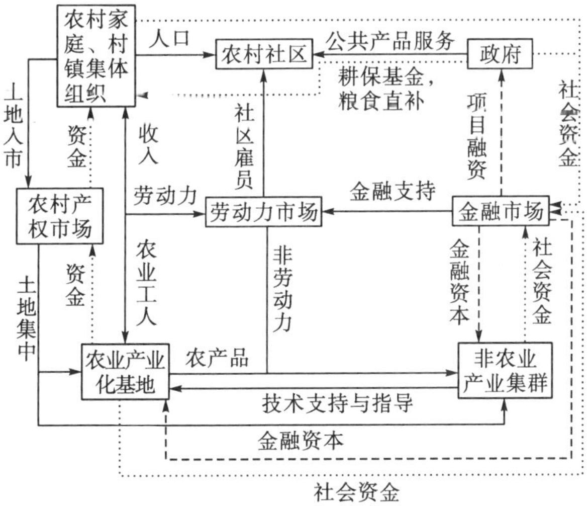

图 1-2　城乡统筹发展的土地、资本、劳动力整合机制研究示意图

注：图中土地、农产品、人口、劳动力流动为实线，资金与资本流动为虚线。

1.4 研究方法

(1)实地调查法。通过问卷调查收集全国 16 个省市区 2012～2013 年度关于农村基本情况的资料，对数据的统计分析了解到我国部分地区土地流转及规模经营以及农村金融发展情况和农村劳动力的从业情况等。

(2)文献调查法。查阅国内外统筹城乡发展相关文献作为理论分析的基础，在土地、劳动力、资本的具体研究过程中对理论及文献研究进行细致评述，并就理论与实践之间的异同点探讨分析，最后总结分析国内城乡统筹过程中形成的典型模式，以期为其他地区的统筹城乡工作提供经验借鉴。

(3)计量模型研究法。借助于新古典经济增长理论及其相关模型，运用数据包络分析(data envelopment analysis，DEA)法分析全国农村土地的全要素动态效率；用博弈论的思维研究农村金融发展在机构与农户之间动态博弈的过程及结果；采用对数平均迪氏指数(logarithmic mean divisa index，LMDI)分解分析方法、线性回归方法以及偏离-份额(shift-share)实证分析方法对农村劳动力转移及其对经济增长的作用进行分析；以数据包络分析方法对全要素整合机制进行效率评价。

(4)理论研究法。根据经济发展理论、产权理论、机制设计理论、动态博弈理论等进行理论探索。

1.5 研究创新

(1)理论创新。国外学者对发展中国家二元经济结构下的理论分析偏重于城市和城市产业的发展及对农村劳动力的吸引，对于农村基本生产要素的整合、流转与配置、城乡统筹发展少有论述。国内学者们对城乡统筹发展中的土地问题、劳动力转移问题、缩小城乡收入差距问题等都有比较深入的研究和成果。统筹城乡发展是一个系统性问题，而立足于要素整合配置效率和城乡统筹发展的体制机制的理论研究却非常欠缺，难以对实践进行系统指导。本书立足于全国土地、资本、劳动力整合机制设计是一种理论创新。

(2)研究方法创新。作者在研究过程中运用了理论分析、实践分析和计量模型三位一体的研究方法，丰富发展了本领域的学术研究思路。在理论分析上，系统梳理现有理论的研究成果，总结借鉴有用成分；在实践分析中，在问卷调查和典型资料基础上，进行描述分析和归纳总结；计量模型分析上，根据实际问题采用多种计量分析工具，得出具体结论和一般特征规律。最后，三种方法结合为一体，通过综合性、层次性、系统性地分析，为研究结论的形成奠定科学基础。

(3)科学性与实用性相结合。作为一个应用经济研究成果，本书研究注重理论分析的科学性，在城乡统筹、城乡一体化发展理论上，突破传统思维，将要素整合、要素平等交换思想融入作为重要指导思想，从整体上构建整合机制，理论分析上具有逻辑一致性。在整合机制运行和相关政策措施上，结合区域特征，注重可行性，对现实经济发展和城乡统筹发展提供指导。

第2章 要素整合与城乡统筹相关理论

本章围绕产权和土地产权、资本、劳动力、城乡统筹发展、机制设计理论等全面梳理城乡统筹与农村农业发展相关的理论；分别对马克思主义产权理论和西方经济学产权理论进行分析，为城乡统筹发展相关主题研究奠定理论基础。

2.1 产权与土地产权理论

2.1.1 马克思主义产权与土地产权理论

马克思认为产权是法权的组成部分，产权是资本主义私有制关系的体现，构成了资本主义社会运行的经济基础。在市场经济中，对商品与劳动力的所有与转让、使用都是建立在产权这一经济基础之上的，当交易双方达成意见一致时，交易就得以进行。马克思的这一重要观点的提出对科学的产权理论的形成起着至关重要的作用(吴易风等，2009)。

马克思在研究所有制与产权关系时还指出，两者之间产生的先后顺序有所不同，所有制先于产权而存在，产权的产生是在私有制产生后才出现的。而且，两者的归属范畴并不同，不同于所有制这一经济领域的范畴，产权是在法律的范围内被界定(中共中央马克思恩格斯列宁斯大林著作编译局，1995)。

马克思认为产权是顺应历史的发展而产生的。在自然经济条件下，依次存在着产权的三种历史形式，即原始的土地财产权、劳动工具所有权和劳动者对生活资料的所有权。这三种产权形式是与不同的劳动方式相适应的；而在资本主义生产方式下的产权形式仅仅体现在劳动力的所有权上，即劳动者享有支配自己劳动力的权利。

马克思指出在两种不同的产权规律作用下，劳动与所有权分别归属于不同的目标群体(中共中央马克思恩格斯列宁斯大林著作编译局，1979)。在第一条规律中，流通领域中的劳动者可以通过让渡劳动力的使用权获得工资，双方在法律上都是平等的人。而在第二条规律中，对工人而言，自己的劳动产品变成资本的财产；对资本而言，不支付等价物就可以占有他人劳动。因此，劳动和所有权不再具有同一性(中共中央马克思恩格斯列宁斯大林著作编译局，1979)。这会导致资本主义社会下劳动力产权的无偿占有与无偿提供(中共中央马克思恩格斯列宁斯大林著作编译局，1979)。

马克思研究的产权是与财产相联系的。其包含对商品的占有、使用、支配、经营和继承，在不同的社会阶段，产权的内容有所不同。例如，在原始社会，实行公有制，奴隶社会奴隶主完全占有财产(中共中央马克思恩格斯列宁斯大林著作编译局，1979)。而随着历史的发展，私有制产生，随之产生的还有对劳动力的剥夺与剩余价值的榨取(中共中央马克思恩格斯列宁斯大林著作编译局，1979)。除此之外，对私人财产权利的继承也是私有制的产物与要求。

马克思对土地、资本与劳动力所有权的归属问题也有系统的研究。马克思认为他们归属的主体并不局限于同一个主体(吴易风等，2009)，土地所有权隶属于地主阶级，资本所有权属于资本家阶级，而劳动力所有权属于劳动者个人。

2.1.2 西方产权理论

新古典经济学和福利经济学有其自身的缺陷，两种理论都建立在私有制的基础上，前者强调完全竞争的重要性，而福利经济学更重视用政府的干预作用来消除外部性的影响。西方产权理论在两者的基础上进行了补充与发展，最终形成了自己的一套理论。

西方产权理论对福利经济学的这种方法提出了挑战。该理论认为，外部性问题是市场失灵的表现，而产权的界定不清是外部性产生的根源。因此必须把产权的界定引入经济学的分析当中。在西方产权理论的产生与发展过程中，最重要的代表人物是罗纳德·科斯。他首次把产权问题与资源配置的有效性问题紧密联系起来，从产权和交易成本的角度，重新对实现帕累托最优效率进行了反思，并把交易成本、产权等范畴引入到资源配置的有效性分析中。继科斯之后，德姆赛茨、张五常、巴泽尔、阿尔钦等人又对产权理论进行了多方研究，形成了一个研究交易费用、产权制度与经济效率之间关系的新制度经济学产权理论体系，这些研究对西方产权理论的发展做出了重要贡献。

(1)科斯的产权理论。科斯在《论企业的性质》一文中，首次将交易费用的高低与产权界定相联系；在之后的研究中，他又对产权对资源配置的影响进行了详细阐述，形成了“科斯定理”的主要思想。同时，斯蒂格勒也对科斯定理进行了总结。最后，科斯定理中的三个部分：产权、交易费用和资源配置效率之间的相互作用构成了导致帕累托最优效率的条件(吴易风等，2009)。

《新帕尔格雷夫经济学大词典》中对与科斯定理有关的内容的阐述主要有三个方面：即“自由交换论”“交易成本论”“完全竞争论”。“自由交换论”是以产权明晰为前提的。“交易成本论”认为，在交易成本为零时，法定权利的最初分配从效率角度看是无关紧要的，是不影响效率的。“完全竞争论”是从市场角度对资源配置的效率进行的分析，资源配置的效率与完全竞争市场下的产权归属问题无关。三种说法实质上是一样的，只是从不同的条件表达了一个相同的结论，即产权的最初分配是无关紧要的，市场经济能够达到帕累托最优(吴易风等，2009)。

(2)德姆赛茨的产权理论。德姆赛茨是西方产权理论的代表人物之一，他对产权的基本理论进行了深入的研究，为西方产权理论基本分析框架的形成奠定了基础。

德姆赛茨关于产权起源问题的解释是研究产权产生过程的经典论述。首先，德姆赛茨认为，产权是一种社会工具，能够为外部性的内部化提供激励，是解决外部性的重要方式。具体来说，当产权界定的收益大于成本时，产权制度就会产生。其次，产权关系建立以后并不是一成不变的，随着知识的变化，新技术的出现，新市场的开发，新的事物和做同一件事的新方法的出现，会引起人们对产权关系的调整。最后，产权的产生与资源的稀缺性有关，如果资源取之不尽用之不竭，就无需界定和保护产权。随着人口的增长和市场规模的扩大，资源变得稀缺，人们在资源使用方面的摩擦和对抗也逐步加剧，产权的形成成为必然。

德姆赛茨以加拿大东部印第安部落在18世纪初建立的土地私有制为例论证他的观点。他说道，居住在加拿大东部的印第安人一直过着自给自足的生活，狩猎所得供自己使用。但随着 18 世纪海狸毛皮贸易的不断发展，毛皮价格大大上涨，从而影响了当地的狩猎活动，使海狸这种动物变得稀缺。正是资源稀缺程度和相对价格的变化，通过建立私有狩猎区来养殖和保护动物变得有利可图；或者说，确立私有狩猎边界所获收益将大于付出的成本，于是私有产权制度才得以产生(吴易风等，2009)。

(3)张五常的产权思想。张五常对现代契约理论的形成和发展做出了重大贡献，其中一个重要的方面是他对土地契约选择的研究。他在《佃农理论》(2000)一书中，从交易费用、风险规避两个方面对农业土地契约选择进行了研究。

张五常指出，在资源所有者所拥有的私有财产给定的条件下，所有者可以选择不同的资源组合的契约安排。其中，主要有两个因素影响他们对不同类型契约安排的选择：①自然风险。张五常将自然风险定义成“对生产价值的方差(或标准差)的自然特征或状态所起的作用”。通过安排契约以符合风险成本低于最终所获得的要求，因此所有者会采取一些措施：搜寻有关未来的信息、选择风险较小的方案以及选择那些能将他的风险负担分摊给其他人的安排。②交易成本。在上述契约缔结过程中产生的交易成本会有不同的组成内容。交易成本的存在会有三个可预知的效应，即减少交易量，影响资源使用的边际等式(即帕累托最优)和使用的密集度、影响契约安排的选择(张五常，2000)。

在上述分析的基础上，张五常结合自然风险中的第三种选择和交易成本中的第三个效应提出了一个假说：契约条款因为交易成本的存在而不同，而它的最终目的是及时对风险加以规避，从而达到收益最大。

交易费用是决定产权形式的一个重要因素。张五常对土地契约选择的研究虽然是以200 多年前的佃农时代为背景，但对于产权理论的发展关系重大。它不仅对围绕土地进行的财产权利的划分提供了参考，而且对在两权分离状态下的现代企业的利益分成方式的选择同样具有十分重要的借鉴意义。

(4)巴泽尔的产权思想。巴泽尔建立了一个产权分析的理论模型，用于考察产权界定、经济组织、排队问题、合同安排和奴隶制等问题。

巴泽尔产权思想的一个重要概念是公共领域。他认为在每项交易的交易成本会使得相应的财产权界定不明晰，而这一部分财产权利就进入“公共领域”，并列举了卖樱桃的例子来说明由于信息不对称导致的过度挑选问题，结论是如果攫取财富的机会等价于在公共领域中寻找财产，那么个人就会花费资源去攫取它。同时他认为，权利应该配置给受交易成本影响最大的一方。在巴泽尔看来，一项资产产生的收入流越易于受到他人的影响而该人又不必为此承担成本，那么该项资产的价值就会越低。换言之，实现资产净值的最大化需要有效地约束那些不承担成本就可以利用所有权的行为。

产权研究的重要前提是交易成本为正。不同于瓦尔拉斯模型，其交易不仅需要价格协调还需要非价格的配置和组织协调。巴泽尔的交易成本模型中假定单纯的价格调节即可，制度、组织是多余的，所有的市场协调问题可以在充分信息条件下通过价格瞬间完成。巴泽尔将价格控制和排队结合起来分析市场上的协调机制，得出的结果是，由于交易的复杂性，市场参与者除了可以以价格和数量作为市场调节的手段外，还有其他的调节余地，比如花时间排队等候等。

由此可见，巴泽尔的产权体系是以承认交易成本的存在为前提，各种各样的交易成本就决定了交易各方在合作过程中无法清晰地界定各方的财产权利。那些没有界定清楚的财产权利被置于公共领域，形成公共财产。此时，交易的一方就会花费资源去攫取这些公共财产，从而使另一方受损。各种组织形式(包括企业)就是为了约束对公共财产的攫取和提高产权的效率。在组织中，对于最终收入影响最大的交易一方应该成为最大的剩余索取者。另外， 巴泽尔认为还应该将政府纳入资源配置的主体当中去。巴泽尔还将他的产权理论用于分析非市场下的资源配置、反垄断、发明创造、盗窃等方面(杨德才，2007)。

(5)阿尔钦的产权思想。阿尔钦对产权内容的理解可以归纳为两方面：首先，产权是强制实施的，即产权如果界定清楚了，会存在一个外在的制度在保护财产权利；其次，产权是一种使用权，产权的实现体现了产权所有者在不同权利之间进行的选择。基于此得到的结论是，较强的(得到有效保护的)产权比较弱的(保护不力的)产权价值更大(杨德才，2007)。

阿尔钦研究的另一个领域是公司产权问题。由于私有产权可以通过让渡、转移实现流动与分离，那么不同的产权就可以通过结合开展生产活动，这就是现代法人企业组织存在的前提。在阿尔钦的产权理论中一个重要概念就是“队生产”。在“队生产”中，产出不是每个特定的投入之和，而是由一个团队生产出来的无法分解的价值。特定的某种投入往往无法独自生产出产品，只有将不同要素结合起来才能生产出产品，要素结合会产生“1+1>2”的效果。与巴泽尔不同，阿尔钦认为每一种投入的边际产出都是可以衡量的。因此，“队生产”的价值大于各种要素单独投入的产出之和时，对“队生产”影响较大的专有资源的所有者应该获得剩余索取权。若专有资源用于其他地方，其价值将大大减小，因而企业的成败对专有资源的所有者影响最大，他们应该成为企业的雇主或老板。因此，企业就是特有资源和受约束的一般性投入组合起来的团队(杨德才，2007)。

2.2 资 本 理 论

马克思《资本论》和西方经济学均有对资本的理论研究。马克思认为资本就是能够带来剩余价值的价值，货币转化为资本的前提是劳动力成为商品，资本体现了剥削性质，是资本家无偿占有剩余价值的原因。而在西方经济学中，土地、资本、劳动力只是生产要素，并无剥削及阶级属性。马克思对资本的主要理论阐述贯穿于三卷《资本论》中，其理论是在资本主义高速发展的时代背景中应运而生的。虽然马克思对资本的形成、流通以及积累过程的论述重在揭示资本主义经济运行的基本规律。但是，马克思对古典经济学中的资本理论进行了科学的扬弃，揭示了资本形成与发展的一般规律，从而形成了科学的资本学说。

总的来说，马克思资本理论在《资本论》中第一卷是从资本的一般生产过程开始，在资本的生产过程中，从商品和货币的分析入手，创造了著名的劳动价值理论和剩余价值理论以及资本积累理论；第二卷对资本的流通过程进行梳理，有代表性的理论是资本的循环与周转理论、社会再生产理论；第三卷资本主义生产的总过程的分析是从理论回到现实，用理论再现土地、矿山资本、金融资本以及剩余价值在整个资本家阶级的分配。理解《资本论》基本逻辑框架，有助于我们对现实案例和经济现象进行分析。

(1) 劳动价值论。劳动价值论的形成是在对商品与货币的起源和本质的论述中展开的。马克思把商品和货币作为一切问题的起点，足以看出他们的基础性地位，对商品和货币相关概念的理解变得尤为重要。劳动价值论中首先是对劳动创造价值的过程进行了说明，而劳动的二重性——包含了对商品的价值与使用价值的创造，商品的价值与使用价值分别是由抽象劳动与具体劳动所创造的；在劳动二重性的基础上，马克思进一步探索了货币的起源与本质，即货币是在交换过程中产生的，在货币价值形式的变迁中，由简单的价值形式过渡到扩大的价值形式，再到一般的价值形式，最终形成了货币的价值形式，货币成为一种特殊的商品。

但货币的商品属性与货币最终转化为资本是不同的两个问题，货币要转化为资本的一个前提条件是劳动力也成为一种商品，货币购买劳动力后，货币便转化为资本。资本的本质属性——一种带来剩余价值的价值也体现在了资本的总公式 $G\text{-}W\text{-}G'$ 中，其中 $G'=G+\triangle G$，这与商品流通的公式 $W\text{-}G\text{-}W$ 在中间媒介和终点起点上都是不同的，资本总公式要求最后的 $G'>G$，多出来的部分就是资本的增值，是资本流通这种为卖而买的活动所要达到的目的之一。

(2) 剩余价值理论。剩余价值理论是马克思理论的伟大创举。正是因为在劳动价值论中引出了资本流通过程中产生的资本增值的概念，证明资本的这一增值结果是不能离开流通过程而存在的。但马克思也指出，资本的增值并不是在流通过程中产生的，而是在生产领域进行的。在资本主义社会中，劳动力是自由的，这就决定了它可以作为商品而存在，如果一项资本可以转化为劳动力，则它应归属于可变资本。与可变资本相对的不变资本则是由资本转化为生产资料而带来的。结合劳动价值论中的劳动二重性来说，就是形成使用价值的具体劳动会带来旧价值的转移，形成价值的抽象劳动会带来价值的增加。剩余价值的产生则是在划分了可变资本与不变资本以后的资本变动的结果，而这项划分也是马克思《资本论》的重大贡献，这些在古典政治经济学中是没有出现的。

资本家为了获得一部分资本和资本增值，总需要预付一些资本，而预付的这些资本其实也是在资本再生产环节中从前期积累下来的。即，$C=c+V$，其中 V 代表对劳动力购买所支付的货币。实际上，马克思对剩余价值理论分析是分别就绝对剩余价值与相对剩余价值进行的，两者的分析切入点各有不同。绝对剩余价值产生于对工作日的延长，这时的不变量是生产率和劳动强度；相对剩余价值则是通过压缩必要劳动时间、延长剩余劳动时间而产生的剩余价值。

(3) 资本积累理论。在资本的形成与资本的增值过程都已经阐述清楚后，资本是如何积累的就是《资本论》第一卷关于资本生产过程中的最后一部分内容。资本积累是将剩余价值投入再生产，用于资本家生产的扩大，当然这一过程必须满足相应的条件。应注意的一点是，资本的投放规模是不断扩大的，这源于对劳动过去的占有并没有支付相应的报酬。马克思在这一问题上的阐述首先是从简单的再生产过程开始的，这样的资本积累是同一过程的不断重复，但再生产是物质资料的再生产、资本价值的再生产和生产关系再生产的统一。在此之上，马克思还总结了资本积累的一般规律，这项规律会随着资本主义制度的存在而长久存在于资本主义社会：财富积累越庞大，无产阶级的数量会越来越多，他们也会更加贫穷，最后也会出现相对过剩的人口等问题。

(4)虚拟资本理论。马克思在《资本论》中对虚拟资本的解释在内容上是比较分散的。总的来说，马克思将虚拟资本也归为资本的一种。因此，虚拟资本也是一种能创造剩余价值的价值，尽管虚拟资本的产生与发展是建立在一定的社会经济发展基础之上的——即社会生产力的发展带动了社会化大生产的发展，从而资本主义社会的机械化大生产取代了手工小作坊的生产方式，资本家们不再满足于商业资本的功能，金融资本成为他们迅速赚取利润、完成资本增值的有利手段。但是，虚拟资本的理论基础仍然是科学的劳动价值理论，它所包含的范围十分广泛。在虚拟资本的产生过程中，它经历了从货币变为商品最后再形成货币，创造剩余价值的全过程，即 $G—W—G'$ 的这一过程(王为，2013)。其包含三个环节，实现由 G 到 W 的是购买环节；经过生产最后销售出去，这一过程才得以结束。马克思也提出，虚拟资本的形成过程就是资本化的过程。然而由于虚拟资本本身虚拟的特性，它就具有风险，在促进经济进步的同时也会导致泡沫的产生与经济危机的爆发。这样，现代经济发展过程中对虚拟资本的合理运用尤其重要。

(5)西方经济学中的相关资本理论。维克赛尔的货币循环理论主要揭示了货币利率与实际利率的关系，强调中央银行的干预作用会导致最终的市场失灵。而他的货币理论的继承者哈耶克进一步提出货币自由化理论。同时，货币自由化理论中论述了保持货币中性和货币自由的重要性。在研究了资本与信贷的相关发展历程后，哈耶克又进一步组织形成了市场过程理论与经济周期论，他认为支出之所以会出现周期性经济波动，主要是因为生产结构的变化(陈曦，2012)。他在计算货币数量时将其与物价水平联系了起来。萨缪尔森等人否定了马克思的以剩余价值为核心的资本积累理论。他们通过分析西方经济的发展历史得出：资本数量增长快，人口数量增长慢，这就导致了资本深化。基于对于现有资本主义制度的维护，哈耶克与萨缪尔森等人都对马克思的资本理论进行了批判，立场不同也是西方经济学与马克思主义经济学的不同之处的体现。

2.3 劳动力转移理论

1)西方的劳动力理论

(1)古典劳动力转移理论。资本主义的工资是劳动力价值的货币表现，也即是劳动力的价格。随着资本的自由流动，农业劳动生产率会不断提高，造成农村劳动力过剩现象的出现，而此时制造业产业工人获得的劳动报酬明显高于农业中农民进行种养殖所获得的报酬，因此这个客观存在的收入差距就会引导低收入的农民向能够取得较高收入的工业部门进行转移，以获取更多的劳动报酬(威廉·配第，2006)。总的来说，这就是经济因素对农村劳动力转移产生的影响(雷文斯坦，1880)。

(2)刘易斯的二元经济发展理论。著名发展经济学家、诺贝尔经济学奖获得者刘易斯是系统论述发展中国家二元经济结构的先驱人物。刘易斯(1989)在其论文《劳动力无限供给条件下的经济发展》中，首次明确提出了二元经济结构的思想，并被后人称为刘易斯模式，也被称作无限供给过剩劳动力发展模式。刘易斯认为农业相对于工业，农村相对于城市，由于劳动生产率存在显著性差异，从而形成城市产业对农业劳动力的虹吸效应，农业剩余劳动力会源源不断地从农村转移到城市，农业劳动生产率也随之提高，城乡差异不断缩小，从而实现二元经济向一元经济转化。

(3) 其他发展经济学家的劳动力转移理论。农村劳动力转移还会受到其他因素的影响，其不仅与农业经济中的技术发展水平、人口的增长速度和资本存量的有机积累有关系(拉尼斯和费景汉，1961)，而且与整个国家的消费结构(Jorgenson，1961)和农村劳动力在城镇顺利找到工作的概率有关(Todaro，1969)。

2) 我国劳动力转移理论

(1) 城乡收入差距和经济发展水平研究。①在区域之间转移，高国力(1995)从发展水平和经济结构的角度出发对农村劳动力进行研究，结果发现不同地区人均 GDP 水平间的差距是引起劳动力在区域间进行流动的最主要因素。这一观点也得到了蔡昉等(2002)和吴兴陆等(2005)研究的支持。②在产业之间转移，马颖等(2007)的分析结果也表明城乡收入差距特别是各个产业之间收入差距是农村劳动力在产业之间转移的主要原因，这个观点得到了尹少勋(2010)、李培林等(2011)的验证。③在城乡之间转移，朱农(2005)发现城镇的人均 GDP 水平与农村人均 GDP 水平之间的差距越大，农村劳动力越会进行转移。

(2) 劳动力转移的收益成本等因素研究。劳动者自身情况包括性别、年龄、受教育年限、农业收入和居住地经济环境等因素是影响劳动力流动的内在动因(蒋乃华，2002)，城乡基础教育、社会保障制度差异是农村劳动力转移的外在原因(刘后平，2006)。个人禀赋、就业制度、产业政策和教育制度都会影响农民工是否能够顺利地在城镇找到工作(胡俊波，2007)。有学者认为，农村劳动力转移受到转移所带来的成本与收益的权衡影响，只有转移所带来的收益大于成本时，劳动力才会进行转移(杜书云，2007)。劳动力转移所带来的收益和成本会很大程度取决于农村劳动力的自身情况，如自身知识技能、子女问题以及信息不充分等(李梦和黄敬宝，2010)，也取决于农民工在城市的收入与生活的成本。

3) 农村劳动力转移对经济增长的影响

在理论上，农村劳动力在城乡和产业间转移对经济增长的影响具有两面性，一方面可以带来全社会的经济效益和社会效益的提高，促进经济增长并缩小城乡差距(张勇，2009)；另一方面也有可能造成农业发展的不稳定，主要表现为农村劳动力转移不仅转移了农村富余劳动力，而且还转移了部分必要劳动力，导致农业生产中的劳动力不足(黄建强和郭宗萱，2011)，以及农业劳动力老龄化与农村的空心化。

2.4　统筹城乡发展理论

1) 空想社会主义者的乌托邦思想

空想社会主义者的乌托邦思想体系最早产生于 16 世纪，它们不能算作真正的统筹城乡理论。其代表人物主要有圣西门、傅里叶与欧文。在资本主义社会中，城市发展产生了一系列社会经济问题，一些学者渐渐意识到了城市发展与农村协调的必要性，并且在此基础上提出了自己的构想，这些学者后来被称为空想社会主义者。但这些学者心中构建的理想城市是与当时资本主义生产方式相悖的，并且他们脑海中的城市还仅仅停留在大致的框架描述上，并没有实质性的突破。虽然这些构想最终都以失败而告终，但这些学者所探讨的城市发展模式上的思想为后来的建设花园城市的倡导与规划提供了思想来源。

2）马克思主义城乡融合思想

城乡融合在马克思、恩格斯看来就是要消除城市与农村之间日益扩大的社会经济差距，消除两者之间的对立(中共中央马克思恩格斯列宁斯大林著作编译局，1995)。因此，他们的这一思想是统筹城乡发展思想的重要理论基础。在资本主义社会经济快速发展的同时，也带来了资源浪费，劳动力转移与资源掠夺在潜移默化地影响城市与农村地区的统一与稳定。为了实现城乡融合，两位学者提出，首先，是采取措施促进农业劳动生产力的提高，这一过程是缩小城乡差距的根本阶段，只有使农业作为国民经济的基础地位得以巩固，农业劳动生产率得以提高，才能真正带来城乡融合(中共中央马克思恩格斯列宁斯大林著作编译局，1995)；其次，私有制的存在是阻碍城乡融合的制度因素，消灭了私有制之后的社会可以充分发挥劳动力的主观能动性，利用他们的创造性与积极性来进一步促进农业生产力的提高；最后，在发展农业生产力的同时不能忽视城市发展水平的提高，城市发展带动农村与城市的共同进步。

3）社会学和城市经济学对城乡关系问题的研究

⑴田园城市理论。19世纪末，田园城市理论首次由英国人霍华德提出。在他所规划的田园城市中，系统地将城市管理过程中面临的土地规划、税收、区位优势等问题加以阐述，为现在城乡统筹工作奠定了坚实的理论基础。他的理论是之前16世纪的欧文、傅里叶等学者空想社会主义的升华，城市的田园即农村或郊区，在城市周围要统一发展与它有密切联系的田园，由此可以解决城市中人口与资源相协调的各项问题。

⑵有机疏散理论。从城市发展的历史过程来看，经济发展会使得城市急剧膨胀，甚至出现许多巨型城市或超级城市，这样的超级城市会带来巨大的社会经济问题，城市发展可能面临瓶颈。20世纪中期，沙里宁提出了有机疏散理论。他主张将城市看作是有机的，以一个整体作为分析基准，运用城市发展中各要素要相互整合的思路，这样的有机疏散理论实际上是将一个大城市分割成若干个较小的部分，这些部分被称之为集镇，自此各个集镇之间的差距便被小化了，但大城市内部的各个集镇需要相互联系。这样的城市内部发展既统一又分散：城市中包含农村，农村外围是城市。除此之外，美国学者赖特的广亩城也和有机疏散理论异曲同工。

⑶芒福德的城乡发展观。城乡发展是一个有机的统一体，这是美国城市学家芒福德的主要观点。城市与农村相比较，不能简单地在重要性上进行排序，要形成分散即是统一，统一中有分散的城乡关系。此外，芒福德对城乡关系的探索也支持将城市有机分散进行管理。

⑷城乡一体化发展模式。这里提到的城乡一体化发展模式是以亚洲作为考察对象的，由加拿大著名学者麦基研究发展而成。亚洲地区国家之间有着大致相同的工农业发展模式

和城乡发展历程。在多年的研究中，麦基发现，由于上述原因，亚洲国家的城乡界限变得不明显，主要表现在城乡边缘的地区共同经营农业与非农业经济，而这会导致该地区最终与城市地区的融合，实现城乡统筹一体化。

4) 城市中心理论与乡村中心理论

城市中心理论以杜能的“孤立国”理论为代表。他的孤立国理论是建立在一个假设之上的：即存在这样一个孤立的国家，其中心有一个孤立的城市，城市的外围是由乡村组成的一个个同心圆形状的环，在每一层次的圆环中都因为不同的地理区位和运输费用等因素而拥有不同的主要农作物；处在不同环带上的农村负责给处于中心地区的城市提供这些农产品，而农产品被运输到城市中进行加工后，再被运送回农村地区。他的这一理论是建立在以城市中心的基础之上。除此之外，刘易斯的二元经济增长理论和 20 世纪中期的弗里德曼的核心边缘理论也突出了城市的中心地位，总结出在发展中国家的一种普遍现象：城市在城乡二元经济中占主导地位，而这种不平等的地位也导致了城乡间日益扩大的差距。

美国经济学家舒尔茨则强调农业或农村在国民经济中的重要作用，农业不只是为工业提供原材料和服务的部门，也是国家经济发展的重要一环，强调农业的基础性地位就要强调其对劳动力运用、优化资源配置与人力资源的作用。

5) 城乡统筹理论

前述理论的发展都可以看作是对城乡统筹理论的梳理与贡献。不论是强调以城市为中心还是以乡村为中心，都不能很好地满足协调发展的要求，因此必须追求两者的和谐统一。这其中朗迪勒里的“次级城市发展战略”就为发展中国家的城市发展提供了思路，由大城市与小城市之间的关系反推到小城市与农村之间的关系，处理好这两对关系才能获得国家和社会的全面发展；日本城乡统筹理论专家岸根卓郎倾向于建立一个环境优美，人与自然和谐共居的美好家园，这需要借助于城乡之间的强大引力，发挥各自的优势进行城乡统筹。道格拉斯则设立了一个区域网络发展模型，使城市与农村被割裂的问题得以解决。而国内的城乡统筹理论发展也大致建立在以上的思想上，着力解决如何设计出有效的城乡整合机制来协调城乡经济，从而逐渐破解城乡二元经济结构。

2.5 机制设计理论

机制设计理论是自亚当·斯密(2005)于 1776 年提出的“看不见的手”理论以后，在政治社会学与经济学研究中的重要问题。大多数经济学家都赞成市场在资源配置中的基础性作用的观点，但是“看不见的手”发挥的作用在非理想状态下是不完全的。这是因为并不是所有的交易都发生在市场中，这就产生了不对称的信息与信息传递渠道。机制设计理论就是着力解决这类问题——怎样设计出有效的整合机制达到资源的最优配置。

1) 国外研究成果

国外的机制设计理论的研究开始于 20 世纪后期，微观经济学领域中颇有建树的里奥尼德·赫维茨和他之后的马斯金与迈尔森探讨了如何在不同情况下通过建立相互激励机制克服信息传递渠道不平等的问题。他们的思路在公司管理人员与领导层中间产生了很大的启发，帮助现代社会中的企业有效设计出管理方案和交易条件，是在机制设计上很有效的理论框架。

(1)赫维茨的机制设计理论框架。机制设计理论框架的建立是在20世纪60年代，对理论框架的建立起到极大作用的是波兰科学家赫维茨，他的理论落脚点就是激励机制的设立。由于信息传递的不充分会导致较高的信息传递成本，而企业又致力于减少这样的成本，这就需要设计出有效的激励机制来使委托人与代理人之间的信息掌握尽量真实可靠(Hurwicz，1960)。当然，信息的传递有其自身的复杂性与多样性，信息传递与激励相容的关系必须在可允许的范围内加以维持。机制设计主要需要达到两个目标：信息传递成本最小化与激励相容(Hurwicz，1972)。有了机制设计理论框架的建立，各个市场中的制度设计也将变得可行。

(2)显示原理与执行理论的发展。这两个著名的理论是机制设计理论发展过程中产生的，对机制理论的完善起到了很大的作用。显示原理仍是由赫维茨提出的，他在建立了机制设计理论的基本框架后提出了一个问题：是否解决了信息传递与激励相容这两个问题，就可以找到一种最优的机制来实现整个社会中众多难题的整合，或者说这种机制是否适用于各种情况下的市场。“显示原理”就是旨在帮助人们找到一种最优机制来妥善解决诸多难题(Hurwicz，1973)。

在执行理论之前，人们普遍相信占优策略的效果，认为自己的策略最优是可以得到的认定的。但是在之后的学者研究中认为代理者并不是在任何情况下都会传递真实信息。因此，美国经济学家马斯金针对这一问题将博弈论的分析思路引入机制设计理论当中，以此对“显示原理”与“执行理论”进行了补充。

(3)机制设计理论的应用扩充。机制设计理论最先开始于中微观的经济领域，到现在已经在各个领域都有所运用。在宏观上的社会制度转型与税收体系的建立都体现了机制设计理论。该理论在不同行业中也有所体现，最明显的就是机制设计与拍卖行业的互相结合，不同种类的拍卖物品的拍卖机制会相应变化，最优拍卖机制的建立很有必要。因此，制度设计可以是宏观层面的，也可以是微观经济主体所考虑的。

2)国内研究成果

机制设计理论不仅仅对发达的市场经济条件下的社会具有指导意义，对社会经济运行机制不太健全的发展中国家也可以提供一般性的机制设计思路。国内的相关研究成果主要集中在委托代理与激励相容上。田国强(2003)介绍了机制设计理论的一些基本成果，讨论了自立行为、自由选择、不完全信息、分散决策、激励与经济机制设计的关系问题，其成果对思考、分析和解决中国经济改革、制度转型和企业管理问题提供了有效思路。邓泽辉(2010)强调委托-代理关系是不同变量之间的一种复杂函数。彭美玉等(2007)运用新兴古典超边际分析方法，构建了道德风险模型。臧锐等(2010)按照“资源有效配置、信息有效利用、激励相容”三个机制设计标准进行了增强城市群综合承载能力的政府合作机制设计，构建了政府合作增强城市群综合承载能力的理论分析模型。赵曦等(2012)指出制度与机制设计的战略重点是建设法律制度、创新管理体制、规范政策体系、改革资源体制和加强监督评估。只有通过全新的制度安排和机制设计，才能真正确立科学推进西部大开发战略的管理协调机制、政策传递机制、要素整合机制、生态保护机制和社会稳定机制。

国内的研究大致上从新规制经济学对机制设计的动态问题、传统理论等方面提供了许多意见，并总结了机制设计理论应用到规制政策的设计中可能出现某些局限性，如下所述。

(1)经济参与主体之间的策略选择问题。这实际上也是对信息传递问题的进一步阐述。政策制定者要求企业提供真实的信息用以制定规制企业行为的政策，这使得部分企业有了提供虚假信息的动机。因此，为了在更加宽松的环境中保持一定的利润水平，企业会选择想办法提供有利于自身的成本合约或利润报告。除此之外，国内学者还认为在这一过程中会产生相应的道德风险。

(2)在规制情形下的代理人利益被忽略。企业的地位与委托人的地位上的差别会使得政策制定者或者政府忽略企业的参与约束，而只需要考虑相应的激励机制，这种情况下的机制设计是不完全的。同时，企业在接受这种机制设计后也需要对自己所获得的特权进行支付，即支付相应的服务，并且这种服务不会随着他们退出市场而消失。

(3)不同主体的信息交流成本过高。这与机制设计理论中所假设的零信息交流成本是相悖的，还有一些两个主体间可以产生的共同信息可以用于交易。除此之外，对机制的设计需要结合各地区的政治经济文化特点来综合考量，结合当时当地的现实状况，运用新制度经济学的机制过渡思想实现制度的安全变迁，对原有的经济机制进行改良，但这一方面还没有形成统一的处理方案。

2.6 本章小结

城乡统筹发展问题涉及城乡土地、资本和劳动力三要素的合理配置与整合，需要对要素及要素流动进行准确理解。理论是分析的前提，了解前人的研究成果及局限性，有助于形成新的理论分析框架。本章系统梳理了国内外该领域的重要研究成果，对马克思理论、西方经济学理论等经典论述进行了归纳总结；同时，对于国内外最新研究进展进行了概括式说明，为城乡统筹发展问题研究奠定了理论基础。

第3章　我国农村土地产权制度改革的演变与发展

本章根据时间先后顺序梳理了新中国成立以来土地产权制度的改革历程，土地所有制度在私人所有和集体所有之间的转变；对我国现行的土地产权制度的历史贡献和现状进行分析，介绍了学术界现在最为流行的三种土地产权制度的改革方案；利用2013年全国部分地区的调查问卷数据从农地使用情况和流转意愿等角度对土地确权、我国农地流转的现状、土地流转的动因进行分析，提出促进现阶段土地流转的有效途径；在土地利用效率与规模经营的研究过程中，先以全要素利用效率动态模型对我国1985～2013年的农地利用情况简单分析，再利用2013年调研数据说明我国农地规模经营的现状，并从理论模型上分析了实现农地规模经营的微观和宏观条件，提出了农地规模经营的实现路径；总结分析了四川省四个乡镇在土地改革和综合整治上的一些基本模式。

3.1　农村土地产权制度改革历程

新中国成立前，我国的农村土地所有制是封建、半封建的土地私有制。农村土地中的70%～80%被占农村人口总数不到10%的地主和富农占有，只有20%～30%的土地是由占农村人口总数90%以上的贫农、雇农拥有。地主、富农凭借封建半封建的土地所有制和政治上的特权，对广大农民进行残酷的剥削和压迫，严重阻碍着农业生产力的提高和国民经济现代化的实现。新中国成立后，先后通过开展土地改革、农业合作化、人民公社等运动，废除了这种封建半封建的土地所有制，逐步建立起现行农村土地农民集体所有制。下面以表格形式，对新中国成立以来的土地产权制度改革的演变进行详细介绍(表3-1)。

表3-1　新中国成立以来的土地产权制度改革的演变

土地制度变迁史及时间	所有制变动	主要内容
土地改革运动(1949年9月～1952年底)	封建半封建的土地所有制变为农民个人土地所有制	1949年9月29日《中国人民政治协商会议共同纲领》明确规定：“有步骤地将封建半封建的土地所有制改变为农民的土地所有制。” 1950年6月28日，中央人民政府颁布的《中华人民共和国土地改革法》规定：“废除地主阶级封建剥削的土地所有制，实行农民的土地所有制，借以解放农村生产力，发展农业生产，为新中国的工业化开辟道路。”根据这些规定，全国大部分省区展开了轰轰烈烈的土地改革运动。 1952年底，土地改革运动基本完成。经过土地改革，废除了农村封建半封建的土地所有制，实现了农民土地所有制激发了广大农民前所未有的生产积极性。

续表

土地制度变迁史及时间	所有制变动	主要内容
农业合作化运动（1953～1956 年）	农民个人土地所有制变为农业生产合作社集体所有制	从 1953 年开始对个体农民经济的社会主义改造，开展了相互联系的分三步进行的农业合作化运动。 第一步，建立农业生产互助组，即在土地和其他生产资料私有制和分散经营的基础上实行劳动互助。在这个阶段，虽然土地和其他生产资料仍然是私有的，所有制还没有改变，但由于劳动互助，农民不仅在自己的私有土地上劳动，还要到互助组内其他农民的土地上劳动。 第二步，建立初级农业生产合作社，即在土地和其他生产资料私有的条件下，实行土地入股，统一经营，集中劳动，统一分配，农业生产合作社给予土地和其他生产资料的所有者一定的报酬。在这种农业生产合作社中，土地所有权虽然仍归农民个人，但土地使用权却归农业生产合作社，土地的所有权与使用权发生了分离。 第三步，建立高级农业生产合作社，即在土地等基本生产资料公有制的基础上，实行统一经营，统一分配，分配原则为“各尽所能、按劳取酬”。高级农业生产合作社取消了土地报酬，农民个人所有的土地无偿转归农业生产合作社集体所有。
人民公社化运动（1958 年春夏～1962 年 9 月底）	土地的农业生产合作社集体所有制变成人民公社所有制，后又变为“三级所有，队为基础”的制度	1958 年春夏，各地农村掀起了合并高级社办大社的高潮。同年夏秋，又进一步发展成兴办大型的综合性的人民公社运动。到 1958 年年底，全国农村普遍实行了人民公社化，实行了土地等生产资料的公社所有制。
家庭联产承包责任制的推广实施（1978 年至今）	农村土地农民集体所有制得以确立	自 1978 年，中国农村开始经济体制改革，推行家庭承包责任制，将土地承包给农户家庭经营，但就实质而言，土地的集体所有制没有发生根本性变化。1982 年 12 月 4 日公布的《宪法》又明确重申了这一制度。1986 年 6 月 25 日公布的《土地管理法》使这一制度更加明确。《土地管理法》规定：“农民集体所有的土地依照法律属于村农民集体所有，由村农业生产合作社等农业经济组织或者村民委员会经营、管理。已经分别属乡（镇）农民集体所有的，可以属于乡（镇）农民集体所有。”《物权法》第六十条把《土地管理法》第十条中“经营、管理”两词，进一步明确为“代表集体行使所有权。”
21 世纪后对农村土地集体所有制的进一步完善（2003～）	农村土地农民集体所有制得以巩固和完善	2003 年中共十六届三中全会公报指出，按照保障农民权益、控制征地规模的原则改革征地制度，完善征地程序。该公报的内容表明了国家从根本上保护农民最基本生产资料的决心。2008 年，中共十七届三中全会通过了《中共中央关于推进农村改革发展若干重大问题的决定》，其中内容涉及农村改革与发展的各方面，从产权经济学角度看，最为关键的是农村土地产权改革及城乡一体化改革。该《决定》提出，加强土地承包经营权流转管理和服务，建立健全农村土地承包经营权市场，按照依法、自愿、有偿的原则，允许农民以转包、出租、互换、转让、股份合作等形式流转土地承包经营权，发展多种形式的适度规模经营。土地承包经营权流转，不得改变土地集体所有性质、不得改变土地用途、不得损害农民土地承包权益，这是农村土地流转必须遵循的重大原则。2013 年，中共十八届三中全会通过了《中共中央关于全面深化改革若干重大问题的决定》，指出“允许农民以承包经营权入股发展农业产业化经营。鼓励承包经营权在公开市场上向专业大户、家庭农场、农民合作社、农业企业流转，发展多种形式规模经营” 2013 年，习近平总书记提出，“深化农村改革，完善农村基本经营制度，要好好研究农村土地所有权、承包权、经营权三者之间的关系”。为贯彻落实中央要求，农业部会同有关部门组织起草了《三权分置意见》。 新一轮“土改”铺开，“三权分置”改革进一步将土地承包权与经营权分开，在坚持土地集体所有制基础上，保护农民对土地的承包权。农民可以以土地承包权入股或流转，分享土地权益；同时也有利于实现农业的适度规模经营，推进现代农业发展。尊重农民财产权利，让广大农民分享现代化建设成果是从农村土地改革实践工作中得到的最宝贵经验。

3.2 现行土地产权制度分析

我国现行的农地产权制度，是以20世纪80年代初建立的家庭联产承包责任制为框架的，在土地集体所有制下，实现了所有权与使用权的两权分离。家庭联产承包责任制是具有中国特色的制度创新，极大地提高了农民生产经营的积极性，使得农业劳动效率与效益大幅度提升，农村经济也获得了实质性的发展。

3.2.1 现行土地产权制度的历史作用

家庭联产承包责任制的实质，是以高效率的农业制度替代低效率农业制度的一种制度改进。有研究认为，这是一种不断趋近于帕累托最优效率的状态(陈旭，2013)。出现在改革中的帕累托改进，是新的机制体制，为至少一个经济主体提供了可以得到获利的新机会，而且也不会对其他经济主体造成任何损失，从而使得改革的过程中面临的阻力变小。张五常(2009)认为："中国的经济改革是一种权利界定制度从等级界定向资产界定方向上的转移，即为了实现约束资源竞争的目的，以一种合约安排代替另一种合约安排，现行的家庭承包合约是介于两者之间的一种前所未有的经济制度。"改革开放以来，我国农村经济发展取得了长足进展，这与家庭联产承包责任制的实施密不可分，其主要作用有如下几点。

(1)减少监督成本。家庭联产承包责任制优于生产队体制的关键因素在于，前者需要的监督成本较低。家庭联产承包责任制将劳动报酬与劳动生产率挂钩，降低了监督成本。

(2)实现土地产权的所有权和使用权的分离，提高了农民的积极性和生产效率。在土地承包制的一般情况下，由于产量的增加能够带动收入的提高，所以粮食的产量通常会与农户投入的劳动强度与效率呈正相关关系。在"集体所有，农民使用"两权分离的农地承包制度下，农民在农业生产中在实现自我监督的同时，自主学习的积极性也在不断提高，进一步的技能增长带来的精耕细作，使得农业劳动生产率随之提高，进一步提高了农村生产力。

(3)充分发挥比较优势，利于资源的合理配置。在实行土地承包责任制后，资源分配的过程更多是通过市场机制的作用实现的，实现了交易对象和交易范围的扩大。同时，由于各地区和各家庭的土地资源禀赋与劳动边际产出不尽相同，这为不同地区的农户种植具有比较优势农产品并进行交换提供了条件。由此认为，家庭联产承包责任制是可以实现资源优化配置和保障农民利益的制度基础。

(4)推动了我国农村土地产权改革发展。首先，在市场经济运行过程中，现行的土地制度在一定程度上将中国农民塑造成为市场经济的主体，并且使市场、竞争等观念深入到农村经济发展中。这不仅为中国以后破解城乡二元经济体制结构的改革奠定了思想基础，也为城市经济体制改革的探索和尝试提供了有益的借鉴；此外，家庭联产承包责任制的改革，使得我们对社会主义产权理论有了更加深刻的认识与把握。农民通在这种制度下的辛勤耕作，能够为个人和家庭获得部分私有财产，为推动我国农村土地产权改革取得进一步的发展提供了群众基础。

3.2.2　土地产权制度效率的评价准则

如图 3-1 所示，土地产权制度效率评价标准要素体现在以下方面。

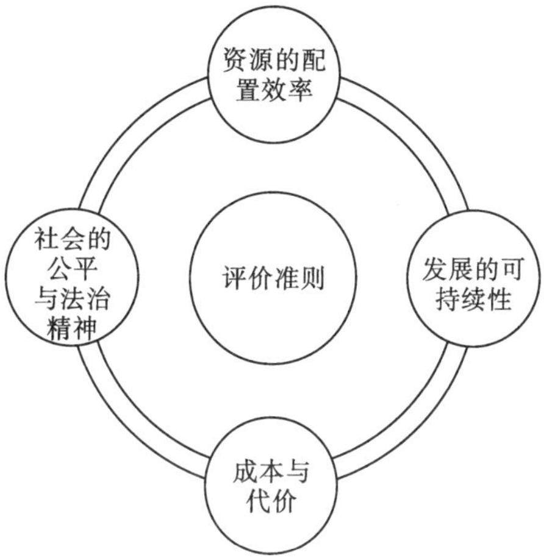

图 3-1　土地产权制度效率评价标准要素图

(1)注重发展的可持续性。土地资源发展的可持续性是指可供未来开发的土地数量和质量是否得到了保证。在满足当前土地资源使用需求的基础上，土地资源的节约和集约利用十分必要，二者也成为评价中国土地产权制度改革成功与否最基本的标准。只有在农地产权主体清晰的前提下，农户以市场经济体制下合法途径得到的土地资源，在其足以对外界的侵权行为依法处理的情况下，农村土地的可持续发展才更有保证。

(2)资源的配置效率。在市场经济中，受价格机制和竞争机制的引导，资源总是流向收益最大化领域。市场对资源的配置应起决定性作用，这样才能使资源的潜在价值得到最大发挥，产生最大的综合效益。土地产权主体的独立决策、自负盈亏以及产权的可流动性，均对土地资源的配置效率产生重要影响。

(3)制度约束条件下的成本与代价。谈判成本、决策成本、监督成本是产权有效运行前需要付出的必要成本。一般说来，个人产权较多重产权付出的成本和代价更少，主要原因在于前者的决策过程简单谈判环节少，后者在决策上需要严格的程序而且监督困难。明晰的产权归属，能够有效地降低交易费用，对降低我国农业生产的成本大有裨益。

(4)遵从社会的公平与法治精神。中国是法制国家，因此不管采用何种产权制度，其效率的评价都必须在社会公平与法制的前提及框架内进行。土地产权制度的效率评价离不开社会公平与法制，因此其制度的设计更应落实公平与法制理念。只有依据现实情况，最大限度地实现农民土地产权制度公平与法律保障，才能体现出土地产权制度的优越性。

3.2.3　农村土地产权制度改革方案

对中国农村土地产权制度及其改革方案的探讨，是近年来学界研究的重点、热点问题。学界提出的农村土地产权制度改革方案可概括为以下三种(表 3-2)。

表 3-2 农村土地产权制度改革方案表

方案	内容	依据
土地国有化	在所有制上将农村土地全部变为国有土地，在经营使用上以“国有永佃制”“国有租赁制”“国有股份制”等形式赋予农民永久使用土地的权利，以此克服集体土地所有权主体“虚置”等问题	土地国有化后，国家可以在较大范围内调整土地使用状况，进而实现土地集中和规模化经营的目的；由国家统一管理农村土地，有利于克服土地管理的无政府状态，从根本上解决土地资源浪费和破坏等问题
完善土地集体所有制	维持农村土地集体所有的现状，明确集体土地所有权主体，赋予农民长期而稳定的土地承包经营权，强化土地使用权的物权属性，建立土地流转机制，并以此为基础形成农户土地经营规模逐步扩大的演进机制	土地集体所有制具有深厚的民意基础，完善土地集体所有制符合制度经济学的路径依赖规律，成本低、收益大、阻力小、行动便捷；土地集体所有作为一种所有制形式，它的内涵和外延都是清晰的，急需解决的是其实现形式及谁对财产负责的问题；土地私有化和国有化方案具有较大的风险，唯有在保持土地集体所有的前提下，通过建立土地法人制度和完善土地使用制度才能逐渐消除现行农村土地产权制度的弊端
土地复合所有制	农地所有权为国家和农户所分享，它扬弃的是传统的单一集体所有制。创新的是农户和国家都对农地拥有所有权的复合所有制(钱忠好，1999)。国家作为土地所有权人，实行土地“国家终极所有，农民永久使用”	赋予农民土地永久使用权，表面上看似乎是土地使用权和所有权的两权分离，但实际上却暗含两权在某种意义上的统一。将国家作为土地的法律所有者，主要享有对土地的宏观管理权、协调监督权、政策指导权、收益分享权、最终处置权等；而将农民定为土地的经济所有者，主要享有对土地的占有支配权、经营使用权、自主决策权、收益占有权、合理处置权、产权继承权等

以上三种方案各有其优缺点，现阶段采取的是第二种方案，即完善土地集体所有制方案。随着经济社会的发展以及人们认识水平的不断提高，新的土地制度创新模式将不断涌现，从目前的形势来看，土地复合所有制方案或许是未来土地产权改革的一个重要方向。

3.3 农村土地确权及流转

3.3.1 农地确权的基本含义和必要性

(1) 农地确权的基本含义。农村土地确权是指土地所有权、土地使用权和他项权利的确认、确定，简称确权，是依照法律、政策的规定确定某一范围内的土地的所有权、使用权的隶属关系和他项权利的内容。每宗土地的产权确认过程都需要经过登记申请、地籍调查、审核、登记注册、颁发土地证书等程序，才能得以完成。

(2) 农地确权的必要性。土地产权是关于土地财产的一种排他性完全权利，是包括土地所有权以及与其相对独立或相互联系的各种权利在内的“权利束”。土地产权具体包括土地所有权、使用权、租赁权、抵押权、继承权等，它反映了特定的社会关系和土地制度，是土地制度的核心。理顺现有土地产权关系是农村产权制度改革的基础，也为国家、集体和农民之间理清土地财产的权利界限与构建完整农村资产财产权益体系及进一步盘活农村生产要素和解放生产力提供保障。农村产权制度改革的首要任务就是对农村现有土地与房产进行大规模的确权登记工作。2008 年 10 月，中共十七届三中全会发布的《中共中央关于推进农村改革发展若干重大问题的决定》要求“搞好农村土地确权、登记、颁证工作”。随后选定安徽省、山东省和四川省三省作为全国试点，积极开展农村土地确权颁证工作。2011 年 3 月，国家“十二五”规划纲要规定，要依法保障农民的承包经营权权能，搞好农村土地确权颁证工作，保护农民依法对其承包土地的使用和收益等权利。2013 年《中共中央国务院关于加快发展现代农业进一步增强农村发展活力的若干意见》的中央一号文件提出，在全国范围内全面开展农村土地确权登记颁证工作，用 5 年基本完成农村土地承包经营权确权登记颁证工作。农地的确权为将来土地流转、保护农户土地承包经营权以及培育新型主体创造了条件。2015 年，国家再次扩大土地承包经营权确权登记颁证试点，将河南省、湖北省、甘肃省、江苏省等 9 省区纳入工作试点范围。

3.3.2　我国农地流转现状

现阶段，我国农村土地流转势在必行。从农户自身经济利益来说，农业生产的比较收益低使得农户更愿意从事非农业生产活动以获取更多收入。就外部发展环境来说，农村土地的规模化经营是必然的发展趋势，农业的市场化、产业化需要把土地集中起来进行规模化经营。根据市场供需原则，针对土地这种资源，在出现足够的供给与需求方时，就迫切需要建立起一个完善的土地流转平台。近年来，随着政府鼓励和推动土地流转并出台了一系列政策，我国土地流转的速度正在加快，沿海城市和大城市郊区土地流转比较活跃，但从流转方式、流转范围、流转途径来看，我国土地流转还处在发展阶段的初期(王忠林，2011)。

然而，现阶段的土地流转工作还存在一些障碍。首先，由于我国不同地区土地的资源禀赋差异以及地区经济发展水平的差异，导致部分缺乏技术的农民将土地作为生活的最后保障，即使农业生产无利可图也对土地有着极高程度的依赖，不愿放弃土地的承包经营权。其次，虽然部分农民因外出务工或没有劳动能力而愿意流转土地经营权，但是我国现阶段的土地流转机制及相关制度还不健全，而且土地流转过程中的交易费用较高，增加了承租者规模经营的资本投入。此外，对于农村土地的流转工作，我国现阶段尚未做好产权制度和金融支持的配套服务，农业保险服务也很匮乏，农户融资困难，优惠政策少，使得家庭农场或者农业大户在大规模生产中的资金压力和风险压力较大。

课题组根据全国 16 个省、区、市 2013 年度问卷调查的数据，对农户兼业甚至完全从事非农业生产经营的情况进行分析(表 3-3)。问卷调查地区涵盖了东部、中部、西部和东北部的部分省、区、市，表 3-3～表 3-6 均由 spss20.0 软件生成。

表 3-3　2013 年农村情况调查地点

调查地点		频数	百分比/%	有效百分比/%	累积百分比/%
有效	安徽省	7	0.2	0.2	0.2
	甘肃省	144	3.5	3.5	3.7
	广西壮族自治区	37	0.9	0.9	4.6
	贵州省	32	0.8	0.8	5.3
	海南省	22	0.5	0.5	5.9
	河北省	28	0.7	0.7	6.5
	河南省	118	2.9	2.9	9.4
	黑龙江省	27	0.7	0.7	10
	湖北省	35	0.8	0.8	10.9
	湖南省	38	0.9	0.9	11.8

续表

调查地点		频数	百分比/%	有效百分比/%	累积百分比/%
有效	江西省	43	1	1	12.9
	辽宁省	7	0.2	0.2	13
	山西省	60	1.5	1.5	14.5
	四川省	3333	80.7	80.7	95.2
	云南省	143	3.5	3.5	98.6
	重庆市	57	1.4	1.4	100
	总计	4131	100	100	

从调查的范围看，调查涵盖了我国 16 个省、区、市，其中以农业大省四川省作为此次农村调查的重点地区，其中的样本采集量达到了 80.7%。

从表 3-4 户口性质情况表可看出，农业户口 3900 人，占有效百分比的 95.1%，是被调查的主体人群。非农业户口人数 202 人，占有效百分比的 4.9%，人数和比例都较小。故以此调查数据来分析我国农村的基本情况是合理有效的。

表 3-4 户口性质情况表

户口性质		频数	百分比/%	有效百分比/%	累积百分比/%
有效	农业户口	3900	94.4	95.1	95.1
	非农业户口	202	4.9	4.9	100
	其他	1	0	0	100
	合计	4103	99.3	100	
缺失	系统	28	0.7		
合计		4131	100		

从表 3-5 本户家庭耕地使用情况可以看出，在回收的调查问卷中，农户家庭的耕地使用情况有自己耕种、由他人代耕、闲置和出租给专业合作社四种模式。就有效问卷的分析，68.5%的农户仍然在坚持家庭式的农业耕作。而由于农户兼业的存在，大量劳动力外流导致的土地由他人代耕和闲置占比高达 29%。而将由他人代耕看作非正规土地流转的方式，其中的比例达到了 16.4%。愿意将土地出租给专业合作社经营的农户只占到了 2.4%，数量非常少。以上数据分析说明，目前在我国农村耕地的使用情况并不乐观，并且农民土地流转的意愿很低，对实现农地的规模经营形成一定影响。

表 3-5 本户家庭耕地使用情况

使用情况		频数	百分比/%	有效百分比/%	累积百分比/%
有效	家庭成员自己耕种	783	19	68.5	68.5
	由他人代耕	188	4.6	16.4	85
	闲置	144	3.5	12.6	97.6
	出租给专业合作社	28	0.7	2.4	100
	合计	1143	27.7	100	
缺失	系统	2988	72.3		
合计		4131	100		

在表 3-6 对问卷调查中农户对闲置耕地是否有转包意向的调查中，有效问卷中有转包意向的农户占 38.9%；没有转包意向的农户占比高，为 61.1%。虽然现在的国家土地政策中将经营权与承包权分离并允许其合法流转，但农户的闲置土地流转意愿依然不高。

表 3-6　本户对闲置耕地是否有转包意向

转包意向		频数	百分比/%
有效	有	267	38.9
	没有	420	61.1
	总计	687	100

3.3.3　农地流转的动因分析

(1)劳动力的非农产业转移。伴随工业化、城市化建设进程的大力推进，地区间的城乡收入差距都呈现出不断扩大的趋势，从事非农产业与从事农业生产之间较大的比较收益差异，也成为吸引农户从农业向非农产业转移的最主要因素，由此引发的是规模更大和速度更快的农村劳动力转移，出现越来越多“半工半耕”的兼业甚至完全的农转非现象。通常情况下，农村劳动力转移的主力军是更具有体能和技能的青壮年，当他们得到具有稳定性的非农就业工作机会时，剩余的家庭成员大多就不会再将经营土地作为整个家庭主要的生活保障。此时，土地流转不仅可以解决土地抛荒问题，而且可以取得额外的租金或者转包费用。通过课题组 2012 年对全国 16 个省市(地区)的农村问卷调查数据，可以进一步分析农民从事农业和非农业生产的基本情况(表 3-7)。

表 3-7　2012 年农户从事农业和非农业生产总时间　(单位：月)

		2012 年度实际在本地从事农业总时间	2012 年度实际从事本地非农自营活动总时间	2012 年度实际从事本地非农务工活动总时间	2012 年度实际外出从业总时间
N	有效	1278	268	426	875
	缺失	2853	3863	3705	3256
均值		7.912	7.724	7.352	8.976
中值		9.5	8.75	8	10
众数		12	12	12	10
标准偏差		3.9656	3.7398	3.717	2.8781
方差		15.726	13.986	13.816	8.284
偏度		−0.52	−0.384	−0.261	−1.057
偏度的标准误		0.068	0.149	0.118	0.083
峰度		−1.221	−1.289	−1.319	0.224
峰度的标准误		0.137	0.297	0.236	0.165
全距		12	12	12	11.5
极小值		0	0	0	0.5
极大值		12	12	12	12
百分位数	25	4	4.125	4	8
	50	9.5	8.75	8	10
	75	12	11	11	11

从 2012 年度农户在本地从事农业生产、本地非农自营活动、本地非农务工和外出从业时间的图 3-2 可以看出，农户从事农业生产的时间基本呈正态分布，时间分配较均匀。农业生产的平均时间为 8 个月，能够实现全年单一进行农业生产的农户占到 25.95%，比例较小。选择进行兼业或者从事非农生产的农户务工时间均出现右偏的现象，说明在外务工时间较长的农户占比较大，平均从事非农务工时间在 7 个月以上。农村劳动力外流、农户兼业现象的普遍流行，对农业生产产生了很大影响，不利于提高土地的利用效率。土地自愿有偿、合理有序的流转形成农业规模经营成为保障农业发展，维护粮食安全的当务之急。

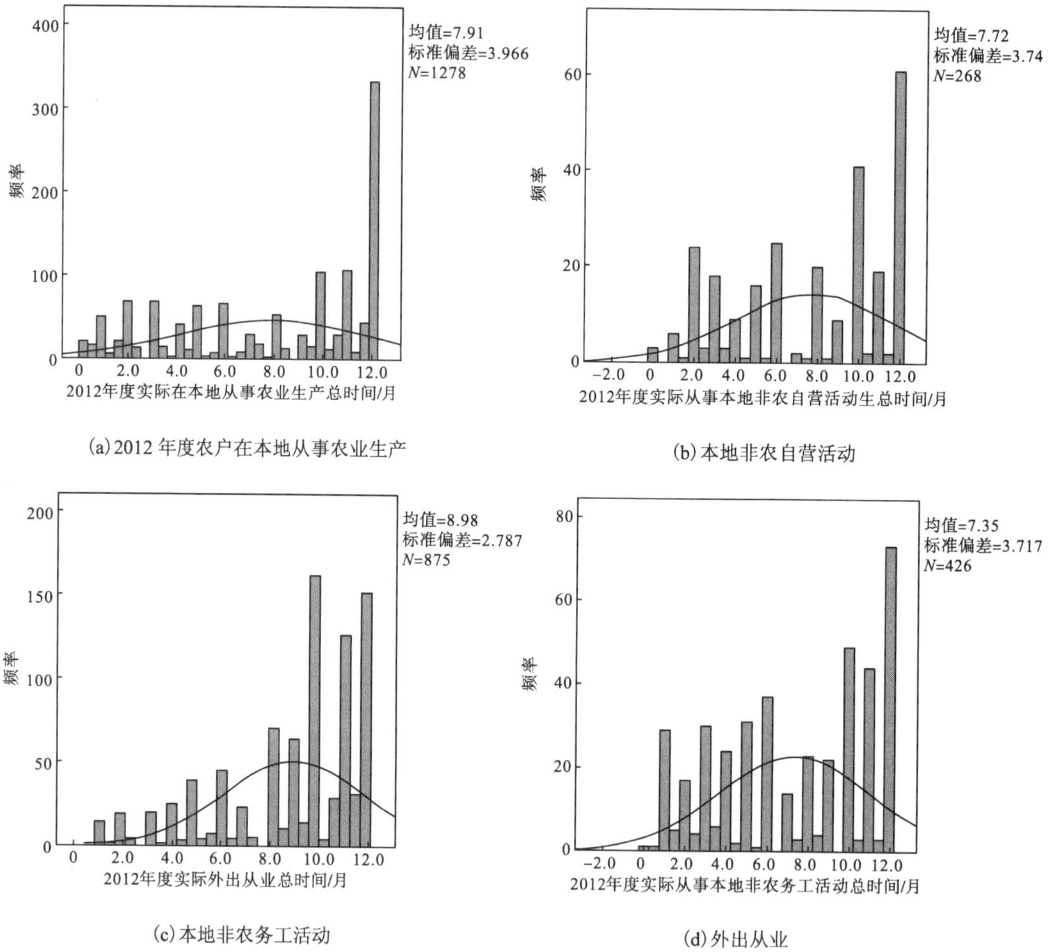

(a) 2012 年度农户在本地从事农业生产

(b) 本地非农自营活动

(c) 本地非农务工活动

(d) 外出从业

图 3-2　2012 年农户从事农业和非农业生产的总时间

从表 3-8 关于 2013 年是否返乡从业调查可知，在 2193 户的有效调查中，47.4%的农户愿意返乡从业，仍有 52.6%的农户愿意继续在外打工，说明农村劳动力外流规模依然庞大。

表 3-8　2013 年是否返乡从业

		频数	百分比/%
有效	是	1040	47.4
	否	1153	52.6
	合计	2193	100.0

(2)土地的集中经营易带来规模效益。由于中国农村家庭农业经营规模较小，对农业生产投入的等量资本难以获取到与其他行业等额的利润，比较效益很低(王艺青，2011)。土地流转后的规模经营，对于投资农业的各类主体都是有益的。一方面，土地流转后的集中经营可以获得政府的扶持和补贴。另一方面，规模经营可以降低生产成本，使投资主体获得很好的资本增值回报。同时，规模生产更加有利于机械和科技在农业生产中的使用，可以提高劳动生产率，带来农业生产的边际效益的增加。通常，当农民在其承包地的产权清晰且长期稳定、土地流转收入可观的情况下，农民的土地流转意愿会比较强。

从表 3-9 对 2012 年度被调查地区农户家庭拥有的耕地面积与从耕地获得的总收入统计表可以看出，被调查的 1149 户农户的家庭拥有耕地面积为 4.28 亩，从户均耕地较小的标准差知被调查农户的耕地面积差异不大，耕地面积都偏小。而被调查 722 户农户 2012 年从耕地获得的总收入，均值为 13869.45 元，较大的标准差说明农户间耕地收入差距悬殊。

表 3-9　2012 年度被调查地区农户家庭拥有的耕地面积与从耕地获得的总收入统计

	均值	标准差	N
2012 年度从耕地获得的总收入/元	13869.45	25194.30	722
本户家庭拥有耕地面积/亩	4.28	6.48	1149

根据表 3-10 对耕地面积和耕地总收入的相关性分析知，在双侧检验 0.01 的显著性水平上，无论是从正态分布下的 Pearson 相关系数为 0.281，还是从非正态分布下等级相关性的 tau 相关系数为 0.3 或者 Spearman 相关系数为 0.417，都可以判定出耕地面积与耕地总收入之间存在显著的正相关关系。即说明在适度的范围内，农户耕地面积越大能够从耕地获得的总收入越高，即农业生产存在规模经济。

表 3-10　耕地面积和耕地总收入的相关系数

相关系数			2012 年度从耕地获得的总收入/元	本户家庭拥有耕地面积/亩
Pearson 相关性	2012 年度从耕地获得的总收入/元	相关系数	1.000	0.281^{**}
		Sig.(双侧)		0.000
		N	722	717
	本户家庭拥有耕地面积/亩	相关系数	0.281^{**}	1.000
		Sig.(双侧)	0	
		N	717	1149

续表

相关系数			2012 年度从耕地获得的总收入/元	本户家庭拥有耕地面积/亩
Kendall 的 tau_b	2012 年度从耕地获得的总收入/元	相关系数	1.000	0.300**
		Sig.（双侧）	.	0.000
		N	722	717
	本户家庭拥有耕地面积/亩	相关系数	0.300**	1.000
		Sig.（双侧）	0.000	.
		N	717	1149
Spearman 的 rho	2012 年度从耕地获得的总收入/元	相关系数	1.000	0.417**
		Sig.（双侧）	.	0.000
		N	722	717
	本户家庭拥有耕地面积/亩	相关系数	0.417**	1.000
		Sig.（双侧）	0.000	.
		N	717	1149

注：**：在置信度（双测）为 0.01 时，相关性是显著的。

(3)政府政策的支持。为了提高农业生产效率，促进现代农业的发展，政府作为土地的管理者在土地流转政策的制定中起到了关键作用。农地流转是实现农业增产、农民增收和维持农村发展稳定局面的有力手段。近年来，各地区和各级政府都对农村土地确权流转工作给予了高度重视，坚持贯彻落实中央文件精神，在土地流转制度、土地流转激励机制和土地经营权流转市场等方面的建设进行了积极的探索尝试，对实现农村土地规范、快速的流转起到了推动作用(兰晓红，2010)。十八届三中全会首次鼓励农村建设用地使用权的流转，为新一轮土地制度改革指明了方向。此外，近年的中央一号文件对于农村土地制度改革也非常关注，并出台了一系列政策。2015 年中央一号文件对于土地流转补偿标准，土地赔偿政策进行了更新，进一步保障了农民的合法利益。

3.3.4 推进农地合理有序流转的对策建议

(1)完善土地治权结构，明晰产权，完善土地流转制度。解决农村土地问题的核心是明晰土地的产权关系，这也是稳定和发展农村土地制度的基础。据此，应该根据国家的相关政策进一步完善土地治权结构，明晰产权隶属，保障农民的基本权益；明确国有土地与集体土地在所有权方面具有平等的民事权利以及相同的定价、收益机制，进一步完善承包地和集体用地的市场化流转机制；健全土地流转制度应将农地市场配置机制与国家宏观调控机制相结合。现阶段，我国土地法律政策和土地流转的机制都相对不够健全完善，各地区对土地流转政策的执行力度和方式也不尽相同，对于某些地区比较成熟的流转模式应该学习其经验，因地制宜地丰富和完善土地流转制度。

(2)加大农村土地流转服务体系建设，完善土地流转市场。党的十七届三中全会明确规定，要建立健全土地承包经营权流转市场，提升土地承包经营权流转的管理与服务工作。现阶段，在我国农村，有关土地流转的机构、中介组织以及有形的经营权流转市场建设相对落后，服务功能相对单一且水平不高，已经不能完全适应新形势下农村土地流转的现实需要。为了进一步落实十八届三中全会精神，让市场在农村土地流转过程中起决定性作用，提高国家宏观调控的水平，处理好市场与政府之间的关系。相关部门应努力建立健全以农户为主体的农村土地流转市场，搭建起流转平台与服务机构之间的合作桥梁，制定出能够保证土地流转合理有序进行的政策法规，同时做好土地流转全过程的规划、管理、监督、服务与保障的配套工作。

(3) 以发展现代农业为目标，积极探索土地流转新模式。土地流转的最终目标是实现农业规模经营和农业现代化，但是土地流转的当前任务必须是首先保证以粮食为主的农产品的增产增收。在家庭联产承包责任制的基础上，积极探索农村土地承包经营权流转的体制机制与方式方法，实现土地的适度规模经营。要加快流转市场建设，加强网络服务，创新土地流转模式，培育壮大农民专业合作社、农业产业化龙头企业、专业大户和家庭农场等新型农业经营主体队伍。对于典型地区的典型经验应借鉴学习，在土地流转模式创新上，要更多的听取农民的意见和建议，增强农民的土地流转意愿，形成土地规模经营效益。

3.4　土地利用效率与规模经营

3.4.1　农业用地利用效率与全要素土地利用效率动态分析模型

农业用地利用效率表示农业生产中农业用地资源的价值实现程度，它反映出农业用地的利用水平及与其他生产资源配置的合理程度。农地与各种投入要素之间配置越合理、资源越充分，农用地的利用水平就会越高。本书研究的农业用地利用效率，是指将农地置于多种投入要素及产出的农业生产系统中，农业用地与其他各有关投入要素之间的配置效率以及配置系统实现最大产出的能力。

目前对效率评价分析主要采用的是 DEA 方法。其研究原理是测算样本点到最优前沿的距离，然后据此计算出样本点的技术效率值。具体的实现方法，则是首先根据最大产出或者最小投入原则确定最优前沿，再在样本点中选定合适的投入、产出数据映射到空间上去以反映出现实情况与理想状态的差距，这一方法成为经济学家考察技术效率和技术进步强有力的工具。1978 年，Chames、Cooper、Rhode 基于 DEA 方法原理发展的规模报酬不变假定模型，引起了学术界的广泛关注，并开始将其付诸于实践当中。到 1984 年，Banker、Chames、Cooper 又用规模报酬可变假定代替了规模报酬不变假定的 DEA 模型，对 DEA 方法进行了进一步的扩展，使该方法更加适用于研究现实经济生产的情况。由于本书在对我国农地利用效率的研究过程中，选定的研究对象是时间序列数据，故而选取全要素土地利用效率动态分析模型作为其测算方法。该模型是由 Lynde 和 Richmond(1999) 对传统 DEA 模型修正而来，目的是可以研究技术进步带来的决策单元投入要素利用效率在不同时间阶段的波动情况(赵晓波，2013)。

假定时间序列数据集 $S=\left\{\left(y_t, x_t\right): t=1,2,\cdots,n\right\}$ 中包含 n 种产出和投入，同时再假定：$f{:}R^m\rightarrow R$ 是单调递增的凹函数，则可构建出技术方程，形式如式(3-1)所示：

$$y_t = f\left(\eta_t A_t \left(x_t - h_t\right)\right) \qquad t=1,2,\cdots,n, 0\leqslant \eta_t \leqslant 1 \tag{3-1}$$
$$A_1\leqslant A_2\leqslant\cdots\leqslant A_n = 1 \quad x_t\geqslant 0 \quad h_t\geqslant 0$$

在上述模型中，$y_t \in R$ 为产出变量，$x_t \in R^m$ 表示既包含土地生产要素又包含其他相关生产要素的投入变量。全要素土地利用综合技术效率用 η_t 表示，当 $\eta_t = 1$ 时，说明全要素土地利用综合技术效率是有效的；各个投入要素的松弛量用 h_t 表示，当 $h_t = 0$ 时，表明 t 时期的投入要素不存在松弛，否则 h_t 为正则说明要素投入过度，h_t 为负则表明要素投入不足；A_t 代表技术进步即纯技术效率 $\left(A_1\leqslant A_2\leqslant\cdots A_n = 1\right)$，当 $A_t = 1$ 时，表明在 t 时期出现了具有不可逆性的技术进步。如果投入要素不存在松弛（$h_t = 0$），同时全要素土地利用综合技术效率又是有效的（$\eta_t = 1$），则全要素土地动态模型转化为标准生产函数 $y_t = f\left(A_t x_t\right)$。其中，$f$ 被称为最优生产前沿，最优生产前沿在时间 $t<n$ 前无法达到。

Z_t 表示为实现 y_t 单位产出的实际有效向量投入，$Z_t = \eta_t A_t x_t - \eta_t A_t h_t$。根据样本观测点，使用 DEA 方法构建最优生产前沿，估计全要素土地利用综合技术效率值 η_t、纯技术效率值 A_t 以及投入要素的松弛量 h_t。

$$\min\theta$$
$$s.t\begin{cases} y_t + Y'\lambda_t \geqslant 0, \\ \theta_t x_t - X'\lambda_t \geqslant 0, \\ \lambda_t \geqslant 0 \end{cases} \tag{3-2}$$

式中，t=1，…，n，表示时期，使用 P 种投入要素（包含土地要素在内）生产 M 种产出。

假定规模报酬不变，要求在产出一定的情况下投入最少，那么对每一时点 t 定义上述线性规划问题，然后通过对线性规划求解得到满足在产出为 y_t 时的最少投入要素 θ^* 和 λ^*。由假设条件通过对上式进一步推导，得到一个非递减的纯技术效率 A_t：

$$\hat{A}_t \begin{cases} = \theta_t^* & t = 1 \\ = \max(\theta_t^*, \hat{A}_{t-1}^L) & 2\leqslant t\leqslant n-1 \\ = 1 & t = n \end{cases} \tag{3-3}$$

因此有 $\hat{A}_t^L \leqslant \hat{A}_t \leqslant 1$。进一步求出 $\hat{\eta}_t$ 与 $\hat{A}_t$ 边界值的大概取值范围。从 $\hat{\eta}_t \hat{A}_t = \theta_t^*$ 和 $\hat{A}_t^L \leqslant \hat{A}_t \leqslant 1$ 得到 $\hat{\eta}_t^L \leqslant \hat{\eta}_t \leqslant \hat{\eta}_t^U$，其中 $\hat{\eta}_t^L = \theta_t^*$，$\hat{\eta}_t^L = \theta_t^* / A_t^L$。当 $A_t^L > \theta_t^*$，那么 $\hat{\eta}_t < 1$。在 $A_1 \leqslant A_2 \leqslant \cdots A_n$=1 的假设条件下，当 $\hat{\eta}_t < 1$ 时，表明全要素土地利用技术效率 θ 的降低由土地利用综合技术效率 $\hat{\eta}_t$ 的下降引起。

以 $Z_t = \eta_t A_t x_t - \eta_t A_t h_t$ 表示土地要素的投入方程，则 t 时期土地要素的投入量表示为 $Z_{jt} = \eta_t A_t x_{jt} - \eta_t A_t h_{jt}$。为了求解最优的土地要素投入水平，需要以 $1/A_t$ 的形式将投入的值“扩大”，然后将“扩大”的土地要素最优投入水平与实际的土地投入要素量 x_{jt} 进行比较，再将全要素土地利用的相对效率指数式定义如式（3-4）与式（3-5）所示：

$$\omega_{jt} - z_t / A_t x_{jt} = \eta_t (1 - h_{jt} / x_{jt}) = \eta_{jt} \sigma_{jt} \tag{3-4}$$

$$\sigma_{jt} = 1 - h_{jt} / x_{jt} \tag{3-5}$$

其中，σ_{jt} 为土地要素投入的相对强度指数。

需要指出的是，全要素土地利用的相对效率指数 ω_{jt} 是由全要素土地利用综合技术效率 η_{jt} 和土地要素投入的相对强度指数 σ_{jt} 相乘而来。

3.4.2 全要素农业用地利用效率动态分析实证过程

研究时间以及相关投入指标、产出指标的选取情况如下：①由于数据的可获得性限制，本书对应课题研究选定 1985～2013 年为研究的时间范围。数据的主要来源是历年《中国统计年鉴》以及《2014 中国农村统计年鉴》。②投入指标选取：为将选取的研究指标与本课题研究的城乡统筹过程中土地、资本与劳动力要素对应相关。农业用地投入指标选取农用地有效灌溉面积；选取的资本投入指标需与农业生产有直接的联系，主要选取了农业机械总动力、化肥使用量以及农村居民家庭人均农业生产固定资产原值三个指标；劳动力投入用第一产业乡村就业人员数代替；政府对第一产业的支持力度指标用财政支出中的“三农”支出代表。③产出指标选取：农用地利用效率产出指标选用农林牧渔业增加值，以便从农地经济产出角度衡量农业用地的产出效率(表 3-11)。

表 3-11 1985～2013 全要素农地利用动态分析投入与产出指标

年份	农林牧渔业增加值/亿元	第一产业乡村就业人员/万人	有效灌溉面积/千公顷	化肥施用量/万吨	“三农”支出/亿元	农用机械总动力/亿瓦	农村居民家庭人均农业生产固定资产原值/元
1985	2564.40	31130.00	44035.90	1775.80	153.60	2091.30	603.34
1990	5062.00	38914.00	47403.10	2590.30	307.80	2870.80	898.93
1995	12135.80	35530.00	49281.60	3593.70	574.90	3611.80	2088.23
2000	14944.70	36043.00	53820.30	4146.40	1231.50	5257.40	3321.66
2001	15781.30	36399.00	54249.40	4253.80	1456.70	5517.20	3544.09
2002	16537.00	36640.00	54354.90	4339.40	1580.80	5793.00	3741.01
2003	17381.70	36204.00	54014.20	4411.60	1754.50	6038.70	4152.75
2004	21412.70	34830.00	54478.40	4636.60	2337.60	6402.80	4457.13
2005	22420.00	33442.00	55029.30	4766.20	2450.30	6839.80	5179.46
2006	24040.00	31941.00	55750.50	4927.70	3173.00	7252.20	5452.21
2007	28627.00	30731.00	56518.30	5107.80	4318.30	7659.00	6006.22
2008	33702.20	29923.00	58471.70	5239.00	5955.50	8219.00	6537.78
2009	35225.90	28890.00	59261.40	5404.40	7253.10	8749.60	6991.86
2010	40533.60	27931.00	60347.70	5561.70	8579.70	9278.00	7444.30
2011	47486.10	26594.00	61681.60	5704.20	10497.70	9773.50	10770.47
2012	52373.60	25773.00	62490.50	5838.80	12387.60	10255.90	11406.20
2013	56966.00	24171.00	63473.30	5911.90	1334.55	10390.70	10421.84

注：数据来源于历年《中国统计年鉴》及《2014 中国农村统计年鉴》。

使用 DEAP2.1 软件对上述相关投入产出指标数据进行运算，全要素农地利用效率动态分析结果如表 3-12 所示。从表 3-12 中可知，第 4 列所列数据为全要素农业用地利用综合技术效率(η)，其包括了纯技术效率(A_t)和规模效率(S_t)，即综合技术效率等于纯技术效率(A_t)与规模效率(S_t)的乘积。此外，在 DEA 模型的结果中，可以根据农业用地投入的松弛程度计算出农业土地投入相对强度指数σ_t。就研究期间中国的农业用地的松弛情况(即相对于理想的最佳资源配置而言实际的农业资源配置过多或过少)而言，在本节得到的实证结果中，1985 年、1990 年、1995 年和 2013 年各年农业用地投入为零松弛，而在 2000～2012 年农业用地投入存在松弛。最后，根据综合技术效率和农业土地要素投入相对强度指数的乘积计算农业用地相对效率指数ω_t，用以测算农村土地的全要素利用情况。

表 3-12 全要素农地利用效率动态分析结果

年份	纯技术效率(A_t)	规模效率 S_t	综合技术效率(η_t)	农业土地要素投入相对强度指数(σ_t)	农业用地相对效率指数 ω_t
1985	1.000	0.738	0.738	1.000	0.738
1990	1.000	0.969	0.969	1.000	0.969
1995	1.000	1.000	1.000	1.000	1.000
2000	0.900	0.882	0.794	0.900	0.715
2001	0.899	0.877	0.788	0.899	0.708
2002	0.902	0.870	0.785	0.902	0.708
2003	0.913	0.818	0.747	0.913	0.682
2004	0.932	0.923	0.860	0.932	0.801
2005	0.929	0.839	0.779	0.929	0.724
2006	0.928	0.857	0.795	0.928	0.737
2007	0.944	0.913	0.862	0.944	0.814
2008	0.947	0.986	0.934	0.947	0.885
2009	0.940	0.973	0.915	0.940	0.860
2010	0.993	0.997	0.990	0.962	0.953
2011	0.974	0.910	0.886	0.974	0.863
2012	0.989	0.944	0.934	0.989	0.924
2013	1.000	1.000	1.000	1.000	1.000

根据表 3-12，将全要素农业用地利用的规模效率、综合技术效率、农业用地投入相对强度指数以及农业用地的相对效率指数绘制成折线图(图 3-3)，以便直观地观察土地利用效率的变动情况。从图 3-3 中可以分别看出，1985～2013 年(图 3-3 中用序号 1～17 表示)全要素农业用地规模效率、综合技术效率、农业土地要素投入相对强度指数和农业用地相对效率的大致变化情况。改革开放初期，我国农业生产关系的调整与改革，在很大程度上调动了农民的生产积极性、促进了农业发展、解放了农村生产力。在 1985 年、1990 年和 1995 年三年中，农业用地投入强度稳定为 1，说明农村土地的利用率很高；而农业用地规模效率、综合技术效率和农业用地相对效率具有相同的增长趋势，且在 1995 年农业用地规模效率、综合技术效率和农业用地相对效率均实现了最好的配置状态，即农村土地利用效率较高。在 1985 年和 1990 年，虽然$A_t=1$即出现了不可逆的技术进步，但是此时都出现了综合技术效率$\eta_t<1$的情况，说明土地综合技术效率的降低是由规模效率不足引起的，这也与我国的农地经营和土地政策在当时的情况相符。

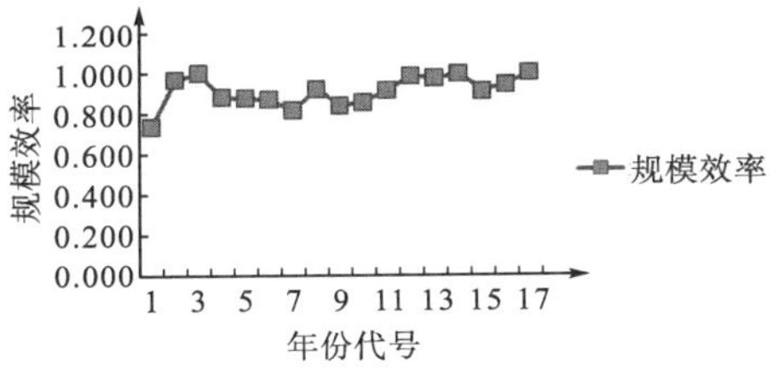

(a) 规模效率

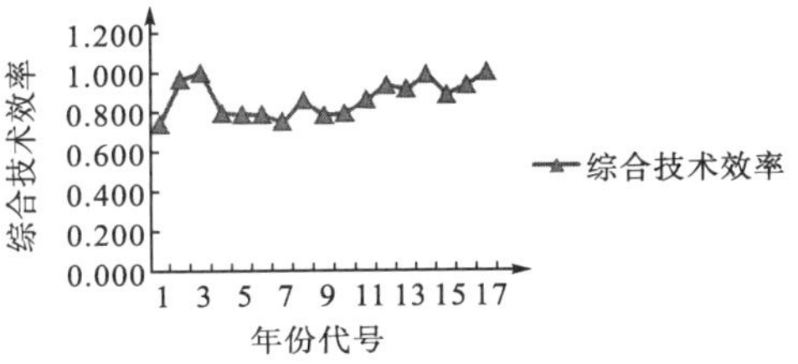

(b) 综合技术效率

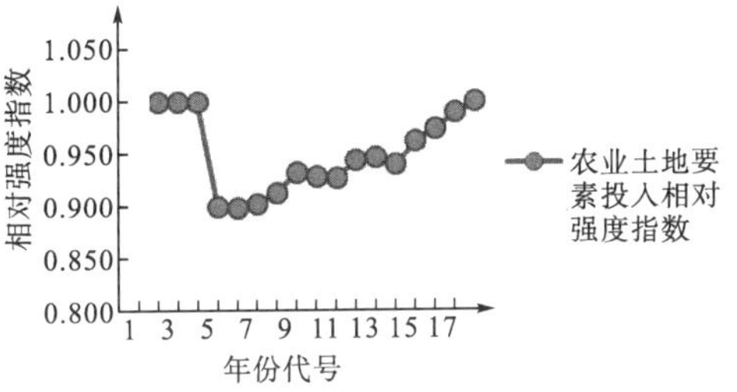

(c) 农业土地要素投入相对强度

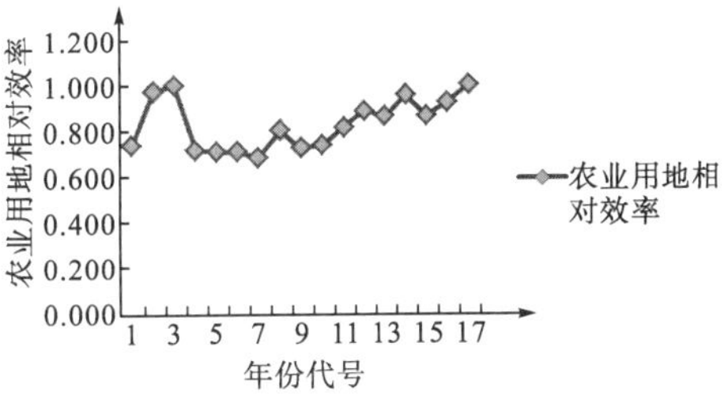

(d) 农业用地相对效率

图 3-3　全要素农业用地利用效率

在 1995～2000 年的五年间，农村土地利用效率明显下降，由上述图表均可看出以上四个指标出现急剧下降。1992 年社会主义市场经济体制的建立，在带动中国经济飞速发展的同时，也为农村居民提供了更多的机会到城市就业，农村劳动力出现大规模外流，农业生产出现下降的现象。2000～2013 年，全要素农业用地规模效率、综合技术效率、农业土地要素投入相对强度指数和农业用地相对效率均呈现出在波动中缓慢提升的情形，并在 2013 年再次达到资源的有效配置状态，说明技术进步以及国家当前允许土地经营权合法有效流转的政策，为农村土地的充分利用提供了保障。同时，农业科技在生产中的转化和广泛运用，使得农地利用的纯技术效率和综合技术效率都基本呈现出稳定增长的态势。

对我国农业用地的规模效率、农业用地的相对效率分别进行如下分析。①就农业用地的规模效率而言，研究期间农地的规模效率均值在 0.912，其中 1995 年和 2013 年农业用地规模效率为 1。由于土地制度的不断优化改革以及农业生产技术的相对落后，虽然农户的农业耕种面积偏小，但农户的农业生产仍然很有积极性，我国农业用地的规模效率从 1985 年的 0.738 增长到 1995 年的规摸效率为 1。农业的弱质性使得农业生产具有高风险低收益的特征，单纯的农业耕种不再能满足农户的家庭生活消费，城镇化的发展给中国广大勤劳的农民提供了众多就业的机会，在维持生计的情况下，农民希望能享受到城市生活的便利性，故而在低工资的情况下也愿意城镇从业，对农村的土地或者抛荒或者粗耕。但是国家对农业生产的重视有增无减，农户的知识文化水平和现代化耕作技能也得到了较大提升，有技能有资金的农户开始在农村尝试家庭农场、农业大户这样的农业规模经营。从结果来看，在 2000～2013 年，我国农业用地的规模效率在从 1995 年降低为 2000 年的 0.818，并在此基础上稳中上升到 2013 年的农地有效规模经营为 1。②就农业用地的相对效率而言，在本节研究的 17 年中，农地利用的相对效率均值为 0.828，土地利用还不是特别充分。1985～1995 年，由于农村土地制度的改革，农民生产积极性高涨，对农地的利用效率也大大增加，故农地利用效率由0.738增加至1。然而1995～2003年，由于我国相继受到了1998年特大洪灾和全国范围内卖粮难问题，在一定的程度上对农民农业生产的积极性造成了影响，从而导致我国部分农业用地利用效率基本呈现出下降趋势。直至2004年，受益于国家惠农政策，我国农业用地利用效率下降的趋势开始扭转并逐年上升。2004年以来，国家开始大力扶持农业发展，先后出台了包括取消农业税、直接补贴农业生产在内的一系列强农、惠农政策；建立覆盖城乡的公共财政制度建设农村公共用品，将农村作为国家基础设施建设的中心；实施“城乡统筹发展”战略等。在2004～2013年，农业用地的相对效率由0.801缓慢增长至1，期间个别年份偶有回落，但最终实现了土地的有效利用。

3.4.3 农地规模经营的理论假说及必要性

在农民理性假说方面，舒尔茨(2011)在《改造传统农业》中指出，传统农业中农民能够对市场价格变动做出迅速的反应，并且已经理性地使生产要素达到了最优配置状态。从现实来看，农民往往在风险较少和收益较多时，追求经济安定和收入稳定而不是利润最大化。Pop Kin(1979)在对舒尔茨观点修正的基础上认为，理性的小农追求的是“效用的最大化”。在规模经济理论方面，古典经济学派的大卫·李嘉图(1976)和亚当·斯密(2005)分别从比较优势和绝对优势角度论述分工和专业化带来的好处。规模经济理论奠基人穆勒(2009)认为大规模生产可以节约生产成本，产生规模经济。在交易费用理论方面，Coase(1960)认为，交易费用可以归纳为发现价格的成本、谈判和签订合同的成本以及为保证合同条款得到遵守的监督成本。Williamson(1985)从资产独有性的角度论述了企业的规模经济问题，他认为资产的专用程度、交易的频率及其不确定性共同决定了企业的规模，并且企业规模的扩大与它们呈现出同方向的变动情况。

农村土地“三权分置”改革是新的历史发展时期党中央关于农村土地制度改革的又一重大举措。在这个政策框架下，农村土地集体所有权是根本，农户承包权是基础，土地经营权是关键，“三权”统一于农村的基本经营制度。近年来大量的农业人口转向非农产业，截至2016年6月，全国2.3亿农户中7000万户进行了流转土地，比例超过30%，东部沿海发达省份这一比例甚至超过了50%。随着农村土地“三权分置”改革的推进，我国农村基本经营制度将更加巩固完善，农业适度规模经营和现代农业成为农业发展的主要趋势。

就农业用地规模经营的必要性来说，首先，我国农村土地利用效率不高成为普遍现象。大量农村劳动力外流务工，甚至不少农户举家迁徙进城，导致一些地区“空心村”现象严重，随之而来的是耕地的闲置、粗耕和撂荒的低效率甚至无效率利用。同时，“空心村”里的新房屋与原有的旧宅交错并存不断涌现，新建房屋虽多却常年空置无人居住。新建的房屋占据越来越多的耕地和水面，使得宝贵的农业用地面积减少。其次，我国农村基础设施建设情况参差不齐，在农户土地细碎化经营的现实中，一些地区并未给农业发展打造出良好的硬件设施，阻碍了当地农业的健康发展。农村劳动力的外流使得在农忙季节，仍然从事耕作的农户难以及时找到熟悉农活的农民帮忙及时进行农业生产活动。

在20世纪80～90年代，家庭联产承包责任制在调动农民生产积极性的同时，不可否认也导致了一些地区农村土地的细碎化问题。不少学者认为农业经营效率损失主要是由农地细碎化导致的。1992 年，Fleisher 等在研究中国农地细碎化问题的过程中发现，提高农业生产效率的有效途径之一是降低我国农地细碎化程度。同时，也有不少学者从资源的配置效率角度分析，并提出通过对农业生产要素配置方式以及要素整合结构的调整，适度扩大土地的经营规模对农业生产力的提高具有积极作用。此外，农作物种植土地规模小、投入成本高和农地效益低导致了农业的比较收益较低，这正是大量农地的撂荒和粗放式耕种、农民寻找其他获取收入方式的兼业现象产生的直接原因。因而，推行农地适度规模化经营，降低我国农地的细碎化程度，是促进农业发展的重要途径之一。

作为从事农业生产的主体，农户的自身素质直接影响到农业生产的效率和经济收益。从表 3-13 的 2013 年被调查农户受教育程度调查结果看出，受到过中低等教育水平，即包括未上过学、小学、初中及高中文化程度的人数占比达到 86.3%。而接受过高等教育，包括大学专科、本科及研究生学历，总人数为 553 人，占有效百分比的 13.7%。调查结果发现，农村劳动力人口的总体受教育程度偏低，受到过高等教育的人数较少，农村劳动力整体技术水平不高，对发展现代农业的生产经营不利。

表 3-13　2013 年被调查农户受教育程度

受教育程度		频数	百分比/%	有效百分比/%	累积百分比/%
有效	未上过学	394	9.5	9.7	9.7
	小学	1255	30.4	31	40.8
	初中	1342	32.5	33.2	73.9
	高中	502	12.2	12.4	86.3
	大学专科	172	4.2	4.3	90.6
	大学本科	376	9.1	9.3	99.9
	研究生	5	0.1	0.1	100
	合计	4046	97.9	100	
缺失	系统	85	2.1		
合计		4131	100		

从表 3-14 的 2012 年末农户家庭拥有耕地面积看出，家庭耕地面积均值是 4.282 亩，拥有耕地面积横跨 0～100 亩。根据调查数据统计，耕地面积在 0～4 亩的农户居多，占到了有效问卷的 83.5%，拥有 5～10 亩耕地的农户比例为 9.7%，10～30 亩的农户有效占比 5.2%。30～50 亩的家庭农场是 1.3%，50 亩以上的农业大户仅占 0.3%。从以上分析可以看出，农户耕地拥有量的标准差约为 6.5，说明农村土地仍然是以细碎化耕作为主，农地的规模经营比例较小。

表 3-14　2012 年末农户家庭拥有耕地面积表

N	有效	1149
均值		4.282
中值		3.000
众数		3.000
极小值		0.000
极大值		100.000

如表3-15所示，从2012年度农户耕种土地的总收入和总成本统计表可以看出，农户耕地的总成本平均在4753.42元，成本区间为0～100000元，大部分农户的耕地成本在2000元左右。农户从耕地获得的平均总收入为13869.45元，大部分农民获得的农业收入为5000元，收入为0～200000元。从十等分的百分位数知，耕地成本5000元以内的农户占到80%，耕地总收入20000元以内的占比超过80%，说明成本和收入偏中低等水平的农户居多，高成本和高收入的农户数量极少。再从2012年农户耕地的总成本与总收入相关图看出，成

表3-15 2012年耕地总收入与总成本表

		2012年度从耕地获得的总收入/元	2012年度耕种土地的总成本/元
N	有效	722	721
均值		13869.45	4753.42
中值		5300.00	2000.00
众数		5000	2000
极小值		0	0
极大值		200000	100000
百分位数	10	1500.00	500.00
	20	2400.00	800.00
	30	3000.00	1000.00
	40	4500.00	1500.00
	50	5300.00	2000.00
	60	8000.00	3000.00
	70	10000.00	3640.00
	80	18000.00	5000.00
	90	30000.00	9000.00

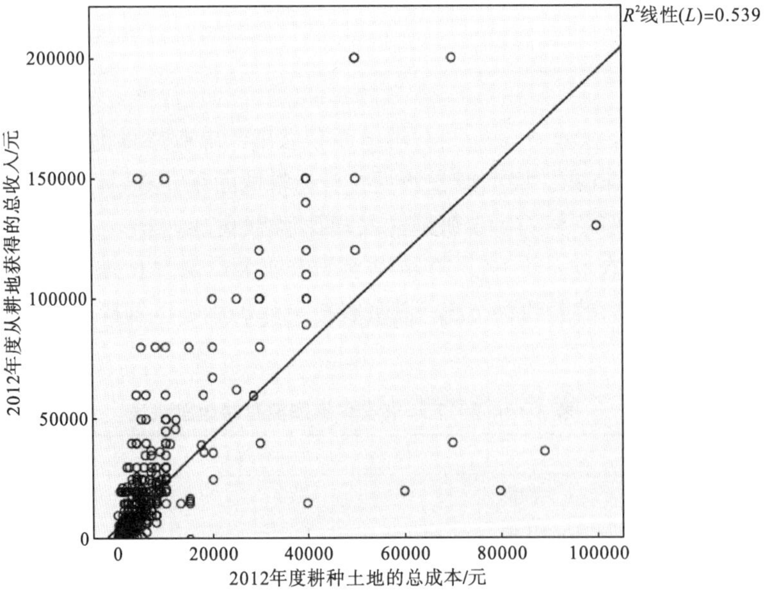

图3-4 2012年农户耕地的总成本与总收入相关图

本与收入在拟合度为 0.539 的直线前端聚集，差值较小；且随着农业成本的增加，农业总收入出现先增后减的情况。这说明农村地区单一从事农业生产的收入相对于投入来说比较微薄(图 3-4)。

3.4.4　农地规模经营实现条件的微宏观经济分析

1.经济分析的微观角度

流转农地的农户、土地承租方和农业经理人共同构成了农地规模经营的三个重要微观主体。只有当三方都满足一定的经济利益后，土地规模经营才能顺利进行(陈瑜思，2011)。

(1)农户应满足的条件：①当土地作为农民家庭生活的底线保障时，至少应当满足农地流转的租金水平能够在一定程度上保障农户的基本生活条件，农户才会有将农地流转出去的意愿。故而，为满足农业生产时间内农户温饱所需的相应费用，农地流转的租金应该大于或等于其基本生活水平支出。②农户除了在家务农，还有选择外出务工的权利。此时，考虑到农户利用原先从事农业生产的时间外出打工的机会成本，当且仅当农户从事农业生产的净收入小于外出务工的预期纯收入与流转农地的租金之和越多时，农户才越有意愿转出其承包的耕地。

(2)农业经理人应满足的条件：农业经理人作为具有农业生产技术及一定管理水平的农户，在实现农地规模经营的过程中也应考虑其外出务工的机会成本。只有当农业经理人外出务工获得的纯收入低于在农业规模经营中获得的预期纯收入与农业经营收入之和时，这一类有技能的兼业农户才会选择在临近的地方做一名农业经理人。

(3)承租方应满足的条件：对于承租方来说，他们的机会成本有兼业和完全脱离务农外出务工两种情况。农地规模经营承租方的出现，需要满足其农业规模经营的净收益(从现实角度考虑，净收益应由农业规模经营的纯收入与农地租入与租出的价差、雇佣农业经理人工资及承租人生活成本等的差额构成)大于承租人选择兼业与农业生产交替进行的总收入或者从事非农生产获得的预期纯收入中的最大值。

2.经济分析的宏观角度

1)农地流转的价格分析

在理想的完全市场竞争中，合理的土地价格即土地的影子价格，是指土地资源达到帕累托最优效率时土地资源形成的价格。对于土地的流转，流转价格是影响流转行为至关重要的因素之一，合理有效的价格对土地流转起到了促进作用。同时研究土地资源的价格对我国农村土地流转合理价格标准的制定也具有较高的参考价值(曾超群，2010)。

本节仅以简单的土地价格模型进行讨论。现假设存在两个单位 A 和 B；模型中假定单位 A 对土地 L_1 和 L_2 的禀赋分别为 W_{a1} 和 W_{a2}，B 对土地 L_1 和 L_2 的禀赋分别为 W_{b1} 和 W_{b2}；A 对 L_1 和 L_2 的需求分别是 R_{a1} 和 R_{a2}，B 对 L_1 和 L_2 的需求分别是 R_{b1} 和 R_{b2}；A 和 B 对两块土地的效用函数分别为 $U_a\left(R_{a1},R_{a2}\right)$ 和 $U_b\left(R_{b1},R_{b2}\right)$。若给定单位B的效用水平，令 $U_b=U_0$，则可构造出单位 A 效用最大化模型：

$$\begin{cases}\max U_a\left(R_{a1},R_{a2}\right)\\ r_{a1},r_{a2},r_{b1},r_{b2}\\ U_b\left(R_{b1},R_{b2}\right)=U_0\\ R_{a1}+R_{b1}=W_1\\ R_{a2}+R_{b2}=W_2\end{cases} \tag{3-6}$$

式中，W_1和W_2分别是土地L_1和L_2的总量。

根据上述模型构造拉格朗日函数

$$L=U_\alpha(R_{a1},R_{a2})-\lambda U_b(R_{b1},R_{b2})-U_0-\mu_1(R_{a1}+R_{b1}-W_1)-\mu_2(R_{a2}+R_{b2}-W_2) \tag{3-7}$$

其中，λ、μ_1、μ_2为拉格朗日乘数。

土地资源达到帕累托最优效率点的价格可由拉格朗日函数的一阶最优条件确定。求解拉格朗日函数的一阶最优条件可以同时确定λ、μ_1、μ_2三个拉格朗日乘数，而这里的μ_1和μ_2恰是土地L_1和L_2的影子价格SP_1和SP_2，即：

$$SP_1=\mu_1=\left.\frac{\partial U_a}{\partial R_{a1}}\right|_{\substack{R_{a1}=R_{a1}^*\\ R_{a2}=R_{a2}^*}} \tag{3-8}$$

$$SP_2=\mu_2=\left.\frac{\partial U_a}{\partial R_{a2}}\right|_{\substack{R_{a1}=R_{a2}^*\\ R_{a2}=R_{a2}^*}} \tag{3-9}$$

2) 农地流转的国家效应分析

根据公共选择学派的研究，国家也被看作追求利益最大化的“理性人”。农村的土地制度体现了一个国家的政权基础，将我国的农村土地制度和社会政治体制的改革联系在一起，则农村土地制度的改革既要符合于农村土地流转的各方利益，也要符合于中国政治社会发展趋势。农村土地流转政策的原则应该是兼顾效率与公平的，在追求农业生产效率提高的同时，也不能忽视我国政治的稳定性以及农村、农业发展的可持续性。故由上分析可假设我国在农村土地流转方面追求的是政治效用和经济效用的最大化问题。

假设1：国家农村土地资源总量为Z，一定时间内出现经营权变更的农村土地(即流转土地)数量为X，维持原承包关系的土地(即，未流转土地)数量为Y，$Z=X+Y$。

假设2：国家在农村土地流转方面获得的总效用为U，$U=U_p+U_e$。其中，国家在农地流转过程中获得的政治收益是U_p，而U_e则表示在这一过程中货币化了的经济收益。

U_e表示的是国家从农村土地流转中所获得的经济效用，由于农村土地流转面积与国家从中取得的经济收益呈正比例关系的这一特性，故而定义U_e为：$U_e=\alpha X$，由此得到农地流转的边际经济效用为$\frac{\partial U_e}{\partial X}=\alpha$。而就国家在农地流转中获得的政治效用$U_p$与未流转土地面积之间的关系而言，理论上，国家政治效用随着未流转土地面积的增加会出现先增后减的情况，故将U_p定义为：$U_p=-Y^2+\beta Y+C\ (\beta\succ 0)$。由定义看出，在$Y=\beta/2$处，国家土地流转的政治效用达到最大，其原因在于最初适度规模的农地流转可以为农民带来一定的经济收入，巩固农村社会的稳定发展，有利于国家政治效用的增加。而后随着农地流转面积的不断扩大，大量农村劳动力流向城镇。此时，覆盖全体农民的社保体系尚不完善，并且大批缺乏非农劳动技能的农民工可能没有稳定的城市就业机会。这种情况下，大规模过度的农村土地流转解放出来的剩余劳动力得不到稳定有效的安置，容易对社会稳定产生一定影响。所以，国家在农村土地流转过程中，在达到政治效用最大化后出现下降的情形。

根据$U=\alpha X-Y^2+\beta Y+C$，求取农地流转的边际总效用，得到如下$Z_{Ux}=\frac{\partial Z}{\partial X}=\alpha-2Y\frac{\partial Y}{\partial X}+\beta\frac{\partial Y}{\partial X}=\alpha+2Y-\beta=2Z+\alpha-\beta-2X$结果，由此看出农地流转的边际总效用也符合递减的一般规律。它随着农村土地流转的面积增大而减小(假定我国农地资源面积M在一定时期内稳定不变)。为求解国家效应最大化的农村土地流转数量，对$U=\alpha X-Y^2+\beta Y+C$，$\max\limits_{X,Y}U(X,Y)$，$Z=X+Y$建立拉格朗日函数：$L=\alpha X-Y^2+\beta Y+C-\lambda(Z-X-Y)$，并分别对$X$、$Y$求偏导数求取$\lambda$值，最终确定国家效应最大化情况下农村土地的流转数量。由$\frac{\partial L}{\partial X}=0$和$\frac{\partial L}{\partial Y}=0$分别得到$\lambda=-\alpha$，$\lambda=2Y-\beta$，最后得出$X=\frac{2Z+\alpha-\beta}{2}$，即知农村土地流转的最合适面积与边际经济效用$\alpha$变化方向相同，而与政治效用最大化点处未流转土地面积的变化趋势相反。

综上，国家效应模型分析的结论是：若国家片面追求农地流转的经济效用则会导致农地流转面积过大的结果；若国家只注重追求农地流转的政治效用，导致农地流转面积不足造成经济效用损失，则是农地流转过于保守的结果；在实际的农村土地流转过程中，只有适度规模的农地流转才能兼顾国家的经济和政治双重效用。

3.4.5　农地规模经营的实现路径

从经济学角度分析，农业规模经济是一种伴随着经营规模扩大而使单位农产品生产成本不断降低的投入产出关系。在实际生产过程中，规模经济一般会出现递增、不变和递减三个阶段。投入与产出同时增加且产出值的增加比例更大导致的单位产品成本随产量的增加而降低的情况，即为规模报酬递增；反之，为规模报酬递减；规模报酬不变则为投入与产出保持比例不变的情况。类似的，土地规模与规模报酬之间的相互变化，一般也存在递增、不变和递减三种情况。因此，土地的规模经营存在最适面积，当土地的经营规模在未达到这一最适值之前，农户有增加土地规模的需求，而超过这一最适值之后，有减少土地拥有量的需求。

农地规模过大，会造成劳动力资源短缺，而规模过小又会产生剩余劳动力，故而确定出最优的农地经营规模是非常重要而且有必要的。由于我国地形条件复杂，根据因地制宜的原则，不同地区的最优农地规模应有所不同。为了加快农村土地的规范化流转，促进农地规模经营更好地实现应该做到如下几点。首先，就农户而言，应该不断增加人力资本投资，提高农民素质水平，使他们拥有更多从事农业生产或者非农业生产的技能，增加农民收入，使土地的经营管理集中到职业农民手中；开拓转移农村剩余劳动力到其他产业的生产经营活动中去的新途径，实现人力资源的优化配置；特别是对具有农业技能的农户，国家应该在政策和资金补贴上给予更大力度的支持，促进土地规模经营的实现，提高土地利用率。其次，就国家而言，从制度层面完善农村社会保障体系，健全农地流转相关法律法规，构建农地流转市场机制，加强政府部门对农业生产的服务功能，促进农地流转的任务应该有条不紊地开展；从费用和资金角度，完善土地承包经营权流转中介组织及机构的职能与服务，规范对土地流转的管理、监督和指导章程，以减少交易费用；健全农村金融及保险体系，建立和完善农业风险防范机制，在为农业规模经营提供资金的同时降低农业生产风险。最后，各地区应积极引进先进的管理理念和农业生产技术，扶持辐射范围广、带动能力强的高效农业项目，构建有地域特色的现代化农业产业园，形成农业发展的比较优势(陈瑜思，2011)。

3.4.6 四川省城乡统筹土地综合整治的实践探索

作为率先开展土地确权流转的全国试点之一，自 2003 年以来四川省成都市开始推行城乡一体化改革实践探索，再到 2007 年 6 月，重庆市和成都市获国务院批准设立为国家级统筹城乡综合配套改革试验区。多年的努力使得成都市统筹城乡综合配套改革试验区积累了不少经验，同时也取得了一些成果。成都市健全城乡发展一体化体制机制，以制度统筹、产业统筹、建设统筹、主体统筹为重点，着力深化重点领域改革，赋予农民更多财产权利，大力推进城乡要素自由流动，统筹城乡改革发展实现新突破。2014 年，国家发展和改革委员会备选推广的 47 条试验区成熟经验中，采用了成都市统筹城乡综合配套改革实验区的 9 条经验；全市农村产权制度改革荣获第七届“中国地方政府创新奖”优胜奖①。以下将详细介绍四川省郫都区、龙泉驿区、绵竹市和阆中市的城乡统筹工作的开展情况及其模式。

1.四川省成都市郫都区模式

1) 概况

郫都区唐昌镇战旗村位于四川省成都市郫都区、都江堰市、彭州市交界处，全村面积 2.06 平方公里，其中耕地 2163 亩；下辖 9 个农业合作社，农户 529 户，农业人口 1704 人，其中适龄劳动力 950 人；全村现有集体企业 5 家，个体企业 5 家。被列为省、市新农村建设重点示范村。2008 年以来，战旗村以农村产权制度改革为核心、土地综合整治为抓手、农村新型治理机制建设为基础、村级公共服务和社会管理改革为保障，统筹实施新农村综合体建设，推进农业现代化、农村城镇化、农民居民化。

2) 实践探索

(1) 以市场化促进土地综合整理。战旗村土地综合整治项目经四川省国土资源厅批准立项，运用城乡建设用地增减挂钩政策，实施土地整治项目建设。在农用地整理方面，通过土地多垦和田块整理、沟渠改造、道路建设，新增耕地 209 亩，改善了农业市场条件和农村发展环境，提高了农业综合生产能力。

(2) 立足高端化推进现代农业发展。战旗村采取“农户以确权后的土地承包经营权入

① http：//www.sc.cei.gov.cn/dir1009/206308.htm. 2014 年成都市统筹城乡综合配套改革推进情况与 2015 年展望，2015.4.28。

股，村集体注入 50 万元现金”组建战旗农业股份合作社，合作社建示范基地 400 亩，种植大户建家庭农场 460 亩，龙头企业建产业基地 900 亩。在现代农业发展上，立足于高端化。自主建成“现代育苗中心”“战旗第 5 季·生态田园村”“成都榕珍菌业公司”中国航天太空产品(种子)基地等，创造出高附加值的新型农业发展形态。

(3) 农民居住社区化。战旗村大力推进农民向新型社区集中。作为省级新农村建设示范村，战旗村于 2007 年开始修建农民集中居住区—战旗社区。社区的配备有医疗卫生站、便民服务站、幼儿园、超市和文化活动中心等。

(4) 民主化开展村级管理。在村级管理和社区管理中，采取村级会议民主议决制，实施“宣传动员、收集民意、梳理讨论、议决公示、实施监督、评议整改”村级民主管理“六步工作法”，实现了村级事务的民主化管理。

3) 工作成效

(1) 经济发展成效。经过近五年的发展，战旗村集体资产从 2007 年的 1280 万元增长到 2011 年的 2300 万元，增长 79.7%；集体经济收入从 2007 年的 82.5 万元增加到 2011 年的 382 万元，增长 3.6 倍；全村农民人均纯收入从 2007 年的 5750 元上升到 2011 年的 12320 元，增长 114.3%。

(2) 农业劳动力有序流转，农民收入实现多元化。战旗村园区企业和种植基地吸纳 1100 余名农民就地成为产业工人，占村民总数的 64.55%，促进了集体经济积累和农民持续多元增收。2011 年农民人均纯收入 12320 元中，务工工资收入 9856 元，占人均纯收入的 80%；经商等其他收入 1232 元，占人均纯收入的 10%；入股保底收入 906 元，占人均纯收入的 7.4%；从事蔬菜种植等家庭农业收入 322 元，占 2.6%。

(3) 工业化、城镇化与农业现代化同步推进。战旗村通过土地综合整治、农民居住社区化、产业发展集中化，实现了土地、资本、劳动力的有机整合，生产要素利用率和生产效率大大提升，为成都市统筹城乡综合配套改革实验区建设提供了发展的思路和经验。

(4) 村社区文化丰富多彩。战旗文化大院坐落于沙西沿线的唐昌镇战旗村，占地 20 余亩，号称西部最大的村级文化活动中心。文化大院的落成丰富了村民的娱乐活动：白天有老年腰鼓、老年秧歌，晚上是少年拉丁舞、青年坝坝舞。同时，电子阅览室、农家书屋、书画室、排练厅等多套文化配套项目也给村民提供了优越的文化条件。

(5) 乡村治理机制建设取得明显成效。战旗村在实现村民自治、民主管理、村务公开、民主监督等方面进行了有现实意义的探索，村民的参与管理与民主意识有了明显提升，村及社区管理民主有序，有力地促进了乡村的和谐发展，村容村貌焕然一新(刘后平和刘浩秋，2012)。

2.四川省成都市龙泉驿区模式

1) 概况

龙泉驿区是四川省成都市城乡统筹的示范点之一，位于成都市东部，紧邻成都平原龙泉山西侧，属成都市辖十三区之一。近年来，龙泉驿区以“山区生态移民富民安民工程”

开拓出一条城乡统筹和新型城镇化路径。

近年来，龙泉驿区巩固、提升和推广“龙华实践”成功经验，提升了“移民进城、安居兴业、标本兼治”的新理念，创新性的运用统筹城乡综合配套改革思想办法，引导群众自愿、持续实施生态移民富民安民工程。目前，龙泉驿区万兴乡大兰村等6个山区村，1.96万农民下山进城安居兴业，初步探索出了一条保障山区群众生命安全、生产发展、生活幸福和促进耕地保护、生态修复的科学发展之路。

2)探索实践

龙泉驿区灵活运用统筹城乡综合配套改革思路办法，大力实施山区生态移民“十年行动计划(2012～2021 年)”，帮助山区农民根本转变生产生活方式，彻底告别穷山村，过上富裕文明幸福的新生活(表 3-16)。

表 3-16 龙泉驿区生态移民富民安民工程进度表

进展情况	涉及村数/个	新增农民进城安居兴业人数/万人	总投资/亿元
已经完成	6	1.96	49
2015 年完成	5	0.73	27
正在实施	17	2.68	80.4
准备实施	18	3.03	90.9
总计	46	8.4	247.3

龙泉驿区大兰村是龙泉驿区最偏远的积贫极旱山区，面积 9.25 平方公里，人口 1646 人，经济发展长期滞后的同时，也伴随着饮水、行路、增收、上学和就医等方面的困难。龙泉驿区充分尊重并顺应民意，利用汽车产业优势和财政税收等的支持，使得全部进城村民实现了充分就业、充分安居、充分保障和可持续发展，从根本上转变了生产生活方式，大兰村由原来的贫困村变成了一个富裕、文明、和谐的城市社区。

龙泉驿区项目实施过程本着充分发挥农民主体作用，整合市场优质资源、用活统筹城乡政策，根本转变农民生产生活方式的基本原则。①坚持“三视三问”，积极探索生态移民富民安民新路径。即，视群众为亲人，问需于民；视群众为老师，问计于民；视群众为裁判，问效于民。②坚持“三动三增”，科学构建生态移民富民安民新机制。首先是“动地”，即大力实施土地综合整治工程，促进农村土地增值。其次是“动房”，即大力实施安居保障工程，促进农民住房增值。高标准建设新型城市社区的同时，高质量拆除旧房复用为耕地。最后是“动人”，即大力实施农民变市民工程，促进农村人力资源增值。按照“让山区农民从心理上、技能上、文明习惯上进城”的要求，促进生态移民加快转变生产生活方式，稳健融入现代城市，成为富裕文明新市民。③坚持“三统三化”，着力提升生态移民富民安民新水平。做到统筹新型城镇化与产业整合发展，着力化解“人到哪里去”的难题；统筹新型社区与基层党组织建设，着力化解“社区怎么管”的难题；统筹农业现代化与生态文明建设，着力化解“生态如何保”的难题。

3) 大兰村工作成效

(1) 就业、安居、养老等实现了充分保障。在实现就业方面，大兰村全体村民整体迁入龙泉驿区“龙华社区”，村民 887 人的劳动力中有 863 人实现了稳定就业，就业率高达 97.37%，人均纯收入也从移民前 2007 年的 4120 元增加至 2013 年的 16870 元。在安居上，全村 1646 名移民已免费拥有人均 35 ㎡的城市住房和 10 ㎡的商业用房，享受城市公共基础设施，人均固定资产达 20 万元以上。养老等保障上，社区为符合条件的 1607 人购买了城镇社会保险，男满 60 岁，女满 50 岁的 408 人每月可领取 1100 元以上的养老金，仅此一项人均增收 3046 元。

从表 3-17 可以看出：农民人均纯收入较移民前增加了 12750 元；农民人均资产达 21.75 万元/人，较移民前增加 7.25 倍；农村产权增值，承包地的价值相当于一次性流转了 42 年的收益，宅基地价值增值 4.5 倍。

表 3-17　生态移民前后产权增值收入增长对照表

资产构成		移民前	移民后
农民人均纯收入/元		4120	16870
农民人均资产/万元		3	21.75
村生产要素流动产权增值变化	承包地	1 亩/人	获得参加社保费用 8.4 万元/人
	宅基地	18 万元/亩	81.5 万元/亩

(2) 实现了基层“两巩固”。集体经济进一步巩固壮大，实现了从“空壳”村、负债村向富裕村的转变，成功找到了发展集体经济、促进共同致富的有效路径；基层政权进一步巩固，山区群众在基层党组织的带领下，走上了生态移民富民安民之路，实现了农民变市民，“一步跨小康”的梦想。

(3) 提升公共服务和基层治理水平。按照“集约高效、功能完善、社会和谐、环境友好、城乡一体”的要求，配套完善了学校、市民文化康体中心、社区便民服务中心、敬老养老中心、社区休闲广场、警务室等服务设施，保证了社区居民公平享受城市居民权利。在基层治理上，建立完善新型基层治理机制，给群众以建议决策权；深化社区党务、居务、财务公开，切实保障了广大党员群众的知情权、参与权、监督权。

(4) 实现了人、经济和资源的全面可持续发展。在人的可持续发展上，群众的经济、政治、文化、社会等基本权益得到切实保障；在经济的可持续发展上，实施山区生态移民可拉动投资增长 4.1 亿元以上，带动消费 1 亿元以上，为城镇第二、三产业提供劳动力 887 人；在资源利用上，移民集中安居，提高了建设用地节约集约利用水平，移民区耕地资源得到了保护，生态植被逐步修复，为城区构建了绿色屏障(表 3-18)。

龙泉驿区的生态移民富民安民工程，在实现村民变市民的过程中，利用地区产业优势和实施大胆创新的可行方案，充分发挥人的主体作用、充分整合市场优质资源、充分用活统筹城乡政策、根本转变农民生活方式，创新驱动新型城镇化发展，使得群众的就业、安居、保障等工作得到了很好的解决(刘后平等，2015)。

表 3-18 龙华社区土地整合整治情况表 (单位：亩)

	农用地整理						集体建设用地整理		
	耕地	林地	养殖水面	农村道路及田坎	坟地	荒地	居住用地	兴业用地	开发用地
整治前	1407	192	302	146	103	86		372①	
整治后	1710	182	262	72	10	0	130	40	202
成效	田水园林路综合整治，净增耕地面积 303 亩						科学集约节约利用土地资源，集中使用零星集体建设用地		

注：①有农村零星宅基地。

3.四川绵竹市年画村模式

1)四川绵竹市年画村的基本情况

四川绵竹年画村地处四川省绵竹市孝德镇，北靠江苏工业园，西邻成青公路，东接德阿公路，距离绵竹市区 5 公里，交通区位优势明显，是绵竹南派年画的发源地。全村总面积 7.5 平方公里，下设 26 个村民小组，共有 2716 户人家，总人口 6160 人，2012 年农民人均年收入 1.1 万元。

2006 年 3 月，年画村建设工程正式启动，在绵阳市委、市政府和镇党委政府的大力支持下，采取年画上墙的方式，将“三国故事”“二十四孝”等六大主题的 1500 余幅年画栩栩如生地展示在农家院墙上，不仅美化了环境，而且宣扬了中华民族“忠”“孝”“礼”“义”的传统文化美德，成为绵竹新农村建设的亮点。

在 2008 年“5·12”特大地震中，绵竹年画村遭受了巨大损失，2400m^{2}的房屋受损，大量年画制作工具被毁坏，直接经济损失达 213 万元。灾后，孝德镇党委、镇政府积极配合苏州援建方抗震救灾、恢复年画产业，抓住灾后重建这个有利契机，结合苏州桃花坞年画营销的成功经验，充分发挥“民间年画”这一品牌优势，大力培育和发展年画产业，以年画品牌带动旅游业，结合新农村建设，促进合作社发展，实现产业升级、转型和联动。2011 年 4 月，年画村被评为“国家 4A 级旅游景区”。

2009 年以来，温家宝、贾庆林、李长春、李源潮等党和国家领导人相继视察了年画村，对年画村灾后重建与产业发展相结合、农民增收致富与新农村建设新结合、年化产业与发展乡村旅游相结合的工作思路予以高度肯定。

2)年画村土地整理、流转和综合利用

2008 年汶川地震后，绵竹市孝德镇遭受巨大损失，在苏州市对口援建帮扶下，孝德镇进行了包括农村基础设施、水利、商贸、基层组织建设和农业服务体系等建设，特别是在其辖区内的年画村开展了土地综合整治工作，并以此为基础探索农村发展以及城郊农村就地城镇化之路。

年画村党支部按照“强核心、强素质、强管理、强服务、强实力”的“五强”要求，充分发挥村党支部的领导核心作用，进行土地的综合整治，整理复垦开发土地，统一规划，集中连片开展田、水、路、村的综合整治。村党支部以文化旅游为核心，主动引入生态观

光农业、乡村酒店、度假村等项目，年画产业基地基本形成；以群众安居为重点，新建农民集中居住点；以专业合作为平台，加快土地流转，大力发展经济果园、无公害蔬菜、科学养殖。

(1) 农业生产用土地整合流转市场化。年画村在对当地农户的土地承包经营权进行确权的基础上，发展了“建全种植专业合作社”和“世鹏养殖专业合作社”，以土地管理机制改革为导向，以土地流转整合政策为契机，采取“公司+基地+合作社+农户”的模式，“以地入股，入退自愿”的流转原则，以“每年1100元/亩”或“1000斤稻谷的收入保底”的方式直接由合作社负责人租用农户土地。种植专业合作社雇佣当地农户进行绿色水果、绿色蔬菜及各类花卉种植，养殖专业合作社则主要是采取绿色方式规模饲养家禽。2012年种植合作社成立后，从农户手中流转土地近1000亩种植向日葵，发展观光旅游农业，一炮打响，吸引了众多外地游客。尝到甜头的农户把观光花卉的面积扩大到1560亩，其中860亩用于种植向日葵，700亩用于种植薰衣草等花卉，当地农户仅从基地挣得劳务工资就达30余万元。

(2) 农户居住社区化。在土地整治的过程中，对灾后集中安置点进行了慎重的选址和修建，年画村居民从先前的散居转变为集中居住。全村将房屋统一规划成一层农家小院，尽量将农户的居住点集中到一起，推行社区化建设，整理出更多的空余宅基地。全村重建规划农房集中居住点26个，全村集中居住率达60%。在保留对宅基地的使用权的基础上，农民可将从原宅基地中节约出来的土地出租给合作社或以土地入股合作社，从而达到土地集约化、规模化利用的目的。

(3) 乡村文化旅游休闲食宿一体化。年画村围绕年画主题，发展文化旅游业，同时对休闲食宿等给予配套建设，提供旅游一条龙服务。年画村通过建新拆旧和土地复垦，保障乡村旅游项目建设用地，大力推进乡村旅游用地向规模化、集约化发展。年画村根据农民意愿，在满足居住自用的基础上，引导其将多余产权房入股参与建设集中、规模型产权式乡村文化旅游食宿设施。例如，将村里的竹林盘、老埂、荒废的宅基地整理出400亩土地，用于种植花卉苗木，对原来4组、5组、8组一条长约近千米的烂泥沟进行综合整治，建成一个200亩的村级袖珍活水公园。

3) 借鉴意义

(1) 通过土地确权赋能，调动农民流转土地的主动性。通过确权赋能，本着流转自愿的原则，多余土地的供给方(个体农民)与土地的需求方(当地合作社及外来投资者)直接对接，采用土地租赁方式，省去了土地由集体所有性质转化为国有性质再出让的中间环节，跳过了政府这个中介。其实际意义在于打破了政府对土地的垄断，不仅有效减少了寻租行为，而且还能使土地的增值收益由广大农民和投资者共享，从而提高农民流转土地的积极性，也避免了征地过程中的可能存在的问题，创新了城镇化进程中农村土地流转的动力机制。

(2) 缩减流转环节，调整土地流转收益分配。对于年画村的农民群众而言，在不放弃土地的承包经营权的基础上，进行土地经营权的出租不仅可以得到较为稳定的绝对地租收入与本地务工收入，仅这部分土地综合利用，当地农民已经取得土地租金收入近40万元。

长期来看，农民还可以获得出租方式下的土地级差收益。对专业合作社及外来投资者而言，通过土地集约利用，可将节约出来的农业生产用地和多余宅基地用于规模化的禽类养殖和果蔬花卉种植，并发展农业观光旅游等第三产业，从而获得投资回报。

(3)土地集约规划，实现农民生产生活就地城镇化。通过土地统一规划，年画村生活休闲、旅游观光、耕种养殖等区域分布井然有序。现在，年画村农户大多落户在生活服务区内，形成居住点的集中，方便村委和政府提供道路、水电、休闲、健身等基础设施，实现就地城镇化。年画村以年画出名，距离生活服务区不远处就是年画制作生产基地。年画村的年画产业兼具高中低档定位，采取纯手工为主，机械为辅的加工制作方式，既保留了年画制作的技艺，为手工业者提供了一条就业道路；同时在年画作坊对外开放的过程中，吸引观光游客，促进周边农户增收。年画村两大专业养殖合作社和专业种植合作社也为村民的就地就业提供了保障(刘后平等，2015)。

4. 四川省阆中市飞凤镇模式[①]

1)四川省阆中市飞凤镇概况

四川省阆中市是全国四大古城之一，四面环山三面环水。阆中市是典型的深丘地形，当地的农业发展有一定的困难。阆中市飞凤镇瓦店村是距离飞凤镇 3 公里的一个村庄，7 公里多的村道几乎贯穿全村所辖的 5 个社。瓦店村约 393 户，总人口在 1200 人左右，共有田地 8822 亩，其中土地 5200 多亩，水田 3000 多亩。据了解，该村虽然自然条件良好，但是传统农业生产水平较低，外出务工人员占总人口的 70%左右，村中剩余劳动力就是老人和儿童。同时，由于土地分散化和劳动力能力限制，从事粮食生产的农户少之又少，并且都是以劳动强度大、经济效益低的自给自足的农业生产为目的。截至 2013 年底，全村撂荒田地达到 4200 多亩，撂荒率近 50%。撂荒土地杂草丛生，一片荒凉。其中，瓦店村 1、4 两村是撂荒情况最为严重的村社。1 社有 87 户，共 224 人，耕作田地约 420 亩。现在家农户约占比 27%，其中以老年人为主体并且有一定耕作能力的有 42 人，按较大耕作能力每人耕作 4 亩，全社能耕种田地仅 168 亩，撂荒比例都要达到 60%以上。类似的，瓦店村 4 社，有 67 户，共 242 人，耕地约 350 亩，现在家农户约占 20%，基本能劳动的有 24 人，按同一标准计算全社土地撂荒率更是达到 73%。

基于以上土地撂荒问题，飞凤镇干部带队蹲点深入到群众中间，询问群众意见，依靠群众力量，力图把解决瓦店村土地撂荒作为试点，找到破解土地撂荒难题和实现土地有效有序流转的良方。

2)存在的问题和实际困难

(1)传统的农业生产劳动强度大，经济效益低；缺乏特色产业的支撑。首先，传统的农业生产多是高强度的体力劳动，对劳动力身体素质要求较高。同时由于农业的弱质性特质，农业生产极易受到自然灾害的影响，使得农业生产没有太多保障。其次，在我国，主要粮食价格不存在类似于经济作物的价格优势，在该村不存在特色产业支撑的情况下，农

① 本部分是根据本书对应课题组 2015 年 7 月在四川省阆中市飞凤镇的调查资料整理。

业生产无利可图，农户依靠农业生产取得的维持家庭生活以及解决子女教育的经济收入比较微薄，故而从事农业生产的积极性是不高的。

(2) 大量劳动力外流，剩余人口以高龄低劳动能力的老人为主。据了解，瓦店村外出务工劳动力近 70%，留守人员以平均年龄 60 岁以上老人为主。由于城镇发展对劳动力的需求以及农民经济收入的利益诉求，农村劳动力大量流入大城市或者小城镇都是正常的经济现象。新型城镇化的实施，更是吸引了一大批农民进城寻求更好的生活条件以及发展机遇。劳动力的老龄化和低智化，造成土地大面积撂荒，并且日益严重。

(3) 瓦店村的交通条件极其不便。道路交通通常被认为是一个地区发展的硬件基础设施条件，故而民间一直都流传着“要想富，先修路”的说法。瓦店村 7.5 公里村道绝大多数是卵石、泥结路面。下雨天，村民出行、农作物生产与收割均受到交通不便的制约。同时，交通不便也使得外面的投资进不来，农民的成果出不去，减少了村社发展的机会。村道硬化成为农民关心和亟待解决的问题，然而高昂的道路维修费用也成为村民和镇政府头疼的难题。

(4) 土地分散化，农业生产难以形成规模。家庭土地分散是家庭联产土地承包责任制遗留下的普遍性问题。分散化的土地不仅增加了农民的劳动强度，为农业生产带来了不便；同时也不可能形成规模化的农业生产而产生规模效益。

3) 探索实践

在飞凤镇土地撂荒严重，粮食生产和农业产值均呈现下滑状态的情况下，飞凤镇、瓦店村领导实地考察后摸索出一个办法，即“土地集体托管-土地互换，规模流转-干部领头，建家庭农场配套服务促流转”的土地流转模式。具体实施如下所示。

(1) 实行土地集体托管，村组管地担责。首先，要理清村组的管地责任。由家庭土地联产承包责任制的规定可知，土地是村社集体所有的，农户只有承包经营权，大量劳动力外流使得私下托管的撂荒土地集中起来管理势在必行。对于外出不务农的原承包者，他们仍然享有承包权，享受粮食直补、良种直补和农资综合补贴，并且如其返乡决定继续从事农业生产后可立即收回经营权。但是若不将承包土地经营权托管给村社而造成的土地撂荒者的农业补贴将全部立即停止。

在此背景下，镇村组织将全镇村所有撂荒土地统一收归镇村组织“托管”，允许由镇村来管理土地流转经营的责任并盘活土地。2015 年初，全镇共签订托管协议 1550 户，实现土地托管 4039.2 亩。

(2) 实行土地互换，实现规模经营。土地互换是实现农业规模生产的必要前提。然而，由于阆中市属于丘陵地区，每家农户承包的土地虽然不多，但往往成块状分散在不同位置。这便导致撂荒的大多数土地不能成片。为了满足土地经营者成片规模经营的愿望，就需要将土地重新互换与整合。土地互换有利于农户自身的耕作，也有利于农业大户和家庭农场的机械化生产，实现农业生产的规模效益。

顺应形势，飞凤镇、瓦店村组织对全村土地进行统一调整，根据“就近、整块、成片、且不得插花”的原则“互换”，将土地重新“分配”给家庭农场、种植大户及在家农户。

(3) 实行干部领头，建设家庭农场。飞凤镇的托管土地始终坚持经营业主本土化的原则。首先，鼓励在家农户多耕多种。其次，鼓励党员干部带头经营耕种，发展成为家庭农场生产模式。再次，引导外出务工农民、个体工商户、农村经纪人、农村大学生积极流转撂荒土地进行农业生产。最后，对于面积过大而不能实现本地人经营的土地，可以适当引进外来业主进行规模经营。

为保证粮食生产安全，规定土地生产的农业用途不容改变。家庭农场和种植大户承包的土地坚持必须以粮食生产为主，适度发展林果业、畜禽养殖业，禁止肥水养殖等生产方式。在镇政府的努力下，全镇共建成家庭农场 42 户，发展种植大户 68 户。

(4) 实行配套服务，促进规模流转。镇政府为了土地规模流转的顺利进行以及提高农业生产能力的实现，分别从配套农机服务、资金支持和提供农技服务等方面给予全力保障。在农机服务的配备上，以村组建农机专业合作社，农业机械由种粮大户与家庭农场共同持有和使用，实行农机手经营负责制，具体负责农业机械的管护和经营，为种粮大户、家庭农场服务，购置农业机械的费用由国家补贴与政府补贴。2014 年，飞凤镇为瓦店村配备 55 马力旋耕机 2 台、28 马力收割机 2 台、插秧机 2 台；2015 年全镇新配备 60 马力旋耕机 7 台，28 马力收割机 7 台，共组建 6 个农机专业合作社。在资金支持方面，鼓励家庭农场、种粮大户自建生产便道(宽 3 米)，政府对其进行 1 万元/公里的补贴。对于在家耕种并且同时经营撂荒土地的农户，给予每亩 100 元的肥料补助。积极落实国家按土地经营面积对种粮大户的政策补贴，对于经营土地面积在 30～100 亩的农户每亩补贴 40 元，经营面积在 100～500 亩的农户按每亩 60 元的标准进行补贴。在农技服务方面，农业服务中心对种粮大户，家庭农场提供定点技术服务，对家庭农场经营者每年进行专项培训不少于 10 天。同时，为解除土地经营者的后顾之忧并保障撂荒土地的持续流转，飞凤镇明文规定，土地流转收益每三年确定一次，前三年鉴于开荒的因素，确定为零收益。三年后三方(承包方、经营方、村社)议定土地流转收益标准，必须充分考虑经营方的承受能力，合理谨慎议定，收益归土地承包方享有。

4) 工作成效

(1) 破解土地撂荒，实现粮食增产。2014 年，飞凤镇新复耕撂荒土地 1472 亩，占全镇撂荒耕地的 40%以上，复耕撂荒土地总面积 2646 亩，由复耕土地实现的粮食增产 1300 余吨。其中，瓦店村复耕撂荒土地面积达 806 亩，全村粮食增产 397 吨。据相关资料显示，2014 年全镇粮食产量比上一年同期增长 2050 吨，为保障国家粮食安全提供了支撑。

(2) 发展家庭农场，培育新型主体。截至 2014 年底，飞凤镇耕作土地 20 亩以上的农户达 83 户，其中家庭农场 11 家，种粮大户 12 户，耕作土地 20 亩以上积极争创种粮大户和家庭农场的 60 户。2014 年，瓦店村新建成家庭农场 5 家，培育耕地面积 20 亩以上种粮大户 10 户。2015 年上半年，飞凤镇新建成家庭农场 31 家，新晋种植大户 56 户。至此，全镇建成家庭农场总数达 42 家，发展种粮大户数量达 68 户。

(3) 实行规模经营，实现农民增收。2014 年，飞凤镇仅由恢复撂荒土地耕作带来的粮食增产就为每一在家农户实现了人均 915 元的增长。其中，瓦店村在家农户的人均收入为 1200 元，甚至有流转土地 254 亩和 150 亩的家庭农场更是分别实现了家庭纯收入 16.2 万元及 10.5 万元的增长。2015 年，家庭农场和种粮大户规模经营土地数量达 4925.43 亩，经营面积占到全镇耕地总面积的 55%。其中，68 户种粮大户共流转经营土地 2220.45 亩，42 家家庭农场共流转经营土地 2704.98 亩。

3.5 本章小结

推进土地制度改革是统筹城乡发展的重要方面。本章从新中国成立以来我国土地制度改革及演变进行了制度演进分析。

1978 年以后围绕如何进一步完善农村家庭承包责任制，激发农民生产经营的自觉性与积极性，中央先后出台了各种政策措施，极大地释放了劳动生产力。但是，现行承包制也造成了农地经营细碎化、生产效率低的问题，制约了农业规模经营、现代农业发展，影响农业现代化的实现。

本章根据课题调研资料，对如何进一步提高土地产出效率，缩小城乡发展差距，在城市化背景下，如何避免土地撂荒现象，进行了统计描述和计量模型分析；对我国改革开放以后的土地利用效率进行了客观评价，分析了规模经营中各行为主体的行为准则和利益取向；同时，借助于对四川省四个乡镇在城乡统筹中开展的土地综合整治实践探索，揭示了土地确权、流转对于农村经济发展的重要意义。

第 4 章　农村资本的形成与发展

本章主要围绕农村资本的形成路径与发展现状进行描述，分析现阶段我国农村发展在资本来源与资本利用效率上的问题，提出相关解决方法。本章首先对资本与投资，资本与货币之间较为容易混淆的概念进行了比较说明，运用流量与存量的概念将三者的区别与联系加以阐述，由此揭示出资本的属性；其次，通过固定资产价格指数、主要农产品产量、生产资料价格指数等指标分析，反映农村资本形成的现状与发展情况，用永续盘存法对农村资本存量进行了计算和估计，揭示出农村资本在内部与外部均存在不足并面临困境；最后，提出了主要的解决措施。

4.1　资本及其属性

从发达国家的经济社会演进的历史经验中不难看出，资本积累是促进社会进步和经济发展的关键。纵观整个西方发达国家的历史，从殖民地贸易、圈地运动到工业革命，英国资本主义的发展伴随着资本积累过程。资本主义国家先进的资本主义生产力和生产关系取代了原有旧的封建社会生产力与生产关系，第一次、第二次世界大战时期包括之后签订的协议也是利益与资本的重新划分与分配。这一过程就是资本不断积累的过程，西方资本主义国家的近现代史即是一部资本积累和形成的历史。由于我国封建社会的时期历经更长，我国农村资本的形成与发展更是受到了封建社会中小农经济关系的深远影响。在多年的发展过程中，由于村庄中的自然资源禀赋和人与人之间的紧密关系网络，形成了与城市不同的特点与运作方式，但农村资本毕竟属于整个社会资本的一部分，具有社会资本的某些属性，在新时期特别是当前经济新常态的大背景下，如何结合农村资本的自身特殊性和本身具有的资本属性促进新农村的建设，发挥资本支持农村中的科技运用的优势[①]，统筹城乡发展尤为重要。

4.1.1　资本的含义

亚当·斯密及其古典政治经济学的继承者们大都把资本看作是一种生产手段或生产工具；新古典经济学代表人物马歇尔则强调了人力资本的重要性。新古典综合学派代表人物萨缪尔森对资本的定义是结合资本品一同解释的。他认为资本与资本品都是耐用品，是可以投入到生产中创造价值进行再生产的。众多经济学家都结合自身所处时代背景与现实情况对资本进行了不同的定义，虽然有所区别，但他们的论点都不会影响后人对资本定义的总体把握。

① 《马克思恩格斯全集》第 31 卷下，第 470 页。

根据资本的流动方向是从低盈利流向高盈利的这一规律来看，资本与投资活动相联系，是一个兼具流量与存量的概念。资本的内容包括无形资本、有形资本等一切可以创造剩余价值的资本；在西方经济学中，资本与劳动力、土地共同构成了投入要素，资本本身也是一种能够实现价值增值的手段。

对资本内涵的理解一直以来存在许多分歧，学者们大致将资本划分成了几大种类：物质资本、人力资本、技术资本以及自然资源，划分的目的多在于提醒学者们注意对不同资本形态的区分，并能根据各自不同的特点，实现资本的最合理化使用。由于对这几种资本的有效整合都能够促进城乡统筹工作的展开，也是破解城乡二元经济的方法所在。因此，在统筹城乡发展进程中必须把握好这几者之间的关系。

4.1.2　资本的属性

根据马克思理论，资本是能够带来剩余价值的价值。在资本主义的生产经营过程中，资本表现为能够创造剩余价值的生产要素的一部分，而资本增值过程离不开资本的流通环节，即资本是在不断地运动、循环中实现增值的。这一点和现代企业的财务管理这一动态过程有相似之处。财务管理的几大活动：筹资、投资、运营、分配就体现出了资本的运作方式与所要经历的过程。因此，资本的属性首先是流动性，并且流动的速度与资本增值的速度有着密切的关系，资本是否能在市场上或全社会自由流动也在很大程度上决定了资本的增值能力。这一问题有赖于资本的运作机制是否完善且有效。其次，资本本身经历了一系列的市场运营后的增值率的大小也反映出了资本的增值能力；另外，资本的增值是有风险的，不存在会绝对增值的资本，只有正确运用好风险带来的相关收益才能更好地把握资本所带来的财富和利润。

4.1.3　资本相关概念辨析

(1) 资本与投资。资本与投资在概念上有区别也有联系。简单地说，资本是兼具存量与流量的概念，而投资是一个流量，二者不能完全划等号。但资本市场的运作又是由一系列的投资所形成的，资本在社会中的作用很大程度上是通过投资体现出来的。规模化农业的实现也离不开对农业的投资(中共中央马克思恩格斯列宁斯大林著作编译局，1995)。现阶段许多对农村资本的利用效用的评价上都采用了投资量这一指标，对农村固定资产的投入、农村地区生产总值、一定时期内对农村资本保有量的衡量也是评价农村经济的必不可少的考察指标。据 2015 年 7 月的《农民日报》报告，10 年间中央对农业的投资增长了 5 倍之多，而近几年的农村资本拥有量却和城市之间有着较大的差距(李朝民和王艳，2015)，因此必须将投资与资本拥有量结合进行分析。

(2) 资本与货币。对资本与货币这两者的理解也颇为重要。两者的区别较大，在生活中不能划等号。可以将货币看作是固定地充当一般等价物的商品，货币的表现形式由最初的贝壳、动物身体的一部分充当，之后逐渐演变成了由金银充当，最后发展到纸币形态；相应地，资本表现为能够创造剩余价值的生产要素的组成部分。因此，资本与货币在内涵与表现形式上都存在较大差异，但是二者在一定程度上相互联系。在简单商品经济条件下，货币只是媒介商品交换的工具，作为特殊商品发挥促进商品交换的作用。在资本主义生产过程中，劳动力成为商品，劳动力在创造出自身价值的同时，能够带来新的价值增值。当购买劳动力商品的货币具有能创造出一定剩余价值的能力时，这种货币就具有了资本的属性。此时，资本在形式上就可以由货币表现出来。

4.2 农村资本的形成路径

农村资本是影响“三农”发展的重要因素。四川省 2015 年出台有关县域经济改革的措施，进一步激发县域改革活力。成都市温江区、龙泉驿区成为此次改革首批试点，重点改革农村集体股份制①。也有教授指出新型城镇化下需要提高社会资本的参与度②。因此，农村的资本存量与向农村中固定资产投资的流量共同对农业经济的发展起着决定性的作用。农村中的资本问题包括资本的形成、资本的运作循环以及资本的配置效率等诸多方面，这几方面相互作用。在解决农业产业化、农村金融体系的构建上，只有利用他们之间的关系，将其形成的因果探究清楚，才能有效地解决目前我国农业发展中的资源配置不合理、农村劳动力流动与土地资源与流转上的困境。

在目前对农村资本的研究中，大部分学者认为资本问题与农村固定资产投资的问题是同一个问题的两个方面，不可割裂开来，资本的形成也与投资有着紧密的联系。在这一部分，先就我国农村资本的形成现状进行描述，找到问题症结，分析农村金融改革的可能性，进一步健全完善农村金融体系。

4.2.1 农村资本的形成与发展现状

资本的积累程度关系着经济增长的效率。对资本存量的形成现状进行分析，不论是国内还是国外，对资本的度量都有着各自的范围划定，长期以来并不统一，这样就在各地区的农村资本积累对经济增长的作用分析上存在偏差。同时，各个地区农村资本量在统计方法上一味地相互参考借鉴，在排除了各地区的特殊性后，并不具有很强的指导意义。近年来，大部分学者所选取的方法是永续盘存法，即对农村中资本形成的衡量是通过农业固定资本存量来估算的。其中，需要用到的指标包括固定资产价格指数，这一指标在每年的国家统计数据中都会公布；农业固定资产投资包括国家、地方政府和农村居民个人对农业用固定资产投资三个方面；资本存量的基期标准，这要求在估算时选定一个基准量来进行衡量，在这一指标的计算上，我国学者都有着不同的见解，有的是通过直接采用统计中的农用等固定资本金，有的则是在计算出了一个折旧率或重置率后再推算出固定资本存量；最后一个指标则是重置率的估算。

表 4-1 中列出了我国 2005～2014 年 10 年间的固定资产投资价格指数情况。可以看出，固定资产投资价格指数的变动幅度并不大，在 2008 年出现了最高值 108.9，2009 年的最低值 97.6，其余各年份的指数都保持在 100 以上，究其原因，极有可能是与 2008 年爆发的全球性金融危机和四川汶川大地震有关。金融危机以来，中国实施了 4 万亿投资刺激计划，加大投资拉动经济增长的力度；汶川大地震以后，在全国范围的支援灾区行动的推动

① 李媛莉.四川县域经济改革方案出台 农民带“土地”进城落户.http：//cd.qq.com/a/20150326/015305.htm，2015-03-26 07：29.

② 四川在线-华西都市报 川大教授：新型城镇化鼓励社会资本参与是重要出路.http：//cd.qq.com/a/20150202/011037.htm，2015-02-02 07：51.

下，用于灾后重建项目上的投资使得以 2007 年为基期的固定资产增值有着较大幅度的提高。全球经济危机的加深，各种资产价格出现下滑趋势，固定资产价格指数在 2009 年出现了指数缩减情况；同时，由于上一年度用于固定资产项目上的投资远远大于正常年度所需的投资值，2009 年还存在较多尚未消化的投资，因而有了较明显的下降。

表 4-1　我国 2005~2014 年固定资产投资价格指数　（单位：%）

指标	2005 年	2006 年	2007 年	2008 年	2009 年	2010 年	2011 年	2012 年	2013 年	2014 年
固定资产投资价格指数（环比）	101.6	101.5	103.9	108.9	97.6	103.6	106.6	101.1	100.3	100.5

注：数据来源为国家统计局网站 http://data.stats.gov.cn/easyquery.htm？cn=C01.

图 4-1 中的 2013 年各地区农业生产资料分类价格指数是根据国家统计年鉴的全国各省市的数据归类总结得出的。其中，北部地区数据中北京市、天津市的数据缺失，包括了北方 6 个省的资料；在中部和东部地区的归类中，将经济发展程度较好的广东省纳入其中；在西部地区的归类中，也包括了新疆维吾尔自治区等西北少数民族地区。另外，基于图表简洁明了的考虑，用数字 1～6 分别代表了农用机油、农业生产服务、农用种子、农用生产资料、农用手工生产工具、饲料这几个指标。在这一雷达图中，可以清晰地分辨出我国不同地区农业生产资料分类的价格指数对比情况，各项分类指标下北部地区的价格指数都为最高，西部地区紧随其后，东部及中部地区较低。在农用机油及饲料这两项上，东部地区为最高，超过了全国平均水平，分别为 100.88%和 104.71%。2013 年，农业生产资料各项指数都表现得比较平稳，并没与出现极端现象，全国平均值最高为 105.0%，最低值为 100.5%，这一年的农产品产量和固定资产投资也较为稳定。

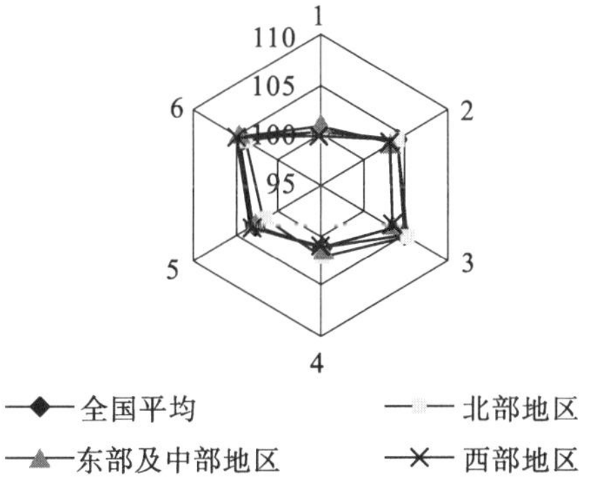

图 4-1　2013 年各地区农业生产资料分类价格指数[①]（单位：%）

根据农业生产资料价格指数的定义，可以将这一指标与固定资产投资价格指数进行一定的替代，这也有助于从另一侧面揭示出农村资本形成现状。由图 4-2 表示的 2005～2014 年生产资料价格指数的变动趋势可以看出，畜产品的价格指数波动明显大于其他各指数。

① 本章中图示部分数据来源均为国家统计局网站和 2015 年中国农村年鉴。

作为固定资产的生产工具，不论是手工工具还是半机械化工具都较农用种子和畜产品这类受外界环境与天气状况影响较大的生产资料的价格波动幅度小，这也进一步体现了农业的弱质性。进一步计算各指标每年的价格指数变动率，可以得出每年各指标的变动率正负交替，有增有减，基本上处于上下波动的态势，其中波动最大的畜产品在 2007 年增长率高达 64%，在 2010 年也出现了 37.11%的负增长，其余各指标都很少有出现 10%以上变动的情况。

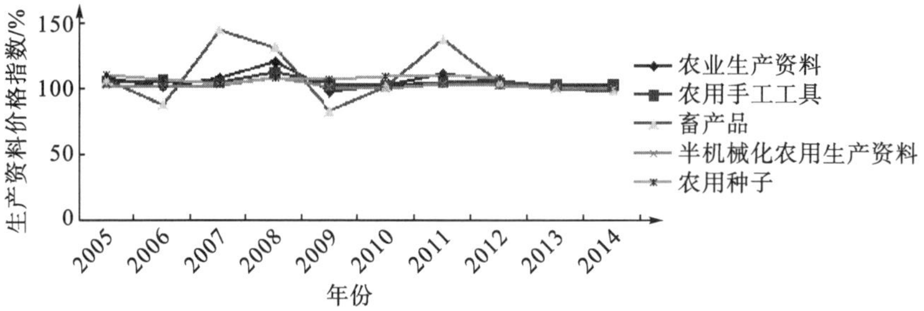

图 4-2　2005~2014 年生产资料价格指数的变动趋势

根据 2014 年中国统计年鉴中对西部大开发 12 省和全国农业机械总动力拥有量的统计，绘制出图 4-3。图 4-3 中选取的五个主要时间节点上，西部省份与全国机械拥有总量的绝对值有较大的差距，这也是国家实施西部大开发的主要原因，正是因为看到了自 1990 年以来的地区发展差距和农业机械在发展现代农业中的地位的重要性，才会有持续政策倾斜。经过二十多年的努力，西部地区由 2000 年以前，机械拥有总动力占全国的 20%左右，上升到 2013 年占全国的 25.07%。但不能忽视的一点是，西部地区包含的 12 省还是在农机动力这一方面有更大的提升空间，20 年间增长有限，仅仅为 5%。西部地区中包括了像四川省这样的农业大省，土地肥沃，雨水充沛，具有发展农业的先天优势。因此，应该利用好各项农业投资对农村经济发展的促进作用，把统筹城乡发展与利用农村资本结合起来才能更好地发挥资源禀赋和政府扶持政策的正向效应。

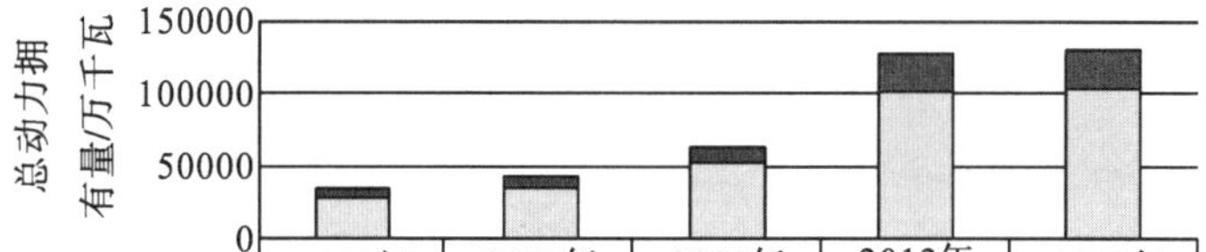

	1990年	1995年	2000年	2012年	2013年
□ 全国	28707.7	36118.1	52573.6	102559	103906.8
■ 西部大开发12省	5906.2	7534.3	10706.6	24599	26043.6

■ 西部大开发12省　□ 全国

图 4-3　中国不同地区主要年份农业机械总动力拥有量

在农村资本的构成中，农业各要素的投入量是必须考察的重要因素。有效灌溉面积与农业机械总动力以及村办水电站装机容量，农村用电量是农村资本投入效率的表现。图 4-4 中的四项指标自 2005 年以来一直处于稳定上升的趋势，其中村办水电站装机容量在 2007 年有大幅增加，增长了近 4 倍，这与 2006 年竣工的三峡大坝时间较近，反映出那一时期全国上下在水力资源利用上的认识较为统一，进而将农村资本运用到农村基础设施建设中项目也较多。有效灌溉面积与化肥折纯量的投入逐年稳步上升，增长率基本保持在 1%～3%，农村用电量的增长率在 2012 年以前基本在 10%以上，而 2013 年和 2014 年则下降到 5.4%和 3.9%，在 2012 年以后的全国农村中通电水平基本稳定，即基本实现了村村通电。可以推测，今后各年的农村用电量在短时期内不会有大幅度的提高，生活方面的用电量基本稳定，生产性用电的增长有赖于农村资本在现代农业生产上的投入情况。

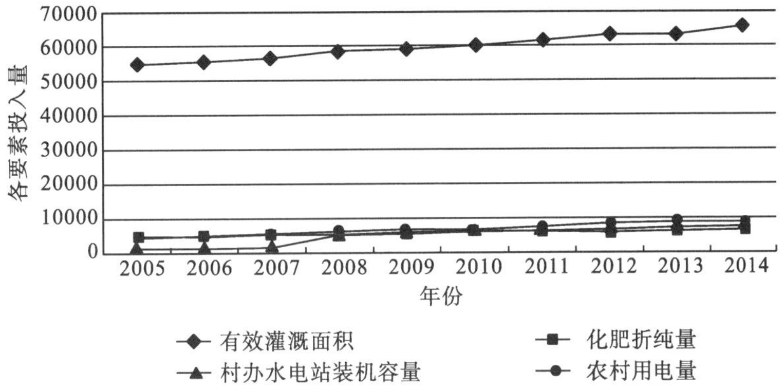

图 4-4　2005~2014 年农业各要素投入量

对农村资本存量影响的另一个重要指标是固定资产投资额。这一投资额在改革开放后经历了较大的变化，在投资主体上由过去较为单一的政府投资为主，转变为投资主体多元化。目前的几大投资主体分别为：政府、村镇集体和农户。下面对农村固定资产投资现状进行统计分析。

图 4-5 表明，家庭拥有农业生产性固定资产原值经历了 2005～2012 年的 8 年增长。其中，2011 年的增长幅度最大为 44%，其余各年份的增长率均未超过 11%。在这 8 年中家庭拥有农业生产性固定资产原值占家庭拥有生产性固定资产原值的比重由 2005 年的 72.5%下降到 67.2%，在 2010 年以后逐渐下降到 70%以下，家庭拥有的农业生产性固定资产增长了近 1.2 倍。农村资本在农业用设备等固定资产上的投资总量有了较大的提升，但是家庭拥有农业生产性固定资产原值占总固定资产原值的比重却在下降，农业生产经营效

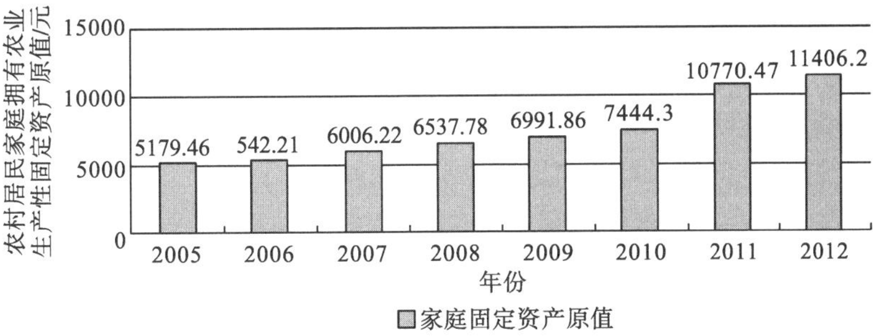

图 4-5　农村居民家庭拥有农业生产性固定资产原值

率或农村全要素生产率不能得到有效发挥，规模效益也不能很好地体现出来。现代农业中运用的科技因素也需要大型生产设备来带动，由此才能实现农业现代化目标。

表 4-2 中反映了“十一五”和“十二五”期间的三类投资主体对农业固定资产投资的情况。国家财政农业性支出是由国家财政城乡社区事务支出和国家财政农林水务支出两项的加总得来的。表 4-2 中还计算了农村集体单位和个人固定资产投资分别占全社会固定资产投资的比重。截止到 2014 年年末，两项比重都呈现出逐年下降的态势，农村集体单位固定资产投资额比重下降了 14%，而农村居民个人固定资产投资比重下降率高达 66%，虽然两项指标绝对值都增加了 2 倍以上，比重的下降充分说明了这两大主体在农村固定资产投资的作用还没有完全调动起来。国家财政用于农业的支出增长了 4 倍，且农业支出占财政支出的比重逐年上升，由 2006 年的 7.9%上升到 2012 年的 9.8%。国家和集体的投资不可或缺，但农村资本投资中更应该体现出农户作为投资主体的重要地位。因此，农户和集体固定资产投资比重逐年下降的态势必须加以逆转。

表 4-2 “十一五”和“十二五”期间的三个投资主体分别对农业固定资产投资的情况

年份	国家财政农业性支出/亿元	农村集体单位固定资产投资/亿元	占全社会固定资产投资比重/%	农村居民个人固定资产投资/亿元	占全社会固定资产投资比重/%
2006	2941.3*	12193.3	11.1	4436.2	4
2007	6649.4	14736.2	10.7	5123.3	3.7
2008	8750.2	18138.3	10.5	5951.8	3.4
2009	11828.1	23243.9	10.3	7434.5	3.3
2010	14116.3	28805	10.4	7886	2.8
2011	17558.1	30277.5	9.7	9089.1	2.9
2012	21053.0	35005.5***	9.6*****	9840.6	2.6
2013	24515.1	38940.7***	9.4*****	10546.7	2.4
2014	26885.2	42875.9***	9.1*****	11621.9**	2.1****

注：数据由国家统计年鉴和国家统计局网站数据整理得出(*代表数据缺失的年份预测数据，该项数据采用回归分析法预测得出，拟合优度较好，*表示 $R^2=0.995$；**表示 $R^2=0.992$；***表示 $R^2=0.979$；****表示 $R^2=0.964$；*****表示 $R^2=0.871$)。

在主要农产品的选择上，本节选取了粮食、稻谷、小麦、蔬菜四类农产品作为参考标准，其中作为我国主要农作物的粮食和蔬菜产量较高，自 2005 年起，每年都在 4000 万吨以上，且增长速度较快，两者在 2014 年的产量分别为 60702 万吨和 76005 万吨，且呈发散状态。蔬菜在 2006 年有小幅减产的情况后，后期两者的增长趋势有进一步加大的趋势，产量较低的稻谷和小麦也在 10 年间有稳步增产的趋势；稻谷产量的平均增长率为 1.5%；小麦的则为 2.9%。在农产品产量上所体现出来的是农村资本的直接投资成果，目前农村投资的效果主要由农产品产量来衡量。“三农”发展效果如果直接表现为农产品产量和质量的同时大幅提升，则农村投资在农业生产领域的作用明显(图 4-6)。

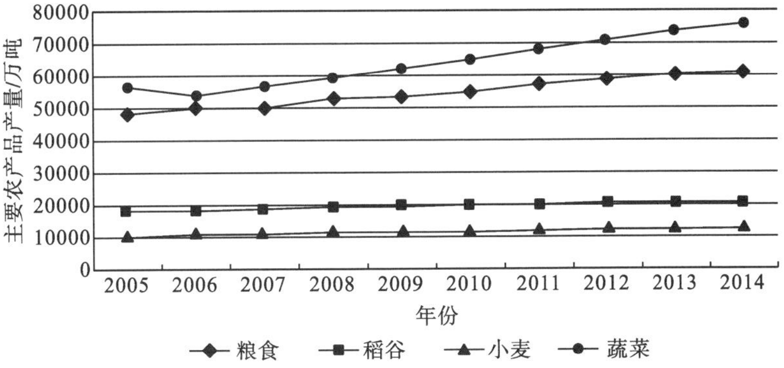

图 4-6　主要农产品产量

衡量农村资本投资效果的另一个指标即是农村居民收入的变化情况。我国 2006～2013 年的农村居民人均纯收入无疑经历了较为明显的提高，所以选取收入增长率的衡量标准更有助于观察农村的人均收入变动情况。图 4-7 中的农民纯收入增长率在大部分年度都保持在 15%上下。2011 年最高为 17.88%，最低的 2009 年也有 8%的增长率(图 4-7)。

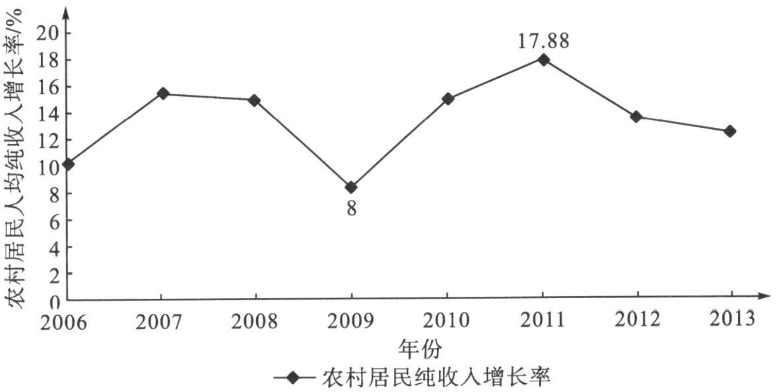

图 4-7　农村居民人均纯收入增长率变化图

通过对农村资本的不同表现分析，可以发现我国农村中资本投资的现状和问题：在农业投资主体上，应加快将农户作为农村投资主体的步伐，有效拉动农户以个人或家庭为单位的农业生产性固定资产投资；物质上，我国农用机械总动力的比重在农业人口比重较大的西部地区还有待进一步提升；有效灌溉面积、农村用电量等农业各要素的投入也是资本投入的重要组成部分，继续保持稳定的增长将会成为主要趋势。

4.2.2　农村资本存量的估算

本节采用永续盘存法估算农村资本存量，所需用的指标在上一节已经进行过较为详细的介绍，这里只是就所采用指标的来源进行简单说明。固定资产价格指数取用表 4-1 中的数据，其数据全部来自国家统计局公布的有关固定资产价格指数；农业固定资产投资的数据整理见表 4-3，其形成是根据表 4-2 中的相关数据，对国家作为投资主体对固定资产投资做出了更新与补充，补充的数据均来自《中国统计年鉴》中国家财政用于农业支出的统计数据。在表 4-3 中将三大投资主体的农业固定资产投资加总作为投资总量以便对资本存量进行估算。农村资本存量基准年为 1990 年的资本额 1656.4 亿元，重置率参考以前学者在这方面的研究成果，最终选定为 5.42%(吴方卫，1999)。将上述各指标带入永续盘存法的公式中：

$$C_{ij} = I_{ij} + (1-\partial)C_{ij-1} \tag{4-1}$$

其中，C_{ij} 表示当期资本存量；I_{ij} 表示当期投资量，∂ 表示重置率。

各投资主体对农业固定资产投资及比重参见表 4-3。由公式(4-1)和表 4-3 中的数据，对我国农村资本存量进行计算，计算结果绘制出资金资本存量变化图见图 4-8。

表 4-3　各投资主体对农业固定资产投资及比重

年份	财政支持农业生产支出		农村集体固定资产投资		农村居民个人固定资产投资	
	绝对数/亿元	占财政支出比重/%	绝对数/亿元	占全社会固定资产投资比重/%	绝对数/亿元	占全社会固定资产投资比重/%
1990	221.8	10	366.1	8.2	876.5	19.7
1991	243.6	10.3	494	9	1042.6	18.9
1992	269	10	994.9	12.7	1005.5	12.8
1993	323.4	9.5	1631.2	13.1	1137.7	9.1
1994	399.7	9.2	1988.6	12.1	1519.2	9.3
1995	430.2	8.3	2367.7	11.8	2007.9	10
1996	510.1	8.8	2802.3	12.2	2540	11.1
1997	560.8	8.3	3055.6	12.3	2691.2	10.8
1998	626	10.7	3233.3	11.4	2681.5	9.4
1999	677.5	8.2	3343.1	11.2	2779.6	9.3
2000	766.9	7.8	3791.6	11.5	2904.3	8.8
2001	918	7.7	4235.7	11.4	2976.6	8
2002	1102.7	7.2	4887.9	11.2	3123.2	7.2
2003	1134.9	7.1	6553.9	11.8	3201	5.8
2004	1693.8	8.2	8086.5	11.5	3362.7	4.8
2005	1792.4	7.2	9737.9	11	3940.6	4.4
2006	2161.4	7.9	12193.3	11.1	4436.2	4
2007	1801.7	8.7	14736.2	10.7	5123.3	3.7
2008	2260.1	9.5	18138.3	10.5	5951.8	3.4
2009	2679.2	9.5	23243.9	10.3	7434.5	3.3
2010	3427.3	9.5	28805	10.4	7886	2.8
2011	4089.7	9.6	30277.5	9.7	9089.1	2.9
2012	4785.1	9.8	38263.5*		9840.6	2.6

注：数据来源为国家统计局网站 http://data.stats.gov.cn/easyquery.htm？cn=C01(*为指数回归预测数据，拟合优度较好，$R^2=0.997$)。

由于 1990 年以来的数据较多，这里只选取 2000～2012 年的资本存量绘制图表，图 4-8 中标出了 2011 年的资本存量，由计算得出为 17074.67 亿元，由于 2012 年中农村集体固定资产投资一项数据缺失，计算出的 2012 年资本存量较上一年度没有增长反而降低，因此不具有可比性。此处三大主体的固定资产投资统计中，没有将居民用于房地产等的固定资产投资剔除，因此计算结果可能较真实数字有所偏差。12 年中的资本存量平均增长率为 12.3%，比较明显的是 2004 年以前的资本存量增长率较高，波动幅度较大。2004～2007 年的资本存量增长率有所放缓，2008 年以后的资本存量增长率再次上升，可能是由于中央政府意识到了资本存量对农村经济的协调发展与农村和谐社会建设的重要性，在 2008 年以后加大了在“三农”上的支出力度，出台了一系列鼓励各方资本参与到农村建设中的行动中来。在这种情况，农村资本的增加量再次大幅提升，但资本的有效运用的结论成立与否还有待进一步结合其他指标进行分析。上一节中农村居民纯收入增长率也大致与资本存量的变动规律相吻合，但结合表 4-3 中各项投资所占比重进行分析，财政用于农业的支出比重在 2000 年以后逐年上升，而另外两个投资主体的投资比重在波动中下降，特别是农户的投资较为不稳定，比重下降率高达 70%以上，农户的投资热情还没有被完全带动起来。

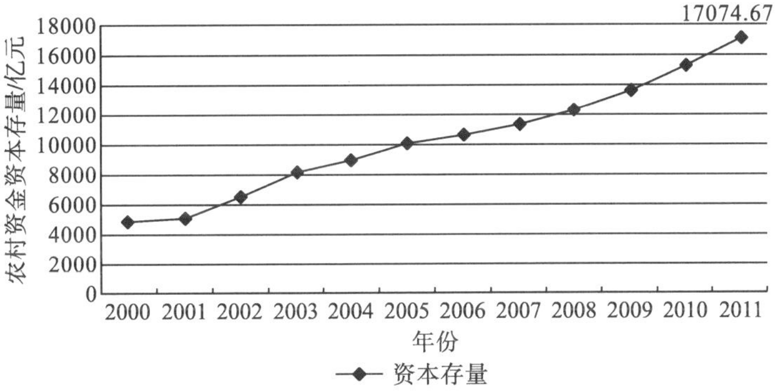

图 4-8　2000～2012 年农村资本存量变化图

4.2.3　农村资本的来源与形成路径

我国的农村资本流出的现象十分明显，这和新中国成立初期奉行的“以农养工”的政策是分不开的，新中国成立初期实行优先发展重工业的方针，工业对农业资源的获取相对容易，农业通过自身积累资本十分有限。改革开放以后，各级部门加大了对农业固定资产的投资，投资额有了较明显的增长。

就农村资本的形成来看，主要有两个路径：农业自身的资本积累与外部投资。从我国的现实情况来看，这两部分在一些地区都存在积累不足的问题。虽然目前我国农村的劳动力价格较低，劳动力资源相对丰富，这在一定程度上可以缓解农业自身资本积累不足的问题。但由于边际报酬递减规律，必须寻求新的资本积累的有效途径，仅仅依赖于廉价劳动力的带动是远远不够的。现代农业中科技创新的特点又要求在资本投入上必须加大力度，且“互联网+农业”新方向也使得农业经营风险相较过去有所上升。农业生产经营对自然环境与条件依赖很大，在农业各个项目上的投资有时间上的要求，错过补救时机损失会很大；在农村建设的同时，还应对农村环境的治理与改善工作予以重视。因此农村资本的形成不能只依靠自身有限的积累，大力引进外部投资是切实可行的路径。向农村金融机构借贷需要农村金融环境的改善，开办抵押融资、融资租赁等业务。在这一部分中，将对农村资本来源与投资进行简要分析，揭示目前影响农村地区资本形成路径的障碍。

本部分根据课题组对全国 591 户农村家庭的调研数据进行整理，结合中国统计年鉴中农村居民纯收入的数据进行分析。由于调研数据数量较多，没有列表显示。这里仅仅就中国统计年鉴中的部分数据(农村家庭收入与经营现金支出情况)进行列示，见表 4-4。

表 4-4 农村家庭收入与经营现金支出情况 (单位：元/人)

指标	1990 年	1995 年	2000 年	2011 年	2012 年	2012 年为下列各年百分比/%	
						1990 年	2011 年
家庭经营费用现金支出	162.9	454.7	544.5	2269.2	2483	1524.3	109.4
一.总收入	990.4	2337.9	3146.2	9833.1	10990.7	1109.7	111.8
工资性收入	138.8	353.7	702.3	2963.4	3447.5	2483.8	116.3
家庭经营收入	815.8	1877.4	2251.3	5939.8	6461	792	108.8
财产性收入	NA	41	45	228.6	249.1	NA	109
转移性收入	35.8	65.8	147.6	701.4	833.2	2328	118.8
二.纯收入	686.3	1577.7	2253.4	6977.3	7916.6	1153.5	113.5
工资性收入	138.8	353.7	702.3	2963.4	3447.5	2483.8	116.3
家庭经营纯收入	518.6	1125.8	1427.3	3222	3533.4	681.4	109.7
财产性和转移性收入	29	98.3	123.9	791.9	935.8	3231.2	118.2

注：数据来源为《2014 年中国农村统计年鉴》。

表 4-4 中主要 5 个年度的收入与支出变化方向相同，时间节点跨度为 12 年，12 年间，家庭经营性支出增长了 15 倍之多，而纯收入也增长了 11.5 倍。运用以上数据，首先做出家庭经营性支出与纯收入的散点图进行直观观察，家庭纯收入与家庭经营性支出(投资)散点图如图 4-9 所示。

虽然时间跨度为 12 年，但由于表 4-4 中只列出了主要的 5 年的收支情况，因此观察数据有偏少之嫌，但图 4-9 中还是很清晰地给出了一条回归线，收入与投资(用家庭经营性现金支出代表)之间的正相关关系非常明显。为了进一步揭示两者之间的数量关系，对这两个指标进行简单的一元线性回归估计，将家庭纯收入作为自变量，家庭经营性支出作为因变量，两者关系方程如式(4-2)所示：

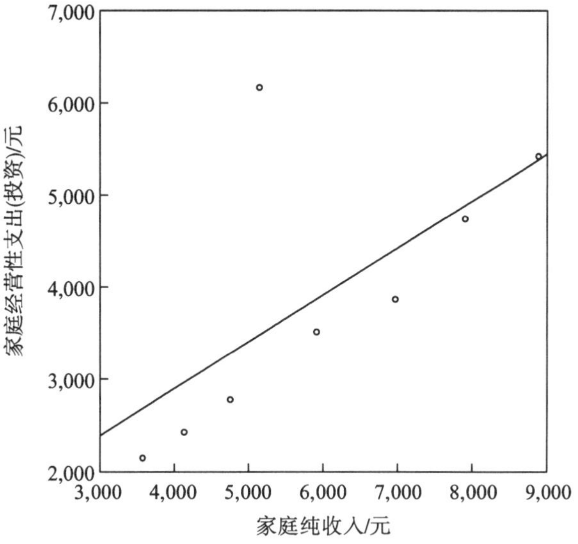

图 4-9　家庭纯收入与家庭经营性支出(投资)散点图

$$INVEST=861.449217027+0.508912487092*INCOME \tag{4-2}$$

从式(4-2)中表示的线性关系可以看出，INCOME(家庭纯收入)与 INVEST(家庭经营性支出)两者的回归系数为 0.5089，即收入每增加一元，平均就有 1/2 以上的收入用于投资，这说明在农户中首要运用的还是自身收入来进行投资，农户收入增加与否或增加比例的大小对投资起着关键作用，但这里的拟合优度 *R*-squared 值较低，为 0.43，所以参考性并不强，很大程度的原因是观测值较少。因此，对于投资的另一来源——外部流入性资本的形成与投资的关系的分析，所选取的数据为课题组对全国 591 户农村家庭的调研数据，详细采集了他们的存贷款意愿与情况，同样进行了散点图观察和简单的一元线性回归分析(图 4-10)。

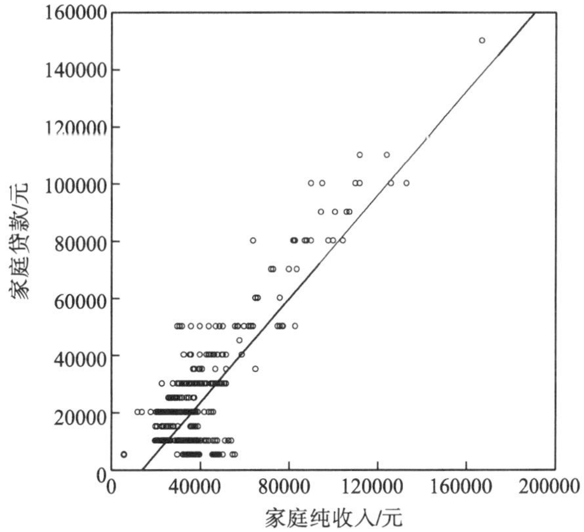

图 4-10　家庭纯收入与家庭贷款情况散点图

在全部的591户农户家庭数据中，仍然可以得到一条较为明确的回归线，且此次采用的为截面数据，可以将其与图4-9中的时间序列数据结合进行分析，更具说服力。同样，建立一元线性回归方程为

$$LOAN=-12785.2950562+0.908317562151*INCOME \tag{4-3}$$

在式(4-3)中，回归系数为0.9083，*P*值为0，*R-squared*拟合优度为0.65，相较收入与投资的线性回归模型有着更好的效果，两者同样存在正相关关系，每一元的INCOME(收入)增加平均会带来0.9083元的LOAN(贷款)需求，高于0.5089元的内部投资需求。因此，有效地利用外部投资，提高农户收入水平就成为解决城乡统筹发展问题的路径。而依靠外部融资需要有一个健全的农村金融体系和健康的农村金融市场环境，这是目前我国农村金融急待解决的一大难题。只有使农民的融资渠道畅通，融资方式多样化，才能从根本上解决农村发展的资本问题。在农村借贷中最普遍现象是农民依赖自身亲戚朋友等关系而形成的相互借贷，即使在当前农村信用社、村镇银行等正规金融机构扩大对三农支持的大背景下，民间借贷仍然是农民解决资金应急需求的主要方式。对农民借贷习惯的改变不可能一蹴而就，加上现有金融机构运作机制要求，农村金融体制及经营方式应该不断深化改革。

4.3 城乡统筹发展与农村资本

在我国人多地少，城乡发展水平差距、城乡居民收入差距大的前提下，统筹城乡发展是破解当前城乡二元结构的重要举措。不断扩大的城乡居民收入差距，不利于农村地区的健康稳定发展。中央农村政策导向直接影响着农村资本的流向与统筹城乡发展的大方向，而深入推进新型城镇化与城乡统筹发展是经济新常态下的重要任务。2015年“两会”前后，全国各个省市针对各自发展要求与特点，分别出台了相关指导意见与规划。农村金融问题是关乎国计民生的根本问题，是联系农村内部资本与外部资本的纽带。

4.3.1 农村内部资本积累与城乡统筹发展

在上一节的内容中讨论了收入与农村资本投资来源的关系，农民的收入水平也与城乡统筹的工作有着密切的联系。不仅城镇居民与农村居民之间的收入存在差距，农村居民内部的收入差距也相当悬殊，图4-11统计了2000～2013年中国按五等份分组的农村居民家庭纯收入统计情况。

在5组分类下，高收入户的收入绝对值与其他4组有着明显的区别，且增长率在2007年后开始加快，图4-11中尾部与其他组呈明显的分散趋势，且在5组中，只有中等偏上组和高收入组的人均收入在平均纯收入之上，全国农户中没有达到平均水平的农户占据绝大部分。并且可以观察到的规律是，收入水平越低，人均纯收入增长速度越慢，收入水平线越平缓。根据《中国农村统计年鉴2014》公布的2013年全国各地区城乡居民收入水平比值来看，当年全国城乡收入比平均为3.03，在平均水平之下的地区有21个，比值最高为贵州省3.8，最低为天津市2.04，天津市农村居民收入与贵州省农村居民收入之间的比值为2.9倍。就绝对值来看，在主要的4个年度：1995年、2000年、2012年、2013年中，

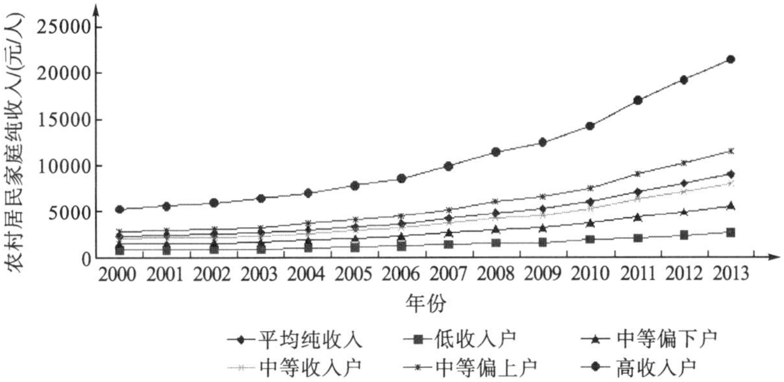

图 4-11　2000～2013 年中国按五等份分组的农村居民家庭纯收入统计情况

上海地区农户的收入始终排名第一；而位于最后一名的甘肃省 4 年中有 3 年都在第 31 位。1994 年的分税制改革使得中央政府放权，地方政府特别是经济发达地区的地方政府有能力对农业采取支持措施，出台相关的支农政策，划拨相应的“三农”专项资金，这有利于保持地方农产品价格稳定，进而提升了农户生活水平。因此，从现阶段来看，相对落后省区在农业政策上还应寻求突破，以发达地区带动贫困地区，缩小区域差距。

4.3.2　外部资本投资带动下的城乡统筹

农村金融环境建设也是农村资本良好运作与流通的重要前提，它解决的是外部性资本形成渠道的疏通问题。目前我国的农村金融主体还是以银行为主的金融体系，具体包括了农村信用社、邮政储蓄银行、村镇银行、农村合作银行、农村商业银行等。新时期统筹城乡发展要充分利用改革红利所带来的正面效应，从土地确权后的农地顺利流转、户籍制度改革、劳动力转移和农村资本的高效利用这几个方面出发，促进城镇化率的提高和城乡居民收入差距的缩小，从根本上提高农民收入。四川省城镇化发展规划就提出了形成“一轴三带、四群一区”的城镇化发展格局①，通过城镇化推进城乡统筹发展。但是，也有学者指出，仅仅依靠财政支出来支持新型城镇化的发展不是最好的出路，要鼓励提高社会资本的参与度，调动全社会对农村地区包括基础设施建设在内的投资。据统计，2014 年成都市城镇居民人均可支配收入 32810 元，增长 9.8%；农民人均纯收入 14410 元，增长 11.0%②。在一定程度上实现了城乡居民收入差距的缩小，但对于提高农民纯收入的这一要求还有很长的路要走。一条必由之路即为优化各种金融机构的服务质量与放宽农户融资的条件，更好地完成农村金融服务“三农”的使命。一个日益凸显的现实情况是，即便是在鼓励多种资本参与新型城镇化建设的号召下，相对于广泛存在的民间借贷来说，农商银行和农信社这类正规金融机构的服务在农户特别是低收入农户中并不是很普遍。因此，作为农村地区金融中坚力量的农商银行与农信社势必要抓住改革与发展机遇，在中国经济双重转型的背景下完善自身价值，发挥良好的标杆作用。除此之外，小额贷款公司在近几年来异军突起，

① 四川在线-华西都市报.四川省新型城镇化规划出台 宜居放首位.http：//cd.qq.com/a/20150326/015447.htm.2015-03-26 07：33
② 四川在线-华西都市报.成都发改委：2014 年城镇居民人均可支配收入 32810 元.http：//cd.qq.com/a/20150120/075136.htm.2015-01-2019：13.

应该鼓励其发展并有效利用。

目前国家正大力推进供给侧结构性改革，发展有创新性的金融服务机构，特别是在农村中深化金融改革，让民间资本积极参与到地方金融改革上来。不论是小额贷款公司还是村镇银行都在近几年有着惊人的发展。截至 2012 年 8 月底，银监会共批准成立村镇银行机构 1176 家，其中总行 756 家，分支行 420 家，分支行占总数量的 36%[①]。表 4-5 中各地区小额贷款机构增加量差距较大，其中北京地区最高，为 1798 家，相应的贷款余额增长额 2006.64 亿元也位列第一。关键问题是，小额贷款公司与村镇银行这两种创新机制的成果是否显著，暴露出来的问题是否可以在现阶段顺利解决。从政策层面看，我国对村镇银行的支持力度在逐年加大；从现实层面看，由于农业自然风险的不可控，担保和信用风险都较城市地区大，一些国有大中型银行认为在农村信贷业务上无利可图，近两年甚至有撤出农村地区的趋势。这样一来，在利率和再贷款方面占有优势的大型国有银行同这些村镇银行的竞争可以缓解，留在农村中的大都为农信社和农行、邮政储蓄银行等，村镇银行开发出与国有商业银行不冲突的银行业务也可以在潜在市场很广阔的农村立住脚跟。村镇银行也是建立多样化金融市场体系的重要部分，一定程度上能够缓解农村融资难的问题（表 4-5）。

表 4-5　小额贷款公司发展情况

地区名称	机构数量增量/家	从业人员增额/人	实收资本增额/亿元	贷款余额增额/亿元
北京市	1798	23225	1828.31	2006.64
天津市	30	381	39.76	35.96
河北省	139	1551	85.61	87.54
内蒙古自治区	62	576	32.11	24.97
四川省	96	1489	136.6	155.65
黑龙江省	57	519	27.97	25.56
上海市	14	125	21.07	27.64
江苏省	158	1595	238.6	231.46
海南省	18	80	6.6	12.1
青海省	1	20	5.15	9.62
陕西省	32	311	27.35	35.43

注：数据来源为国务院发展研究中心信息网 http：//g.drcnet.com.cn/11884/。

近年来，小额贷款公司在国家和地方政府的号召下纷纷建立起来。一方面，弥补了针对小微企业和农户贷款这一市场的空白；另一方面，为探索农村金融深入改革与创新提供了思路。农村金融与城市金融改革并行，成为十八大以后我国金融领域的两大主要改革方向。从服务对象和经营范围可以看出，农村的小额贷款公司是民间资本，“取之于民，用之于民”，但是，在这样的初衷下设立的公司因为现阶段制度的约束以及自身发展的不规

① 中商情报网.中国村镇银行发展现状分析.http：//www.askci.com/.2013-10-12.

范，其运营和后续发展存在很大的隐患，其中最不容忽视的就是这类机构的融资问题。根据相关规定，小额贷款公司是非金融类机构，因此不同于农村信用合作社和农业银行可以享受诸多政策优惠和接受同业拆借以及较低的银行贷款利率。此外，“只贷不存”更是遏制了小额贷款公司的资金来源，小额贷款公司依赖民营企业家初始投资或不超过两个以上的银行金融机构注资而成立，在成立之后的资金流通和资本充足率上有很大问题。目前，农村小额贷款公司面临两条发展路径：将小额贷款公司转制为村镇银行或发展成为专业的贷款公司。村镇银行有着利率与税收方面的多重优势，目前是国家批准设立的金融机构。村镇银行本身也是一个新型的农村金融机构形式，与小额贷款公司在经营范围和服务人群上有着很大的关联性。据调查，在四川省当地的金融机构并不主动向农民提供贷款，在提供贷款的金融机构中，大多是农村信用社、农业银行和邮政储蓄银行，针对小额贷款公司和村镇银行这两种新型金融机构，许多农民并不了解。

目前学术界对小额贷款公司发展方向问题意见并不统一，在农村信用社改制为农村合作银行的步伐加快的同时，这种金融机构的出现作为金融创新也是一种积极的尝试。对村镇银行的要求是注册资本不低于 300 万元人民币；中共四川省委农村工作委员会 2015 年 7 月出台了《关于扩大农村资金互助合作组织试点的意见》，进一步规范与明确了将农村资金互助组织作为新型农村融资途径的要求，对互助组织的成员与“三会”的运行标准都进行了梳理，要求注册资本不低于 50 万元，且必须为实缴资本；对小额贷款公司的相应要求是 500 万元①。当然，对小额贷款公司的要求稍高一些，出于对企业性质和风险防范的考虑，这一要求也是合理的。小额贷款公司如果能够成功转制为村镇银行，对注册资本的压力也会减小。此外，转制后的后续资金链问题基本可以解决。小额贷款公司转制为村镇银行，就必须接受宏观金融监管，加强银行体系内部的监督规范约束，有利于自身的可持续发展和更好地服务三农。

作为与小额贷款公司不同的正规金融机构的农商银行与农村信用社以及农村合作银行的改革工作还有待继续推进，考察农户对这类金融机构的贷款意愿有助于深入挖掘城乡统筹的金融动力。除了农村私人之间的资金借贷，我国大多数农村居民在金融机构的选择上偏向正规金融机构。然而，非正规金融机构投融资规模也不容小觑。结合现阶段农村地区中非正规金融与正规金融并存、农户融资意愿的倾向性，这一部分运用博弈论的相关理论进行梳理与分析。

在我国，农商银行的发展时间并不是很长，之前广泛存在于农村地区服务于农户的主要为农信社和邮政储蓄银行。自江苏省于 2000 年率先进行农信社改革以来，农商银行的发展开始起步，经过两年的时间，农商银行全国共成立 294 家，职工人数增加到 2254 人，截止 2009 年第四季度末，总资产为 13454.39 亿元，表 4-6 为农村商业银行 2008～2012 年存贷款余额情况。由表 4-6 中的数据发现，农村商业银行中主要业务来自个人存款，五年的存贷款余额都有较大幅度增长，特别是 2010 年为比较明显的快速增长期的起点，并且这一年个人存款余额超过了贷款余额，但对比邮政储蓄银行同年的个人储蓄额，农商银行的余额还相差很远。图 4-12 是根据表 4-6 所列示的数据转换的变化折线图，从图 4-12 可

① 四川省农工委〔2015〕44 号.《关于扩大农村资金互助组织试点的意见》.2015-07-14.

以更加直接地解释 2008～2012 年的农商行储蓄情况的变化。

表 4-6　农村商业银行 2008～2012 年存贷款余额情况　（单位：亿元）

分类	2008 年	2009 年	2010 年	2011 年	2012 年
贷款业务	3500.2	5930.97	45224.09	90209.66	122889.92
个人存款	3259.74	5678.59	46970.44	67511.75	102864.53
单位存款	720.29	1115.83	7383.09	73082.76	90871.16

注：数据来源为国务院发展研究中心信息网 http：//g.drcnet.com.cn/11884/。

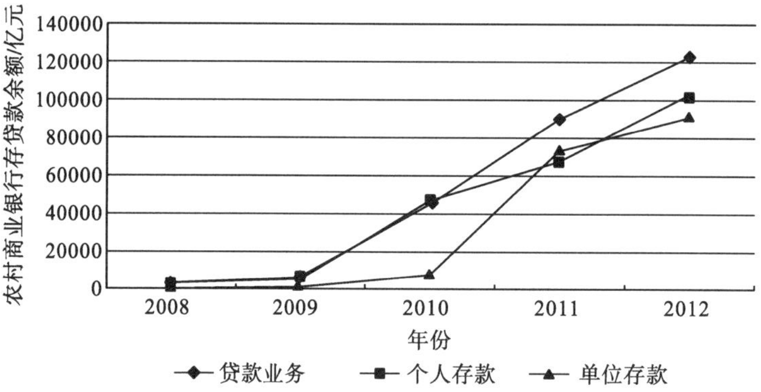

图 4-12　农村商业银行存贷款余额变化折线图

在农商银行发展的同时，农村居民的真实收益情况是否有所好转，或者说农商行的设立在多大程度上缩小了城乡收入差距，提高了农户收入，这反映了农商行服务于“三农”的目标完成度与各地区农商行的运行效率。图 4-13 分别对全国三个地区的 2000 年和 2008 年的基尼系数变化进行了统计。2008 年三个地区的基尼系数都有所上升，上升幅度最大的是中部地区。2000 年中部地区基尼系数最低，2008 年中部地区居于三个地区之首，甚至高于普遍认为更加落后的西部地区，这与当地地方政府的重视程度，国家加大对西部落后地区的农户的扶持优惠力度和东部地区金融发展情况较良好有关。

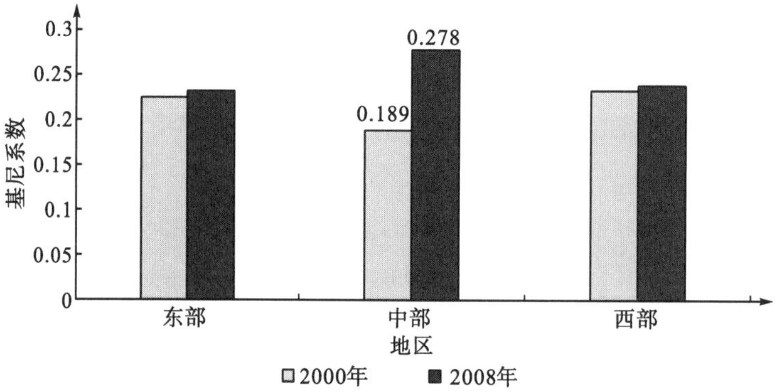

图 4-13　基尼系数变化图

图 4-14 的三地区基尼系数变化率也反映出了中部地区的变化率情况。在图 4-14 中，西部地区的变化率最低，可以看出，城乡居民收入的进一步加大是不容忽视的问题，西部地区虽优于其他两个地区，但仍没有达到缩小城乡收入差距的目标。有资料显示，在农村内部农户的收入差距上也有扩大的趋势。基于这一点，本节又收集了全国范围内的农户对农商银行等正规金融机构的选择意愿调查数据，如表 4-7 所示。通过对全国 591 个样本的调查与整理，分别对全国三个地区的农户贷款机构类型情况进行归类，得到三个地区与全国的平均值与标准差，进而进行对比分析。

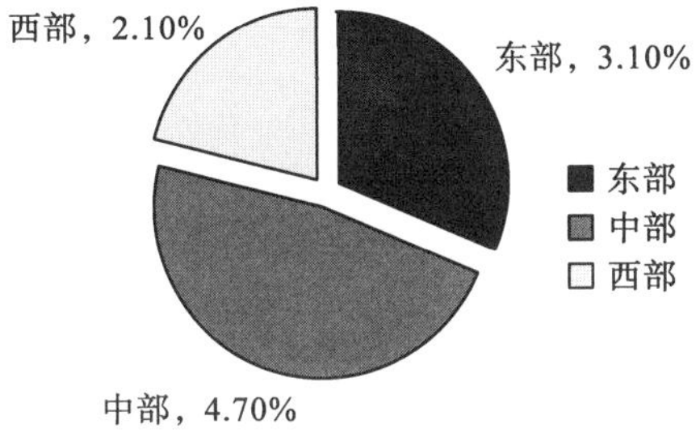

图 4-14　三地区基尼系数变化率对比

在表 4-7 中各类型指标的均值与标准差计算是根据以下假设进行的：在正规金融机构贷款的取值为 1，在非正规金融机构贷款的取值为 0。从均值可以看出，全国范围内三个地区的农户在贷款机构的选择上主要为正规的金融机构；但中西部地区标准差较大，稳定性差。家庭年均净收入西部地区与东部地区相差 1429 元，而中部地区与西部地区相差 7335 元。通过观察得出，家庭净收入更高的地区，选择正规金融机构的可能性更大且这一意愿更趋于稳定；表 4-7 中所显示出的结论都指向中部地区，这一地区较为特殊，各项指标的标准差都更大，只有在贷款期限上标准差最低为 6.462，这可能是因为中部地区没有东部地区的经济优势和西部地区的政策倾斜优势，在农户收入与金融机构业务创新上难有突破。当然，这和当地农户的受教育年限，家庭具体情况的差异、耕地拥有量和宅基地面积等因素也是分不开的。

表 4-7　全国分地区农户贷款机构选择表

	全国		东部		中部		西部	
	平均值	标准差	平均值	标准差	平均值	标准差	平均值	标准差
贷款机构类型的选择	0.939	0.239	0.963	0.188	0.905	0.2939	0.95	0.218
家庭净收入/元	38059	17564	41509	21681	32745	10804	40080	17472
贷款期限/年	15.247	7.511	17.408	8.915	13.9	6.462	14.53	6.542
贷款金额/元	21785	19840	19607	25914	19525	13172	26125	17992
贷款利率/%	9.08	2.752	9.116	2.263	8.619	3.081	9.507	2.769

注：本表指标数据是根据课题组针对全国 591 户农户的调研资料整理得到的。

4.3.3 二元博弈下的农户选择分析

对于农商银行和农信社这类正规商业银行，农户存在多元选择。同样，在对非正规金融机构上农户也有多种选择。基于自身条件的限制和收益期望的要求，农户选择不同的融资方式本身无可厚非，但出于加强新农村建设、完善农村金融市场的需要，必须找出一条适合农村商业银行稳健发展的道路，实现农村资源的高效利用。

农户金融机构选择并不是简单的零和博弈。农户与农商银行之间的信息传递对双方来说都是不完美的，存在信息传递上的不准确与时滞，这一点恰好是非正规金融的相对优势。所以，在农户与农商银行的二元主体博弈中，关键在于通过构造激励措施或完善内部组织机构找出令双方都满意的均衡点。

农户个人贷款主要分为两类：一类是用于生活的消费性贷款；另一类是用于扩大再生产的生产性贷款。出于对风险和抵押物等方面的考量，正规金融机构对农户特别是收入较低农户的生活消费性贷款有较为严格的条款限制，导致农户往往寻求利率较低的非正规金融方式解决这方面资金需求。这主要是因为大多数农村基本是“熟人社会”，农户之间存在各种纽带关系和亲情归属上的优势。然而，对于生产性贷款，非正规金融机构中收入较高的农户出于小农理性的原因，通常对贷款人提出较高的利率要求，农商银行应充分利用好这一特点，争取在生活性消费贷款的政策上进行改革，同时强化其他优势。

如表 4-8 所示，本节构建了一个农商银行-农户二元博弈模型。表 4-8 中两个主体即农户与农商银行都有两种选择，需要进行说明的是，这个模型是在农户进行生活性消费时的选择。农商银行可以选择改革或维持现状，市场上第三类主体非正规金融机构也通过农户选择非农商银行的决定体现出来，分别假设农户与农商银行各自所做决定的收益为 ng、fg、S 和 J，农户选择农商银行的概率为 Q，农商银行改革的概率为 P。

表 4-8 农商银行-农户二元博弈模型

		农商行	
		改革(P)	不改革(1-P)
农户	农商行(Q)	ng1，ng2	fg1，fg2
	非农商行(1-Q)	S1，S2	J1，J2

假设：

①假设一：ng1>fg1，且 ng1>S1，即体现改革确实是有效的，释放了改革红利，低收入农户在面向非正规金融机构进行生活消费贷款更为有利的条件下，选择农商银行。

②假设二：ng2>fg2，即改革是有成本的，但改革应该使农商银行的总体收益增加。

③假设三：J1>fg1，即维持现状，农户在生活消费贷款的选择上倾向于农商银行以外的金融机构。这里将农商银行的改革假定为有效，且农户对他们的选择和非金融机构是建立在同一平台上的。

④假设四：ng2>S2，且 fg2>J2，这里指改革的动力存在。

⑤假设五：S1>J1。

由表 4-8，对农户选择农商银行的概率进行计算得：

$$Q=\frac{\mathrm{ng1}-\mathrm{fg1}}{\mathrm{ng1}-\mathrm{S1}+\mathrm{J1}-\mathrm{fg1}} \tag{4-4}$$

再进一步整理得到概率：

$$Q=\frac{\mathrm{ng1}-\mathrm{fg1}}{\mathrm{ng1}-\mathrm{fg1}+\mathrm{J1}-\mathrm{S1}} \tag{4-5}$$

同理，得到农商银行改革的概率：

$$P=\frac{\mathrm{ng2}-\mathrm{S2}}{\mathrm{ng2}-\mathrm{fg2}+\mathrm{J2}-\mathrm{S2}} \tag{4-6}$$

整理得：

$$P=\frac{\mathrm{ng2}-\mathrm{S2}}{\mathrm{ng2}-\mathrm{S2}+\mathrm{J2}-\mathrm{fg2}} \tag{4-7}$$

为了方便理解，对公式(4-5)和公式(4-7)再进一步归纳简化得到：

$$Q=1-\frac{1}{\mathrm{S1}-\mathrm{J1}} \tag{4-8}$$

$$P=1-\frac{1}{\mathrm{S2}-\mathrm{J2}} \tag{4-9}$$

在这里，可以对如何提高概率 P 和 Q 进行全面的分析，旨在找到能使二者达到均衡的均衡决策点，全面深化农村金融改革。为了提高 Q 的概率，考虑尽量使 S1-J1 更大，在农户选择非正规金融机构的条件下，深化农商银行的改革，提高农户收益，使这一部分客户群体由农商银行的潜在客户自然过渡到真实客户，只有这样才是真正彻底、全面和有效的改革。

各种非正规金融机构，通过市场规律自发调节。同样，在对农商银行改革的动力上主要体现在提高它们改革后的收益 S2-J2，这样可以使改革概率增大。需要注意的一点是，这里两个概率的最后形式都只与农户选择非正规金融机构时的收益相关，这更加说明了国家对非正规金融机构的态度是不能取缔的。相反，应促进多元化的农村金融体系并存。S1 的组成部分有农户更容易从金融机构获得贷款和存款的利息所得，甚至在可能的情况下增加一部分中间业务收入。这就要求非正规金融机构的业务范围要进一步扩大，争取形成专业化的、与正规金融机构业务相类似的各种中间业务，如开辟银行理财等业务。这不仅要求农商银行这类机构进行改革，非正规金融机构的改革也要并行。在“双改”的过程中也会使 S2 增大。

4.4　问题及出路

通过上一节中对农村资本来源的分析和与之相关的农村金融改革中的两类典型机构：小额贷款公司和农商银行对城乡统筹工作推进的分析，针对城乡统筹进程中农村资本问题进行归类，提出以下相应的改进措施。

4.4.1 农村资本自身积累不足

面对我国城乡二元经济的现实，农村资本供求缺口较大，仅依靠农业自身发展积累资金已经不能满足现代农业发展、农业现代化建设和城乡统筹发展的要求。实证分析数据表明，不能忽视内因作用带动下的农业投资。内生性资本能够高效准确地把握投资方向，对投资效率的评估也最及时。因此，解决农民增收问题是解决农村内部资本投资的直接方案。

4.4.2 农村外部资本融通困难

农村金融改革效果尚未显现，农村金融市场体系功能还有缺陷。农村金融改革是从农村银行类金融机构的改革开始的，2000 年我国即拉开了农村信用社改制为农村合作银行的序幕。由于国有大型商业银行已经基本撤销了在乡镇一级的网点，目前的农村金融机构体系中大致分为两类：以农村信用社、农村合作银行、邮政储蓄银行为代表的传统银行机构；以村镇银行、小额贷款公司、农村资金互助社为代表的新型金融机构。金融机构及其组织体系和农村中金融市场的各项政策规章共同构成了金融市场体系，特别是农村银行类金融机构一般都肩负着服务“三农”的历史使命。但是，其作为盈利性金融机构的“趋利性”的存在。这一矛盾使得这类机构不能完全满足农村发展的资金需求——农村融资难现象普遍存在。

政府财政投入是促进农村发展重要的资金来源，但是政府投入也存在盲目性和资金效益低下的问题。同时，政府投向农业领域的资金每年可能会有波动，现阶段的各项农业补贴、优惠政策并不能涵盖农村发展的所有方面。因此，城乡统筹工作的展开程度也因各地区农村经济发展水平而不同，效率不能完全保证。在投资项目的选择上，各地方政府的标准并不一样，大型水利工程类的基础设施建设项目与小型建设项目在投资主体上没有完全区分开来，重复建设现象屡见不鲜，这将不可避免地导致资本的浪费。

多样化、多层次的基层金融机构体系尚未建立，新型农村金融机构准入条件严格，发展受限。金融机构的改革不能仅围绕现有银行类金融机构进行，多方寻求最适合本地区农村经济发展与资本利用效率最高的金融组织是深化改革的着力点，可以缓解农村资金外流的现象，使城乡资源得以有效配置。

农户自身信用不足，缺乏有效的抵押物品，抵押贷款融资开展得并不顺利。抵押融资作为一种原本有效的农户融资方式，对农业这种高成本、高风险的产业，可以解决农户融资时间与数量上的大部分问题，但农村土地所有权与土地流转制度的限制、城乡二元经济体制的存在又给土地流转与劳动力转移设置了障碍，加之现行宅基地制度的要求，农户缺乏能够提供的有效抵押品，即使有农村信用社这种服务于农村的金融机构的存在，在考虑了风险与收益的结果之后，也不能使他们给农户提供过高风险的贷款资金服务(刘后平和凌弈，2015)。

4.4.3 解决出路及相关建议

(1)抓住机遇，寻求转制成本最低、转制条件各方最优的方案。小额贷款公司与村镇银行都是作为新型农村金融机构而存在的，对农村新型金融机构的引入会增加农村金融市场的竞争，有助于提高金融服务效率。农村资金互助社也应在农村互助合作组织的依托下寻求给互助社中农户利用互助金机会的最佳方案。适当放宽转制条件，出于对风险控制的考虑，可以要求有传统金融机构的参股但并不一定是控股。这样一来，原有股东还保持着相对较高的话语权与控制权。而且，村镇银行的发展也不能仅仅出于自身利益的考虑，进行违规操作，这对维护金融市场秩序意义重大。小贷公司转制为村镇银行后要加强监管体系的建立与风险防范系统的改善，进行规范化运作，提高管理效率。同时，在农村地区利用自己的人缘、地缘优势，配合以一定的优惠政策，做好村镇银行业务扩展的宣传工作，使广大农民乐于接受其金融服务。

(2) 创新农村金融业务，适当寻求国家政策支持。国家在税收税率上的减免以及其他形式的财政贴息，可以为村镇银行提供更多的资金和税收上的支持。除此之外，在快速发展的小贷公司和村镇银行中选取有代表性的地区和机构进行试点，为非正规金融发展创造良好的创业环境，提供相关政策支持。进一步完善相关法律法规，为农村金融发展提供制度保障。

(3) 强化农村商业银行、农村信用社的基础性地位，加快改革创新步伐。首先，农商银行作为主要服务于“三农”的金融机构，其组织机构设置上应该学习成熟的大型商业银行，在股东大会、董事会、监事会和经理层的结构上应该更加完善，把握好未来发展方向和风险管理，这样才能降低运营成本、交易费用，提高经营效率，实现农商银行经营方式由粗放型向集约型、专业化转变。其次，完善内部人员激励晋升机制，激发员工创造力和主观能动性。任何单位的人力资源都是核心资源，人的创造潜能是无限的，应努力开发银行的各种中间业务，提高办事效率与银行理财功能，进一步提高农商银行的吸引力。同时，将员工工资与绩效挂钩，提高员工的积极性和创造性。最后，结合本地区三农问题的特点，积极寻找与本地区内非正规金融机构合作机会。不同地区的三农问题的突出矛盾有所差异，因此应该差异化管理。在基尼系数较大的中西部地区，农户可能更倾向于向非正规金融机构寻求帮助，充分利用这类机构对农户信息掌握较全面、准确的特点，与它们合作推出新型贷款方案或理财产品，给予农户更多贷款存款优惠，提高农民的期望收益。

(4) 制度转型带动改革转型，加快推进农村土地的确权工作。土地、劳动力与资本作为农村三大生产要素，三者之间的联动关系本就不可割裂，只有将农村土地确权工作落实到实处，才能从根本上解决农民抵押贷款的抵押物不足困境。农村土地的确权是促进农村土地流转与劳动力转移的前提，也是统筹城乡工作的题中之义。要建立新型的城乡关系，打破二元体制，实现城乡一体化，推进新型城镇化，就必须激发农民市民化的愿望。需要再次强调的是，制度转型不同于结构转型，自古以来的城乡二元结构的存在有其历史和现实背景，破解制度性障碍才是根本。四川省 2015 年之前完成 75%的农村土地承包经营权的颁证工作是很好的借鉴，以前农村的集体资产产权不明晰，责任划分不到位极大地阻碍了正常的土地流转，进行土地确权工作势在必行。其中，包括户籍制度、社会保障制度在内的多项制度改革必须大力推进。

(5) 进一步深化农村经营体制和供给侧结构性改革，释放改革红利。深化农村改革，进一步释放改革红利，需要改变农村现有包括基础设施在内的众多不完善的政策规定与措施，转变政府职能，加强基础设施建设，推动农业向规模化、专业化方向发展。地方政府要进一步根据具体情况为农民，特别是有志要通过专业化的高科技农业经营来增收的新时代农民提供技术指导和资金扶持，允许当地龙头企业或创新型乡镇企业的重组改造，进一步形成产业聚集吸引更多农村剩余劳动力。农村劳动力市场的完善可以促进农村地区的人才像城市地区一样，有完善的管理与权利保障机制，保障农户纯收入或家庭经营性收入的持续增加。加快建立规范专业的农村土地流转市场，促进信息流动及时准确。土地流转中的合同签订、价格制定等问题关系到农民利益以及土地最终流转效果与长久性，应该通过由农民自发组织的独立于政府的第三方中介进行真正的市场化运作。

4.5 本章小结

资本是现代经济的“血液”，也是“三农”发展的重要条件。由于我国长期存在的二元经济结构，促使城乡要素资源向城市单一化流动。作为最大的经济发展区域，农村发展水平长期滞后于城市地区，城乡居民收入差距不断扩大。在新的历史时期，在工业反哺农业、城市支援农村的城乡统筹发展战略下，需要重新审视和改变相关政策。从内外部制约因素来看，农村经济发展的瓶颈主要是资本。由于金融资本的逐利性，城市对农村资金形成巨大的虹吸效应，农村存贷差长期失调；农业产业的脆弱性和产出不稳定性，加之农民财产权利的模糊性，金融机构对“三农”信贷严格审慎，导致农村发展资金的短缺。非正规金融和民间借贷的不规范，农户借贷成本高。要解决此困境，需要国家财政金融政策的大力扶持，深化农村土地制度、农村金融机构改革，在税收和经营上制定特殊政策，提高各种金融机构服务于三农的积极性，扩大对农村发展的资本支持规模，为统筹城乡发展奠定物质基础。

第 5 章　劳动力与农村劳动力产城转移

本章主要依据相关数据，对我国农村劳动力转移的实际情况进行分析，寻找转移过程中存在的规律和特点，然后根据实证分析模型对农村劳动力转移的影响因素和劳动力在产业间转移所产生的效应进行计算和分析，揭示影响农村劳动力转移的主要因素以及农村劳动力转移对经济增长的作用。

5.1　城乡劳动力现状

依据国际上对劳动力个体的年龄划分，劳动力主要是指 14 周岁以上到 65 周岁以下年龄阶段的人员。根据国家统计局公布的数据，2014 年全国人口结构中，符合 15～64 岁人口数量达到 10.04 亿，所对应的未成年人口抚养比为 22.5%，老年人口抚养比为 13.7%，社会抚养总比例达到 36.2%，社会经济发展面临严峻考验①；从城乡就业来看，2014 年年末全国就业人数达到 7.73 亿人。其中，城镇就业人员数量为 3.93 亿人，乡村就业人员数量为 3.79 亿人，城镇就业人员数量首次超过乡村就业人员(图 5-1)。就产业结构而言，第一、二、三产业就业人员占比分别达到 29.5%、29.9%、40.6%(图 5-2)②。

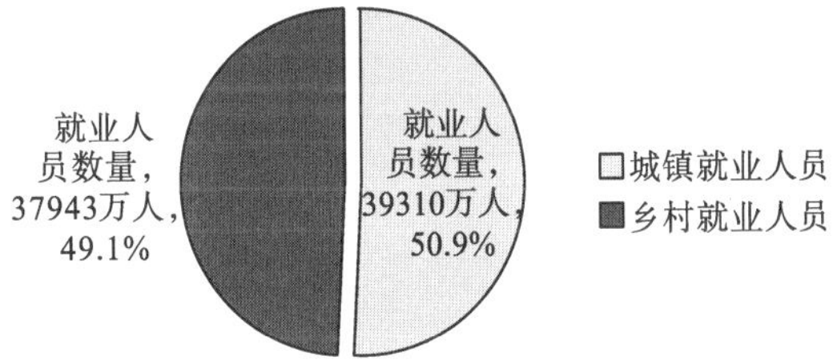

图 5-1　2014 年全国城乡就业状况

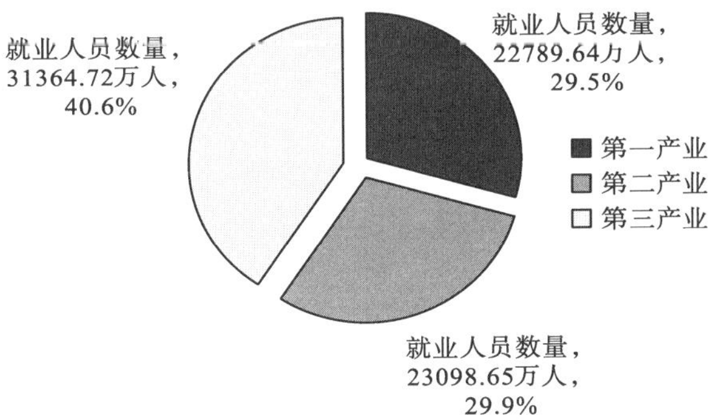

图 5-2　2014 年全国三大产业就业状况

① 数据来源：国家统计局官网。
② 数据来源：人力资源和社会保障部《2014 年度人力资源和社会保障事业发展统计公报》。

本节从时间序列角度分析，通过收集整理近 20 年全国就业的相关数据，得出 1995～2014 年全国就业人员数量变动统计图(图 5-3)。1995～2014 年共 20 年的时间内，全国就业人口总数呈现持续稳定的增长趋势，总计增长近 9188 万就业人员，增长率接近 13.5%。而城乡两部门就业情况则各有不同：城镇就业人员呈持续上升的趋势；而乡村就业人员则与之相反，特别是进入 2000 年以后，乡村就业人员数量持续减少，在 2014 年城镇就业人员已经超过乡村就业人员，劳动力在城乡两部门之间流动与配置的趋势将进一步持续(图 5-4)。

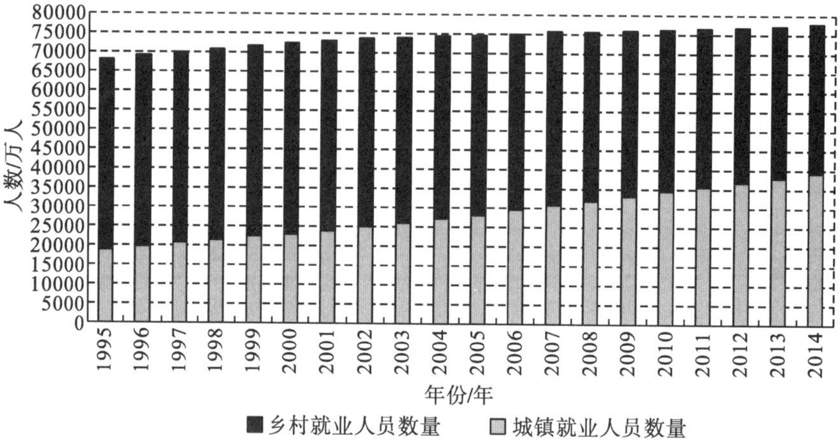

图 5-3　1995~2014 年全国就业人员数量变动统计图①

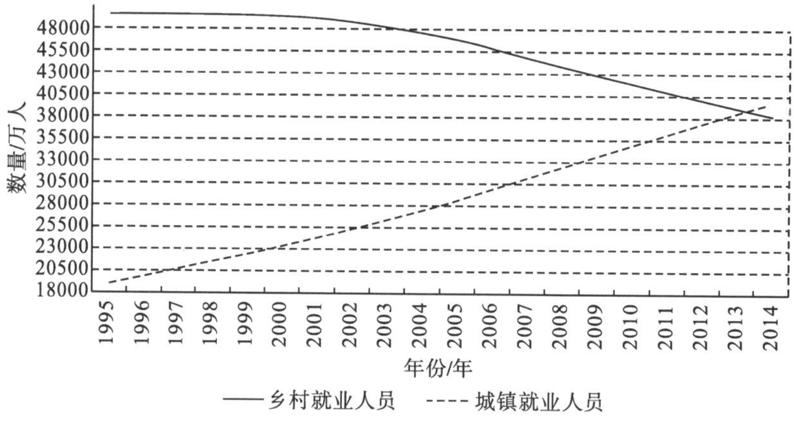

图 5-4　1995~2014 年全国城乡就业人员数量变动趋势图②

同样，对这 20 年内全国就业人员从产业结构角度去分析，无论是绝对数量，或者是相对占比，三大产业就业人员数量都出现了巨大的变动。对图 5-5 与图 5-6 分析可知，从事第三产业的就业人员数量在这二十年间呈现出持续、稳定的上升趋势。1995～2002 年，第一产业相对稳定，第二产业小幅下降。但在 2002 年之后，第一产业的就业人员无论是绝对量还是相对占比都开始急剧下滑，而第二产业就业人员数量则开始呈现上升趋势。就

① 数据来源：国家统计局官网。
② 数据来源：国家统计局官网。

变动趋势来看，我国未来劳动力在三大产业的就业将呈现第三产业就业继续增长，而第一产业就业继续下降，第二产业就业将会趋于稳定的“新常态”。

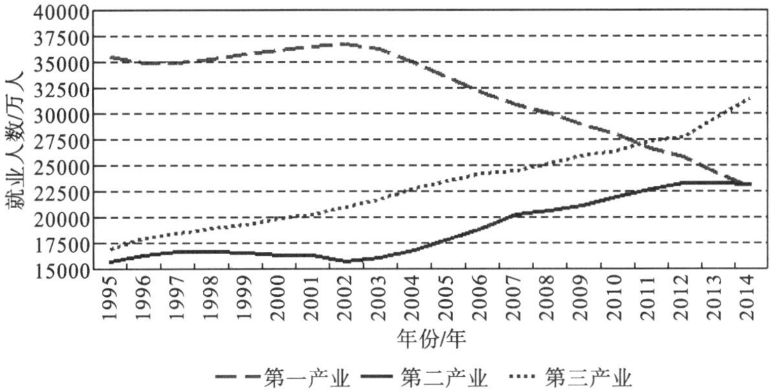

图 5-5　1995～2014 年全国三大产业就业人员数量变动趋势图①

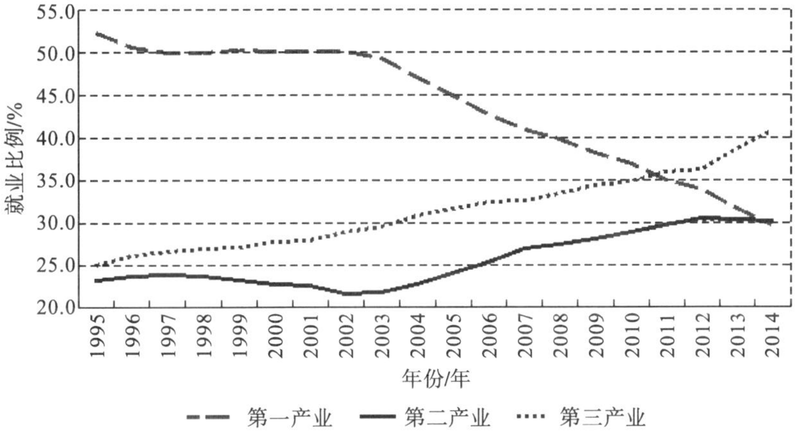

图 5-6　1995～2014 年全国三大产业就业人员数量占比变动趋势图

5.2　“两化”互动发展中的农村劳动力转移

5.2.1　人口流动转移情况

2010 年，国家统计局开展了第六次全国人口普查，表 5-1 就是根据这次人口普查的数据所分析得出的人口转移规模数据，列示了全国 31 个省、自治区、直辖市区域(不包括香港、澳门)的人口转移规模情况。数据项具体分为常住人口、省内转移规模、省外转移规模、省内转移比例与省外转移比例。其中，后四项是根据统计人口户籍地与常住地的差异而计算得出，省内转移是指户籍地与常住地分别登记在本省内不同市、区的人口，省外转移是指户籍地与常住地分别登记在不同省份的人口，其规模值与比例值分别表示绝对数量与相对比例(邓霞，2015)。

① 数据来源：国家统计局官网。

表 5-1　各省份人口转移规模情况表[①]

省份	常住人口/万人	省内转移规模/万人	省外转移规模/万人	省内转移比例/%	省外转移比例/%
北京市	1961.2	187.1	704.5	9.54	35.92
天津市	1293.9	86.5	299.2	6.69	23.12
河北省	7185.4	262.9	140.5	3.66	1.95
山西省	3571.2	218.9	93.2	6.13	2.61
内蒙古自治区	2470.6	299.4	144.4	12.12	5.85
辽宁省	4374.6	362.4	178.7	8.28	4.08
吉林省	2745.3	140.1	45.6	5.10	1.66
黑龙江省	3831.4	225.1	50.6	5.87	1.32
上海市	2301.9	203.9	897.7	8.86	39.00
江苏省	7866.1	630.3	737.9	8.01	9.38
浙江省	5442.7	345.0	1182.4	6.34	21.72
安徽省	5950.0	295.6	71.7	4.97	1.21
福建省	3689.4	359.9	431.4	9.75	11.69
江西省	4456.8	145.7	60.0	3.27	1.35
山东省	9579.3	500.8	211.6	5.23	2.21
河南省	9403.0	393.0	59.2	4.18	0.63
湖北省	5723.8	379.1	101.4	6.62	1.77
湖南省	6570.1	300.3	72.5	4.57	1.10
广东省	10432.0	989.3	2149.8	9.48	20.61
广西壮族自治区	4602.4	291.6	84.2	6.33	1.83
海南省	867.1	66.9	58.8	7.71	6.79
重庆市	2884.6	185.9	94.5	6.44	3.28
四川省	8041.8	578.5	112.9	7.19	1.40
贵州省	3474.9	184.1	76.3	5.30	2.20
云南省	4596.7	269.8	123.7	5.87	2.69
西藏自治区	300.2	9.5	16.5	3.17	5.51
陕西省	3732.7	215.0	97.4	5.76	2.61
甘肃省	2557.5	119.4	43.3	4.67	1.69
青海省	562.7	47.1	31.8	8.36	5.66
宁夏回族自治区	630.1	53.9	36.8	8.55	5.85
新疆维吾尔自治区	2181.6	121.9	179.2	5.59	8.21
合计	133281.1	8468.9	8587.6	6.35	6.44

根据表 5-1 中数据，我国在 2010 年前后的人口流动规模大约在 1.7 亿人，其中在省级区域内流动规模约为 8468.9 万人，跨省级区域人口流动规模为 8587.6 万人。就各个省份的省内人口流动转移而言，广东省是省内人口流动规模最大的省份，达到 989.3 万人；其

① 数据来源：第六次全国人口普查数据。

次是江苏省，流动规模为 630.3 万人；而内蒙古自治区的省内人口流动比例最高，为 12.12%；其余省份都没有超过 10%。就跨省级区域的人口流动来看，广东省和浙江省成为接纳外省流动人口最多的两个省份，规模分别达到 2149.8 万人和 1182.4 万人；上海市、北京市、天津市、浙江省、广东省、福建省是全国外来人口占比最高的六个省份，分别占到全省常住人口总数的 39.00%、35.92%、23.12%、21.72%、20.61%与 11.69%；而且这六个省份的省内外人口转移比例之和也是排在全国前六位，分别达到 47.86%、45.46%、29.81%、28.06%、30.09%与 21.44%。

5.2.2　劳动力转移情况

结合 5.1 节的分析，我国劳动力转移主要表现为劳动力从乡村部门向城镇部门转移、从农业产业向非农业产业转移的“产城转移”趋势。具体反映出近几年我国日益庞大的农民工群体，根据全国人力资源和社会保障部公布的数据，2014 年全国农民工数量达到 2.74 亿人，较 2008 年全国农民工数量增加了 20%。

2008～2014 年近 7 年间，我国农民工数量呈现出持续增长的趋势。其中，外出农民工数量的增长是农民工总数增长的主要原因之一，每年外出农民工数量占农民工总数的比例都在 62%上下，反映了我国农村劳动力持续转移的总体趋势(图 5-7)。

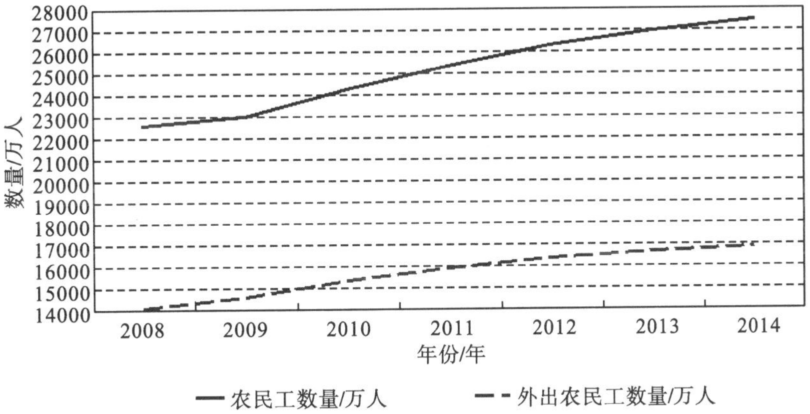

图 5-7　2008～2014 年全国农民工数量变动情况[①]

农村劳动力转移数量包括两部分：一部分是离开了农村，进入到城镇工作的人员(城市农民工)；另一部分是虽然没有离开农村，但是从事的是非农产业工作的人员(乡村非农从业人员)。即：

$$农村劳动力转移数量=（城镇从业人数-城镇职工人数）+（乡村从业人数-农业就业人数）\tag{5-1}$$

根据 2014 国家统计年鉴中的相关数据和公式(5-1)，计算出 1978～2013 年全国农村劳动力转移数量，结果如表 5-2 所示。

① 数据来源：2008～2014 年各年人力资源和社会保障事业发展统计公报。

表 5-2 1978~2013 年各年农村劳动力城乡转移数量[①] (单位：万人)

年份	城镇就业人数	城镇从业职工数量	农村从业人员	农业就业人员	劳动力转移总量	新增劳动力转移数量
1978	9514	9470.00	30637.80	28455.60	2226.20	
1979	9999	9943.51	31024.50	29071.60	2008.39	-217.81
1980	10525	10509.52	31835.90	29808.40	2042.98	34.59
1981	11053	11126.29	32672.30	30677.60	1921.41	-121.57
1982	11428	11476.85	33866.50	31152.70	2664.95	743.54
1983	11746	11528.60	34689.80	31645.10	3262.10	597.15
1984	12229	12169.56	35967.60	31685.00	4342.04	1079.94
1985	12808	13011.50	37065.10	30351.30	6510.30	2168.26
1986	13292	12955.60	37989.80	30467.90	7858.30	1348.00
1987	13783	13553.40	39000.40	30870.00	8360.00	501.70
1988	14267	14513.80	40066.70	31455.70	8364.20	4.20
1989	14390	14156.72	40938.80	32440.50	8731.58	367.38
1990	17041	14944.80	42009.50	33336.40	10769.30	2037.72
1991	17465	14960.84	43092.50	34186.30	11410.36	641.06
1992	17861	15457.84	43801.60	34037.00	12167.76	757.40
1993	18262	15737.59	44255.70	33258.20	13521.91	1354.15
1994	18653	16537.89	44654.10	32690.30	14078.91	557.01
1995	19040	17397.64	45041.80	32334.50	14349.66	270.74
1996	19922	17873.87	45288.00	32260.40	15075.73	726.07
1997	20781	18029.65	46234.30	32677.89	16307.76	1232.03
1998	21616	17848.35	46432.30	32626.40	17573.55	1265.79
1999	22412	17973.39	46896.49	32911.76	18423.34	849.80
2000	23151	18598.55	47962.14	32797.50	19717.09	1293.75
2001	24123	18235.67	48228.94	32451.01	21665.26	1948.17
2002	25159	18480.00	48526.85	31990.58	23215.27	1550.01
2003	26230	17804.65	48971.02	31259.63	26136.74	2921.47
2004	27293	18863.48	49695.28	30596.00	27528.80	1392.06
2005	28389	19137.19	50387.26	29975.54	29663.53	2134.73
2006	29630	19811.54	50976.81	29418.41	31376.86	1713.33
2007	30953	19920.00	51435.74	28640.68	33828.06	2451.20
2008	32103	20209.24	52025.64	28363.6	35555.80	1727.74
2009	33322	20497.60	52599.30	28065.26	37358.44	1802.63
2010	34687	21238.34	53243.93	27694.77	38997.82	1639.38
2011	35914	21565.80	53685.44	27355.42	40678.22	1680.40
2012	37102	21448.85	53857.88	27032.25	42478.78	1800.56
2013	38240	21938.20	53711.27	26160.30	43852.77	1374.00

注：本书对应课题研究报告写作期间国家统计局并未公布 2013 年全国农村从业人员数量与全国农业就业人员数量，此两项数据是通过回归分析预测得出，回归过程可决系数都超过了 0.9，拟合程度非常理想，数据可以采用。

① 数据来源：2014 中国统计年鉴、2014 中国劳动统计年鉴。

5.2.3　农村劳动力产业间转移数量

农村劳动力在产业间的转移主要是从第一产业转移到第二、三产业就业。从整体的就业结构上来看，农村剩余劳动力从低劳动生产率的产业向高劳动生产率产业的流动，会带来整个国家或地区总劳动生产率的提高。

1978～2013 年各产业的就业人员占比情况和 GDP 发展状况发生了较大的变化。总就业人员数量从 1978 年的 40152 万人增加到了 2013 年的 76977 万人，总计增加了 36825 万人。三次产业的就业人员的比例发生了更为显著的变化，从 1978 年的 71∶17∶12 变为 2013 年的 31∶30∶39，其中第一产业的就业人员占比大幅减少，农村劳动力大量向外转移，第二产业和第三产业就业人员比重大幅增加(表 5-3)。由于劳动生产率的提高和农村劳动力的向外转移，总 GDP 水平(按照 1978 年的不变价格进行调整)从 1978 年的 3650.2 亿元增加到了 2013 年的 588018.8 亿元，第一、二、三产业的 GDP 比重从 27∶48∶25 变为 9∶44∶47，第一产业的 GDP 比重大幅下降，第三产业的 GDP 比重快速上升成为支撑整个国民经济的重要支柱，第二产业创造的价值在总 GDP 中的比重略有下降。

表 5-3　1978~2013 年各产业劳动生产率和就业人员比重的增长状况[①]

指标	总劳动生产率/(元/人)	第一产业劳动生产率/(元/人)	第二产业劳动生产率/(元/人)	第三产业劳动生产率/(元/人)	第一产业就业人员比重/%	第二产业就业人员比重/%	第三产业就业人员比重/%
1978 年	909.1	359.6	2499.6	1831.9	70.5	17.3	12.2
2013 年	76388.9	22887.6	110837.3	93091.8	31.4	30.1	38.5
增量	75479.8	22528.0	108337.6	91259.9	−39.1	12.8	26.3
增长速度/倍	83.0	62.6	43.3	49.8	−0.6	0.7	2.2
年平均发展速度%	13.5	12.6	11.4	11.9	−2.3	1.6	3.3

根据表 5-3 可以看出，全国劳动生产率在 35 年间变化极大。总劳动生产率从 1978 年的 909.1 元/人增加到 2013 年的 76388.9 元/人，劳动生产率增长 83 倍，年平均增长率为 13.5%。分行业来看：第一产业劳动生产率从 1978 年的 359.6 元/人变为了 2013 年的 22887.6 元/人，增长了 62.6 倍，年均增长 12.6%；第二产业的劳动生产率从 1978 年的 2499.6 元/人增加到 2013 年的 110837.3 元/人，增长了 43.3 倍，年均增长 11.4%；第三产业的劳动生产率从 1978 年的 1831.9 元/人增加到了 93091.8 元/人，增长 49.8 倍，年均增长 11.9%。

根据图 5-8，1978～2013 年各产业劳动的生产率在改革开放后 10 年差距并不大，1992 年以后差距不断扩大，各产业劳动生产率均有增长，但是增长的速度不同，具体表现为第一产业<第三产业<第二产业。从各产业劳动生产率来看，1978 年第二产业的劳动生产率高出第一产业劳动生产率约 2140 元/人，而 2013 年第二产业则比第一产业劳动生产率多 87949.7 元/人；同时，1978 年第二产业的劳动生产率超出第三产业的 667.7 元/人变化为 2013 年的 17745.4 元/人，第一、三产业之间，第二、三产业之间的差距在明显地不断拉大(邓霞，2015)。

① 数据来源：2014 中国统计年鉴。

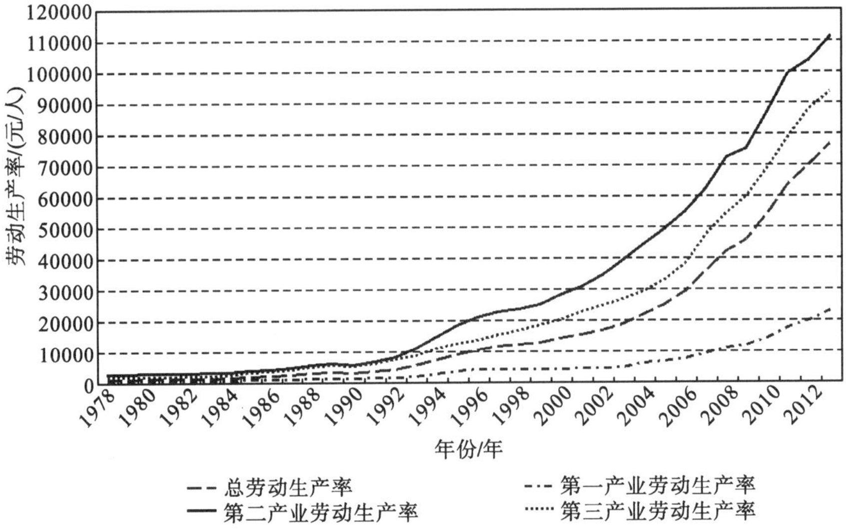

图 5-8 1978~2013 年各产业的劳动生产率变动图[①]

5.2.4 农村劳动力转移的影响因素分析

1)农村劳动力转移的影响因素模型

农村劳动力转移总量与转移增量受到许多因素的影响。本节借鉴碳排放影响因素分析法，对农村劳动力转移数量增量的影响因素进行分解。根据前文对相关文献的分析，农村劳动力转移受到经济发展水平、产业结构和劳动生产率等重要因素的影响。因此，将农村劳动力转移数量的影响因素也分解为人口因素、经济结构因素、经济效率因素和经济发展水平。由此可以得到：

$$C=\frac{C}{\mathrm{GDP}_2}\times\frac{\mathrm{GDP}_2}{\mathrm{GDP}_1}\times\frac{\mathrm{GDP}_1}{P}\times P=CI\times EI\times SI\times P \tag{5-2}$$

其中，$EI=\frac{C}{\mathrm{GDP}_2}$、$CI=\frac{\mathrm{GDP}_2}{\mathrm{GDP}_1}$、$SI=\frac{\mathrm{GDP}_1}{P}$，$C$ 表示农村劳动力转移数量，GDP_1 表示农业部门生产总值，GDP_2 表示非农业部门生产总值，P 代表农村人口总量，EI 指非农产业效率因素，CI 是产业结构因素，SI 表示农业产业的发展水平因素(邓霞，2015)。

如果对农村劳动力转移数量只进行简单因素分解，就会存在残差，将几个因素共同影响的部分分给其中的一个，会造成分解不完全，从而不能真实地反映各因素对农村劳动力转移数量增量的影响。而在消除残差方面，对数平均迪氏指数分解法(LMDI)有其独特的优势：因素可逆。因此本节采用改进的 LMDI 来对四川省的农村劳动力转移数量进行分解，该方法主要通过构造对数平均数，假设有两个不同的正数 x 和 y，将其对数平均数定义为：

$$L(x,y)=\frac{(y-x)}{\ln y-\ln x} \tag{5-3}$$

① 数据来源：2014 中国统计年鉴。

将上述对数平均数应用到总劳动力转移数量的变动量 $\Delta C = C_1 - C_0$ 中，得到其分解结果如下：

$$\Delta EI = \frac{C_1 - C_0}{\ln C_1 - \ln C_0} \times \ln\left(\frac{EI_1}{EI_0}\right)$$

$$\Delta CI = \frac{C_1 - C_0}{\ln C_1 - \ln C_0} \times \ln\left(\frac{CI_1}{CI_0}\right)$$

$$\Delta SI = \frac{C_1 - C_0}{\ln C_1 - \ln C_0} \times \ln\left(\frac{SI_1}{SI_0}\right)$$

$$\Delta P = \frac{C_1 - C_0}{\ln C_1 - \ln C_0} \times \ln\left(\frac{P_1}{P_0}\right)$$

总变动：

$$\Delta C = \Delta EI + \Delta CI + \Delta SI + \Delta P$$

式中，$\frac{C_1 - C_0}{\ln C_1 - \ln C_0}$ 就是为了将其进行完全分解而加入的因素。

2) 1978 ~ 2013 年全国农村劳动力转移的 LMDI 分析结果[①]

根据表 5-2 计算出的农村劳动力转移增量以及 LMDI 的模型原理，运用 GDP 缩减指数对全国 GDP 以及农业产业和非农业产业的产值进行缩减，利用转换出的数据来对全国农村劳动力转移影响因素进行分解。1978～2013 年各因素对农村劳动力转移产生的增量如表 5-4 所示(邓霞，2015)。

表 5-4　1978~2013 年各因素对农村劳动力转移产生的增量　(单位：万人)

年份	非农产业效率因素	产业结构因素	农业产业发展水平因素	农村人口规模因素	综合因素
1978～2013	−7624.7	18370.4	34052.7	−3171.8	41626.6

从表 5-4 可以发现，1978～2013 年的 35 年间全国农村劳动力转移数量有大幅增加，累计增加的劳动力转移数量为 41626.6 万人，增长了 18.7 倍。其中，产业结构因素和农业产业发展水平因素对新增劳动力转移数量存在明显的正效应，累计促进新增劳动力转移数量分别是 18370.4 万人和 34052.7 万人。而非农产业效率因素对新增劳动力转移数量存在明显的负效应，累计减少新增劳动力转移数量 7624.7 万人。农村人口规模因素对新增劳动力转移数量的影响较小，累计减少 3171.8 万人。

图 5-9 揭示，改革开放 35 年来我国每年新增的劳动力转移数量呈现出较大起伏的特征，具体表现在：农村劳动力转移增量最低点出现在 1979 年，当年农村劳动力转移增量变为负值，说明当时劳动力转移趋势在减缓，这与当时特殊的政治环境有着直接关系。随着国家工作重心转移到经济建设上面，改革开放政策的实施，农村劳动力转移开始出现上升趋势，在 1985 年达到第一个峰值，这一年农村劳动力转移增量达到 2168.3 万人。之后

① 数据来源：2014 中国统计年鉴与 2014 中国劳动统计年鉴。

农村劳动力转移依然呈上升趋势，但其增量波动幅度比较大，既出现过 1990 年当年增加 2037.7 万人的劳动力转移规模，也有过 1995 年只增加 270.7 万人的情况。经历 20 世纪 90 年代末的金融危机，进入 2000 年之后，劳动力转移速度明显加快，平均每年的增量达到 1816.4 万人，特别是在 2007 年劳动力转移增量达到最大值 2451.2 万人。从影响劳动力转移各因素来看，主要有以下方面。

(1) 农业产业发展水平对促进农村劳动力转移数量的增加产生的作用最大，35 年间累计促进农村劳动力转移增量为 34052.7 万人，增长近 15.3 倍。在这期间农业产业发展水平因素促进劳动力转移的增加量也呈现出明显的波动，表现比较明显的是 2004 年前后的两个阶段：在 1978～2003 年的 25 年间，农业产业发展水平因素每年促进农村劳动力转移增加约 526.4 万人；但之后的 10 年期间，每年能够促进约 3759.7 万的农村劳动力进行转移，充分说明我国农业产业自身发展促进了农村剩余劳动力增加，并由此导致农村劳动力转移数量增加。

(2) 产业结构因素在促进新增劳动力转移数量上表现为波动上升。35 年间累计促进农村劳动力转移增量为 18370.35 万人，增长了 8.25 倍，期间增量最多的年份为 2005 年，当年促进劳动力转移增加 3369.6 万人，但也有例如 2004 年出现的对劳动力转移增长进行抑制的现象。这说明我国农村劳动力的转移变化对产业结构的不断调整极为敏感，容易出现较大波动，这也是在新型工业化和新型城镇化建设过程中值得注意的信号。

(3) 农村人口规模因素对劳动力转移的促进呈现出波动下降的趋势。以 1996 年为临界点，在这之前平均每年促进农村劳动力转移增量约为 40 万人，其中只有 1984 年表现为抑制作用。而 1996～2013 年农村人口规模对劳动力转移全都表现为抑制作用，平均每年抑制转移数量增加值为 518.5 万人。

(4) 非农产业效率因素对新增劳动力转移数量的影响较小。在 35 年间第二、三产业效率累计抑制了 7624.7 万农村劳动力转移。其中，只有在 20 世纪 80 年代中的 7 个年份对农村劳动力转移数量表现为增加作用，其余年份对农村劳动力转移均表现为抑制作用，但是作用都不是很明显，特别是 2004 年以后，平均每年抑制农村劳动力转移数量的增加均为 2311.9 万人以上(图 5-9 和表 5-5)。

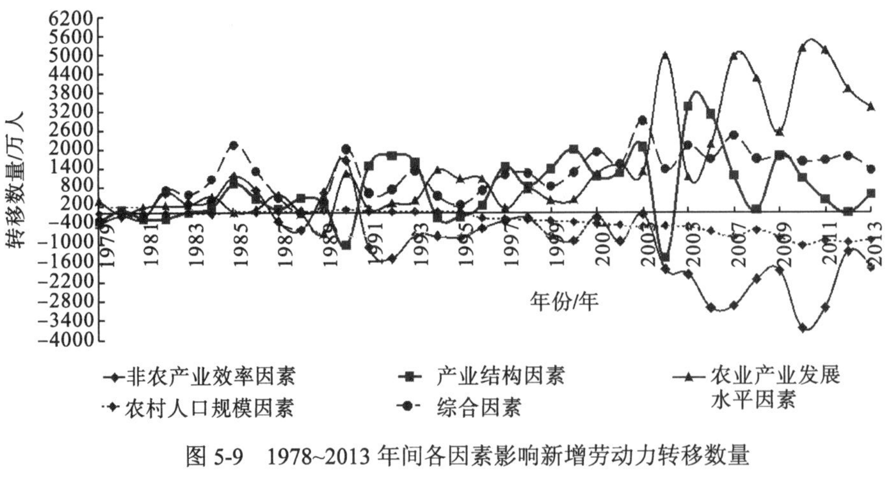

图 5-9 1978~2013 年间各因素影响新增劳动力转移数量

表 5-5　1978～2013 年各因素影响新增劳动力转移数量　（单位：万人）

年份	非农产业效率因素	产业结构因素	农业产业发展水平因素	农村人口规模因素	综合因素
1979	−315.61	−310.87	407.78	0.88	−217.81
1980	−78.11	103.62	−4.15	13.23	34.59
1981	−169.79	−157.22	197.09	8.35	−121.57
1982	644.72	−153.49	244.56	7.75	743.54
1983	310.07	29.16	237.36	20.56	597.15
1984	404.45	180.95	513.01	-18.47	1079.94
1985	1166.53	932.59	41.43	27.71	2168.26
1986	729.62	468.86	115.54	33.98	1348.00
1987	−264.36	138.67	579.08	48.31	501.70
1988	−531.46	482.47	−22.17	75.37	4.20
1989	652.42	286.83	−654.37	82.51	367.38
1990	1680.87	−1008.81	1252.54	113.12	2037.72
1991	−1075.39	1502.62	150.49	63.33	641.06
1992	−1427.04	1827.72	304.47	52.25	757.40
1993	−703.43	1612.64	392.50	52.43	1354.15
1994	−721.27	−138.56	1362.46	54.38	557.01
1995	−766.04	−106.54	1099.26	44.06	270.74
1996	−470.83	255.72	1089.45	−148.27	726.07
1997	−244.47	1478.46	166.32	−168.27	1232.03
1998	−146.32	861.71	757.65	−207.25	1265.79
1999	−730.11	1412.45	410.39	−242.93	849.80
2000	−867.72	2018.56	424.04	−281.14	1293.75
2001	−142.38	1160.29	1258.72	−328.45	1948.17
2002	−889.84	1286.38	1529.31	−375.85	1550.01
2003	−36.50	2092.58	1307.20	−441.81	2921.47
2004	−1771.39	−1403.26	4969.76	−403.05	1392.06
2005	−1932.21	3369.64	1139.03	−441.74	2134.73
2006	−2995.02	3120.13	2160.04	−571.82	1713.33
2007	−2929.31	1192.11	4938.15	−749.74	2451.20
2008	−2089.07	103.40	4249.73	−536.31	1727.74
2009	−1818.76	1831.97	2553.83	−764.40	1802.63
2010	−3647.27	1115.72	5195.08	−1024.15	1639.38
2011	−2990.99	418.79	5126.87	−874.27	1680.40
2012	−1220.68	24.60	3914.69	−918.04	1800.56
2013	−1724.68	604.85	3349.74	−855.92	1374.00

3）我国 1981～2013 年分时期 LMDI 分析结果[①]

运用 GDP 缩减指数对全国 GDP 以及农业产业和非农业产业的产值进行缩减，利用转换出的数据，依据国家“五年规划”划分各个时间段，运用 LMDI 模型计算方法，计算分析 1981~2013 年各五年规划期间各因素对农村劳动力转移的影响（邓霞，2015）。

根据表 5-6，可以看出各五年规划期间的农村劳动力转移增量不同，其中“十五”和“十一五”规划期间的农村劳动力转移增量超过了 9000 万人，而“八五”规划期间相对较少，仅有 3580.4 万人。

表 5-6　分时期各因素对农村劳动力转移增量的影响　（单位：万人）

年份	非农产业效率因素	产业结构因素	农业产业发展水平因素	农村人口规模因素	综合因素
1981~1985	2420.5	328.1	1661.4	57.3	4467.3
1986~1990	2158.2	592.1	1161.6	347.1	4259.0
1991~1995	−4728.5	4974.0	3069.5	265.4	3580.4
1996~2000	−2404.1	5860.0	2946.9	−1035.4	5367.4
2001~2005	−4424.1	6427.9	9916.3	−1973.7	9946.4
2006~2010	−13433.2	7550.7	18799.6	−3582.8	9334.3
2011~2013	−5975.4	1039.4	12433.5	−2642.5	4855.0
1981~2013	−4883.8	19240.6	30644.3	−3191.3	41809.8

注：“六五”规划（1981～1985）；“七五”规划（1986～1990）；“八五”规划（1991～1995）；“九五”规划（1996～2000）；“十五”规划（2001～2005）；“十一五”规划（2006～2010）；“十二五”规划（2011～2015）。

各因素对新增农村劳动力转移数量的影响在各五年计划中表现不一致。①非农产业效率因素促进与抑制作用交替。非农产业效率因素在“六五”规划和“七五”规划期间对农村劳动力转移增量还有促进作用，每一期都能促进超过 2000 万农村劳动力进行转移。而从“八五”规划开始，该因素对劳动力转移增量开始表现为抑制作用，每一期抑制增加量都超过了 2000 万人，在“十一五”规划期间达到最大，抑制了 13433.2 万农村劳动力转移。②产业结构因素对农村劳动力转移数量的增加作用较大。从“六五”规划的 328.1 万人增加到了“十一五”规划的 7550.7 万人，达到最大值。但进入“十二五”规划阶段其促进作用有所减缓，前三年共实现 1039.4 万农村劳动力转移，表明产业结构因素对农村劳动力向外转移的促进作用弱于“十一五”期间。③农业产业发展水平因素对农村劳动力向外转移的促进作用在各五年规划中也表现最为积极，而且促进作用在稳步增加。④农村人口规模因素在“六五”规划至“八五”规划阶段对农村劳动力转移数量增加的作用不大，每个阶段其对农村劳动力转移增量的贡献大约在 50 万～300 万。但从“九五”规划开始，农村人口规模因素开始抑制农村人口转移，并且其抑制作用在逐步加强，“十一五”期间共抑制 3582.8 万农村劳动力转移增加量。

① 数据来源：2014 中国统计年鉴与 2014 中国劳动统计年鉴。

根据表 5-7 可以看出，各因素在各个五年规划期间影响大小也不一致。在“六五”和“七五”规划时期，非农产业效率因素是对农村劳动力转移的增量影响最大的因素，在整体贡献中占比都超过了 50%，然而从进入“八五”时期就开始表现出对劳动力转移增量的抑制作用。

表 5-7　分阶段各因素对当期农村劳动力转移增量影响　（单位：%）

年份	非农产业效率因素	产业结构因素	农业产业发展水平因素	农村人口规模因素	综合因素
1981~1985	54.18	7.34	37.19	1.28	100
1986~1990	50.67	13.90	27.27	8.15	100
1991~1995	−132.07	138.92	85.73	7.41	100
1996~2000	−44.79	109.18	54.90	−19.29	100
2001~2005	−44.48	64.62	99.70	−19.84	100
2006~2010	−143.91	80.89	201.40	−38.38	100
2011~2013	−123.08	21.41	256.10	−54.43	100
1981~2013	−123.08	21.41	256.10	−54.43	100

和非农产业效率因素表现类似的还有农村人口规模因素，其在“六五”至“八五”三个阶段对农村劳动力转移的增量贡献占比都为 9%以下。随后的几个阶段，表现出对转移增量的抑制效应。

在“七五”到“十一五”规划时期，产业结构因素和农业产业发展水平因素对总劳动力转移增量的影响呈现出波动状态，但两者影响整体相当。然而，从“十一五”规划开始，农业产业发展水平因素的作用明显大于产业结构因素。

5.3　农村劳动力产城转移对区域经济发展的影响分析

5.3.1　经济增长与农村劳动力转移之间的双向互动分析

根据表 5-2 中全国历年的农村劳动力转移数量，并利用 GDP 缩减指数对 2014 中国统计年鉴中历年人均 GDP 水平的相关数据进行处理，得出结果如图 5-10 所示。图 5-10 反映出人均 GDP 与农村劳动力转移数量之间存在着明显的正相关关系，因此运用 SPSS 软件对两者之间进行线性回归分析。其中，C 表示农村劳动力转移数量，RGDP 表示人均 GDP。其结果如下(刘后平等，2013)。

1)经济增长对农村劳动力的吸纳能力分析

根据表 5-8 结果，假设农村劳动力转移数量的对数 ln$C$ 为因变量，人均 GDP 水平的对数 lnRGDP 为自变量，由此可以得出经济增长对农村劳动力的吸纳能力为：

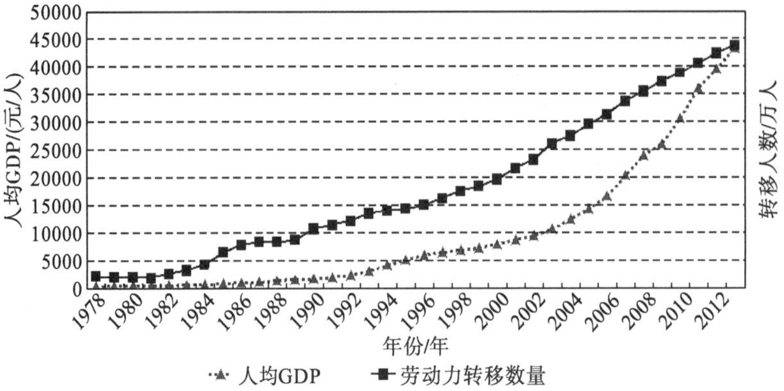

图 5-10 1978~2013 年全国历年人均 GDP 与农村劳动力转移情况

$$\ln C = 4.266 + 0.625 * \ln \mathrm{RGDP}$$

由上式可以看出人均 GDP 水平的对数每提高 1%，农村劳动力转移数量的对数就会提高 0.625%（表 5-8）。

表 5-8 1978~2013 年经济增长对农村劳动力的吸纳能力

变量名	估计值	Sig
Ln*C*	4.266	0.000
lnRGDP	0.625	0.000

注：R^2=0.935。

2）劳动力流动对人均 GDP 影响的分析

根据表 5-9 结果，假设农村劳动力转移数量的对数 ln*C* 为自变量，人均 GDP 水平的对数 lnRGDP 为因变量，由此可以得出劳动力流动对人均 GDP 的影响能力为：

$$\ln \mathrm{RGDP} = -5.847 + 1.497 \ln C$$

由上式可以看出农村劳动力转移数量的对数每提高 1%，人均 GDP 水平的对数就会提高 1.497%（表 5-9）。

表 5-9 1978~2013 年劳动力流动对人均 GDP 的影响

变量名	估计值	Sig
LnRGDP	−5.847	0.000
ln*C*	1.497	0.000

注：R^2=0.935。

5.3.2 农村劳动力产业间转移效应结果分析

（1）农村劳动力产业间转移效应分析模型。经济增长受到很多因素的影响，其中最主要的就是劳动生产率和就业结构的变化，因此本部分使用偏离-份额（Shift-share）实证分析模型，将总劳动生产率增长率变动分解为三个部分（各部门劳动生产率的变动、各部门的就业结构的变动以及劳动生产率和就业结构同时变动引起的综合变化）（刘后平等，2015）。

假设 g 表示劳动生产率，e 表示各部门就业人数占总就业人数的比重，Y 表示 GDP 水平，L 表示劳动力投入，即就业人数，i=1 表示第一产业，i=2 表示第二产业，i=3 表示第三产业，0 表示期初，t 表示期末。令 m_Y、m_L、m_g 表示 GDP 增长率、就业人数增长率和劳动生产率增长率，则

$$m_Y=\frac{\Delta Y}{Y_0};\quad m_L=\frac{\Delta L}{L_0};\quad m_g=\frac{\Delta g}{g_0}$$

进而可以得到两期的劳动生产率为

$$g_t=\frac{Y_t}{L_t}=\sum_{i=1}^{3}(\frac{Y_{it}}{L_{it}}.\frac{L_{it}}{L_t})=\sum_{i=1}^{3}g_{it}e_{it} \tag{5-4}$$

$$g_0=\frac{Y_0}{L_0}=\sum_{i=1}^{3}(\frac{Y_{i0}}{L_{i0}}.\frac{L_{io}}{L_0})=\sum_{i=1}^{3}g_{i0}e_{i0} \tag{5-5}$$

则期末和期初之间的总劳动生产率的变动量就为

$$\begin{aligned}\Delta g=g_t-g_0=\sum_{i=1}^{3}g_{it}e_{it}-\sum_{i=1}^{3}g_{i0}e_{i0}= \\ \sum_{i=1}^{3}\left[\left(g_{it}-g_{i0}\right)\cdot e_{i0}\right]+\sum_{i=1}^{3}\left[\left(e_{it}-e_{i0}\right)\cdot g_{i0}\right]+\sum_{i=1}^{3}\left(g_{it}-g_{i0}\right)\cdot\left(e_{it}-e_{i0}\right)\end{aligned} \tag{5-6}$$

对式（5-5）两边同时除以 g_0 可得到总劳动生产率的变动率

$$g'=\frac{\sum_{i=1}^{3}\left[\left(g_{it}-g_{i0}\right)\cdot e_{i0}\right]}{g_0}+\frac{\sum_{i=1}^{3}\left[\left(e_{it}-e_{i0}\right)\cdot g_{i0}\right]}{g_0}+\frac{\sum_{i=1}^{3}\left[\left(g_{it}-g_{i0}\right)\cdot\left(e_{it}-e_{i0}\right)\right]}{g_0} \tag{5-7}$$

式（5-6）右边第二项代表各产业就业人数的结构变动对总劳动生产率的贡献，令其为 $K\left(e\right)_i$，式（5-6）右边第三项代表各产业就业人员的结构和劳动生产率同时变动对总劳动生产率的贡献，令其为 $K\left(g*e\right)_i$，则：

$$K\left(e\right)_i=\frac{\left(e_{it}-e_{i0}\right)}{g_0}\cdot g_{i0} \tag{5-8}$$

$$K\left(g*e\right)_i=\frac{\left(g_{it}-g_{i0}\right)\left(e_{it}-e_{i0}\right)}{g_0} \tag{5-9}$$

式中，$K\left(e\right)_i$ 代表的是各个部门在劳动生产率不变的情况下，由于农村劳动力从低劳动生产率的部门转向高劳动生产率的部门时所引起的就业人员结构的变化，以及由此带来的变动效应，即本节所讲的劳动力转移效应；$K\left(g*e\right)_i$ 表示的是劳动生产率和就业结构同时变化所带来的总劳动生产率变动效应。

（2）1978~2014 年四川省农村劳动力产业间转移效应分析。运用 GDP 缩减指数将全国 GDP 以及各个产业的年增加值进行缩减，根据前述模型［公式（5-8）、公式（5-9）］，计算出了 1978～2014 年各年的指标，1978～2014 年全国农村劳动力产业间转移效应分析结果如表 5-10 所示。

表 5-10　1978～2014 年全国农村劳动力产业间转移效应分析　（单位：%）

年份	GDP 的增长率（m_Y）	就业人员的增长率（m_L）	劳动生产率的增长率（m_g）	总劳动力转移效应（$K(e)$）	第一产业劳动力转移效应（$K(e)_1$）	第二产业劳动力转移效应（$K(e)_2$）	第三产业劳动力转移效应（$K(e)_3$）	劳动生产率和就业结构同时变动带来的贡献（$K(g*e)$）
1979	9.36	2.17	7.04	135.40	−27.69	82.49	80.60	−7.66
1980	4.09	3.26	0.80	199.07	−48.77	159.65	88.19	−2.20
1981	4.99	3.22	1.71	85.36	−26.07	26.33	85.09	−3.51
1982	6.74	3.59	3.04	8.38	0.00	25.03	−16.65	−0.78
1983	9.85	2.52	7.15	141.13	−48.48	72.37	117.24	4.19
1984	17.75	3.79	13.45	440.15	−151.63	282.86	308.93	19.97
1985	14.45	3.48	10.61	225.11	−79.36	193.39	111.07	34.13
1986	7.08	2.83	4.13	227.26	−67.56	224.82	70.00	3.44
1987	9.41	2.93	6.30	124.05	−39.59	59.48	104.16	4.45
1988	5.03	2.94	2.04	93.22	−30.90	38.87	85.25	3.00
1989	−4.09	1.83	−5.82	−121.05	34.19	−155.24	0.00	4.61
1990	6.55	17.03	−8.95	−3.21	0.00	−39.15	35.94	0.29
1991	12.79	1.15	11.51	52.23	−17.79	0.00	70.01	11.12
1992	16.19	1.01	15.03	173.66	−48.55	57.98	164.23	30.15
1993	14.42	0.99	13.30	313.30	−76.92	138.72	251.50	26.39
1994	9.92	0.97	8.87	282.66	−72.19	61.73	293.12	−5.82
1995	7.72	0.90	6.76	254.29	−75.59	60.91	268.97	−12.95
1996	8.11	1.30	6.72	200.29	−64.04	101.48	162.85	2.22
1997	7.96	1.26	6.61	68.64	−23.04	40.03	51.65	7.20
1998	7.73	1.17	6.48	−3.50	−3.60	−39.69	39.79	2.72
1999	7.76	1.07	6.61	−59.14	10.37	−97.28	27.76	−4.88
2000	10.19	0.97	9.13	−15.54	−3.22	−98.41	86.10	−3.03
2001	9.75	0.99	8.68	−11.42	0.00	−40.38	28.96	0.26
2002	10.62	0.66	9.89	−46.21	0.00	−180.3	134.09	−12.31
2003	11.52	0.62	10.83	120.88	−24.08	41.42	103.54	12.00
2004	13.27	0.72	12.46	320.59	−55.67	189.53	186.73	13.66
2005	13.62	0.52	13.04	313.93	−58.23	264.34	107.82	32.55
2006	15.35	0.44	14.85	323.59	−57.60	275.70	105.48	34.83
2007	17.50	0.46	16.96	281.70	−45.26	300.94	26.02	21.87
2008	11.60	0.32	11.24	145.23	−30.49	69.69	106.03	11.42
2009	9.89	0.35	9.50	180.29	−39.16	103.14	116.31	13.51
2010	14.53	0.37	14.11	176.72	−36.31	147.85	65.17	19.50
2011	12.33	0.41	11.87	219.41	−49.83	128.71	140.53	15.13
2012	7.53	0.37	7.13	141.92	−32.87	125.13	49.66	2.84
2013	7.30	0.36	6.92	210.43	−62.39	−29.68	302.50	0.78
2014	6.06	0.36	5.68	169.97	−56.93	−29.02	255.92	0.39

注：数据来源：国家统计局官网。

从表 5-10 可以看出，我国除了 1989 年实际 GDP 出现一定的下滑外，其余各年 GDP 均为高速增长态势，但就业人员增长速度却相对缓慢，劳动生产率的增长速度比较快。从劳动力产业间转移效应上来说，各年的劳动力在各产业之间的流动促进了产出效率的提高和整体经济的增长，不过存在较大的波动，主要是由于各年就业人员的增长率也存在较大的波动(刘后平和邓霞，2016)。分产业来看，计算出的第一产业转移效应多为负数，表现为劳动力转出效应，主要是因为劳动力在产业间转移时，是从第一产业转出到第二、三产业；而第二、三产业计算出的转移效应多为正数，表现为劳动力转入效应。而无论是劳动力转出效应还是劳动力转入效应，都是对经济增长的促进。另外，劳动生产率与产业就业结构同时变动所产生的情况较为复杂，表现为其对整体劳动生产率的贡献出现较大波动(刘后平和邓霞，2016)。

(3) 全国分时期的劳动力产业间转移效应分析。运用 GDP 缩减指数将全国的 GDP 进行缩减，根据前述模型[式(5-8)、式(5-9)]，依据国家“五年规划”划分各个时间段，计算出 1981～2014 年各个时期的指标，如表 5-11 所示。

表 5-11　分时期增长率和劳动力产业间转移效应　（单位：%）

时期	GDP 的增长率 (m_Y)	就业人员的增长率 (m_L)	劳动生产率的增长率 (m_g)	总劳动力转移效应 ($K(e)$)	第一产业劳动力转移效应 ($K(e)_1$)	第二产业劳动力转移效应 ($K(e)_2$)	第三产业劳动力转移效应 ($K(e)_3$)	劳动生产率和就业结构同时变动带来的贡献 ($K(g*e)$)
1981～1985	65.91	17.73	40.92	1040.6	−273.7	684.61	629.70	220.85
1986～1990	25.75	29.83	−3.14	316.54	−103.60	122.63	297.51	−16.33
1991～1995	77.56	5.12	68.91	1057.21	−351.26	305.77	1102.7	432.74
1996～2000	49.29	5.91	40.96	182.06	−82.87	−101.5	366.41	135.31
2001～2005	74.24	3.55	68.26	673.84	−153.39	262.47	564.77	393.11
2006～2010	90.36	1.95	86.71	1174.82	−212.06	964.95	421.93	663.78
2011～2014	37.47	1.51	35.42	770.75	−188.82	193.06	766.51	121.15
1981～2014	2421.6	82.37	1282.7	6057.94	−1703.0	3080.8	4680.2	45264

根据表 5-11，可以得出以下结论：①劳动生产率及其增长率均呈逐年上升趋势。除了 1986～1990 年期间全国劳动生产率略微有所降低外，整体上在 1981~2014 年全国 GDP 增加了 24.22 倍，总就业人员数量只增加了 0.83 倍，总劳动生产率增加了 12.83 倍。由于地区生产总值的增长率存在一种逐渐上升的趋势，低劳动生产率产业的就业人员比重逐渐下降，高劳动生产率产业的就业人员比重逐渐上升，因此总劳动生产率的增长率也逐渐上升。②各产业劳动力转移产生的效应促进了劳动生产率的提高并推动了经济增长。表 5-11 中第一产业的劳动力转移效应均为负数，主要是因为农村劳动力从劳动生产率增长率低的第一产业向增长率高的第二、三产业转移，此时表现出第一产业劳动力转出效应，第二、三产业主要表现为劳动力转入效应；第二、三产业的劳动力转移效应基本为正数，表明农村

劳动力转移到第二、三产业后，促进了第二、三产业的劳动生产率提高和经济增长。③农村劳动力转移能使总劳动生产率增长约 60.57 倍，但其效应在各个阶段波动起伏比较大。就全国范围来看，“十一五”期间的劳动力转移效应最大，劳动生产率增长约 11.75 倍。“九五”期间的劳动力转移效应最小，只有 1.82 倍。分产业来看，第一产业的劳动力转出效应随着时间的变化呈“U 形”，从“六五”期间的 2.74 倍减小到了“九五”期间的 0.83 倍，到“十一五”期间劳动力转移效应又上升为 2.12 倍；第二产业与第三产业的劳动力转移效应呈现规律性波动，波动周期刚好为一个“五年规划”阶段，两者的劳动力转移效应表现最明显的分别是“十一五”期间的 9.65 倍和“八五”期间的 11.03 倍。但是无论在哪个时期，劳动力转移对全国的总劳动生产率的提高均做出了积极的贡献。

5.4 问题及对策

本章分析结果显示，农村劳动力的对外转移与经济增长具有双向促进作用。一方面，改革开放以来农业产业发展水平、非农产业效率、产业结构和农村人口规模是影响劳动力转移的主要因素，各个因素的影响效果随着时间推移呈现不同程度的波动性，在最近 10 年各自影响效果愈发显著。这具体表现为非农产业效率与农村人口规模对农村劳动力转移增量的抑制作用，产业结构与农业产业发展水平对农村劳动力转移增量的促进作用，反映出我国的乡村建设、产业结构以及各个产业内部均存在制约劳动力转移从而制约经济发展的问题。另一方面，虽然农村劳动力转移对经济发展整体表现为促进作用，但在劳动力进行产业间转移的过程中，非农产业就业结构的变化对劳动生产率增长的贡献在每个发展阶段均出现了明显的上下波动。除了就业结构，各个产业的劳动生产率的变动也是影响总劳动生产率变动的重要因素。针对以上问题，可以从以下几个方面去着力解决。

(1)大力促进农业产业发展水平的提高。研究发现，农业产业发展水平对劳动力转移数量的增长总体上表现为积极效应，极大地推进了农村劳动力在城乡和产业间的转移进程。随着经济发展和科学技术的进步，现代农业机械和科学种植养殖技术的使用，农业劳动效率较以前有很大的提高。因此，应进一步实现农民集中居住，加快宅基地耕地整合流转，提高土地集中度和开展规模化经营，大力推进现代农业发展，提高农业生产效率(刘后平和邓霞，2016)。

(2)大力推进供给侧结构性改革，优化产业和产品结构。产业结构调整对农村劳动力转移增量作用明显。在 1990 年以前全国的产业结构对农村劳动力的向外转移促进作用不大，甚至出现过抑制现象。在 1990 年以后，特别是进入 21 世纪以来，我国新型工业化、新型城镇化、农业现代化发展进入新的历史阶段，各产业均需开展供给侧结构性改革，实现产业和产品的升级，进一步解放生产力，促进要素的合理流转。

(3)在农村大力开展成人教育和技术培训，提高农村劳动力素质。由于农村经济落后和教育资源的缺失导致农村劳动力的素质和能力普遍较低，不能满足现代产业的发展要求，从而影响农村劳动力城乡和产业间转移。因此在大力推进新型工业化和新型城镇化进程中，既需要考虑产业对劳动力的吸纳能力，同时也需要考虑采用教育和培训等方式来提高农村劳动力的能力和素质(邓霞，2015)。

(4)积极引导农村富余劳动力合理科学流动，促进区域经济增长。地区经济增长与发展，需要不断吸收转移劳动力。我国西部省份，比如四川省属于劳动力资源丰富的地区，存在大量的劳动力向外省流动的情况。前文回归分析结果显示，外来劳动力流入数量越多的省份，经济发展速度越快。因此各省份应该积极引导农村富余劳动力合理科学流动，促进区域经济增长。

(5)加强农业科技研发投入，提高农业现代化水平。农村经济发展缓慢主要原因是劳动生产率低的农业占比大，劳动生产率高的工业比重较小，因此要继续对产业结构进行调整和优化，促进农村工业的发展。同时应通过农业科技创新，积极探索发展农村新产业、新业态，因地制宜开展农业适度规模经营，形成多种新型经营主体等方式来提高农业生产效率，提高农业现代化水平。

5.5　本章小结

鉴于我国城乡二元结构的现实，城乡统筹发展最重要的任务就是进一步推进农村富余劳动力实现从农村到城镇，从第一产业向第二、三产业的转移。影响劳动力转移的因素主要包括城乡经济发展水平、劳动力规模、收入差距及相关政策等。劳动力在城乡区域间、产业间转移对于区域、产业劳动生产率具有明显的提升效应，但不同时期又存在较大波动和差异。本章运用数量模型分析深入揭示农村劳动力转移的转出效应、转入效应，有利于深入了解农村劳动力在城乡和产业间转移的内在机制和动力，从而制定出合理科学的政策。

第 6 章 城乡统筹进程中要素整合机制设计

城乡统筹所追求的是城乡一体化发展，城市、农村两部门的相互作用是促进城乡一体化的关键。城乡统筹发展必须实现土地、资本、劳动力等生产要素的整合配置。本章对各个生产要素的流转动机进行了分析，要素的趋利性导致了要素流动呈现较为严重的单向性。只有建立科学合理的要素整合机制，才能实现城乡统筹发展中相关生产要素配置最优化，满足整个社会经济活动达到"帕累托最优效率"的充分条件。

本章采用 DEA 方法与 Malmquist 指数分析评估我国各个省级区域的要素整合效率。实证结果显示大多数省份的综合效率并未达到最优，有 13 个省份呈现明显的要素投入冗余或者产出不足，在 2009～2013 年我国经济发展对技术进步的依赖度超过了对效率进步的依赖，具体情况又因省而异。通过四川省"两化"互动统筹城乡发展机制的实践探索可以得到一些重要启示。本章最后结合国家发展规划，分析在现行要素整合过程中政府与市场的职能区分。另外，现行要素整合过程中出现了某些要素市场的不健全、流出要素比较劣势等问题，需要积极推进政府职能转变，进一步完善要素市场。

6.1 整合机制设计的目的

数据[①]显示，2014 年我国国内生产总值达到 634367.3 亿元，较 2000 年 98562.2 亿元增长约 5.5 倍，经济增长取得了巨大成就。而就产业结构来看，进入 21 世纪以来，以工业为核心的第二产业在国民经济中所占比重一直较高，且变动幅度并不大，大致比重在 42%～45%。而以农业为核心的第一产业所占比重从 15%下降到 9%，这一事实说明我国的工业化与城镇化发展取得了较大进步，同时也反映出国内产业发展差异与城乡差别并存，广大的农村被边缘化趋势明显，这一现象值得关注。

城乡统筹发展，就是基于我国经济社会中所呈现出的二元结构现状，提出"以缓和我国城乡两部门发展差距、改善两部门之间相互约束的关系"为目标的新时期区域发展战略。在我国发展历史中，新中国成立以来国家重点扶持发展的主要是城市工业，而农村部门扮演着为城市工业的发展贡献大量生产资料的角色。实现城乡统筹发展，走新型工业化与新型城镇化道路，必须实现城乡要素的平等交换和整合流转，建立相应的整合机制。

6.1.1 机制整合对象

城乡统筹发展追求的是城乡一体化发展。在其进程中，城市、农村两部门的互相作用是促进一体化的关键，而首当其冲的就是对生产要素配置的整合。依据马克思劳动价值理

---

① 国家统计局网站。

论，生产要素是创造商品价值的基础，经济活动的实质是对生产要素进行配置的过程(孙军和王先柱，2010)。要实现城乡统筹发展，必须要合理安排与整合两部门之间生产要素的流动，其中主要包括城乡两部门的土地、资本与劳动力三大生产要素。

(1) 土地要素。由于我国特有的土地制度，城乡土地所有权分属国家与农村集体所有。在新型城镇化建设的过程中，关于土地要素流动的问题大体分为两种类别，即农村土地城镇化以及农村土地内部流动，前者涉及土地所有权从农村集体所有制转变为国有制；而后者土地所有权并未改变，只是农村内部对土地的经营使用权进行重新配置。很明显，不同的土地产权需要配套的实现机制以及配套的土地流转政策。

(2) 资本要素。在我国，农村资本市场发展缓慢，尚处于起步阶段，但城市部门资本发展水平已经到了中高级水平，远远超过农村部门，二元性表现明显(曹飞，2013)。在农村，一些国有商业银行还撤离了部分农村网点，农村金融信贷供应弱化。随着“城市支援农村”“工业反哺农业”等一系列支农政策的实行，我国农村金融市场的资金供需不平衡现象得到了一定程度的缓解，但目前其相对值依然达到了 51.73%(宗杰和佟光霁，2014)。

(3) 劳动力要素。根据刘易斯的二元经济理论，农村剩余劳动力从农业部门流入城市工业部门，是减缓城乡发展差异，消除二元结构的主要方式。但根据国家统计局公布数据，2014 年中国从事第一产业的劳动力人数约为 22790 万人，约占全社会总就业劳动力的 29.50%，然而全年第一产业的产值为 58331.6 亿元，仅占全年国内生产总值的 9.16%。农业劳动力城市化转移并没有伴随农业劳动生产率的大幅度提高而缩小城乡发展差异及城乡居民收入差距。由此可见，城乡劳动力资源还需要进一步整合。

6.1.2　要素流转整合的动机分析

基于最基本的经济学假设，生产要素流动具有趋利性，利益是驱动要素流动的最大动力。在一般情况下，要素总是从边际产量较低的地区流向边际产量较高的地区，在生产要素条件相同的情况下，基础设施、资本积累、科学技术以及人才储备等条件越有优势的地区越是能提高要素的边际产量，更能吸引要素的流入。就我国城乡两部门来看，除了上述影响因素外，城市部门还在政策导向、社会文化等方面比农村更具优势，再加上聚集效应，农村大量生产要素源源不断地流向城市部门。就农村部门的三大生产要素而言，各自又有其具体的转移动力机制。

(1) 土地要素的流转。土地是最基础的生产要素，是农业生产的条件和农民生存发展的重要保障。就城乡两部门的土地而言，不同区位的土地的边际生产量差异巨大，其直接表现在土地价格差上。随着工业化与城镇化的进一步推进，形成城郊农村的土地城镇化。作为生产要素，这些土地大多都是由农业生产转为非农产业用途。而这一类型的土地流转模式只适用于城市郊区，就大多数流转后仍作农地用途的土地而言，其流转大多是由于农业产业的规模化、集约化经营，利用现代生产经营方式提高农业土地的使用效率，从而带来更大收益。

(2) 资本要素的流转。同其他产业生产活动一样，农业生产也需要前期人力、资本等要素的投入，只是在实行家庭联产承包责任制后，土地细碎化、分散化的家庭经营使得对前期资本的投入要求较少，大量的农村资本转化为银行存款从而投入其他产业活动中。随着农业经营方式的改进，规模化、集约化的农业生产方式加大了农业的资本投入，例如对农资与农机设备的购置等，另外农民的日常消费性活动也构成了对资本的需求。《中国金融统计年鉴 2014》显示，2013 年农村居民人均消费支出为 6625.5 元，然而农民的人均经营收入、财产性收入与转移性收入之和仅为 4870.5 元，因此大部分农民选择进入其他行业获得工资收入。就目前农村的农业生产来说，其对资本的需求更需要完善的金融市场来满足，然而由于农业的弱质性、高风险性以及投入产出效率偏低，产业资本很难自愿进入农村与农业产业，造成巨大的农村金融资本供需缺口。以涉农贷款为例，2013 年全国农业贷款增加 3478 亿元，但其仅占到全社会各项贷款余额的 3.7%，金融市场上农业产业所处地位仍然不高。

(3) 劳动力要素的转移。对劳动力个体而言，追求更高的个人收入是其进行劳务转移的最主要原因。除此之外，社会福利、子女教育、区位优势等条件也是重要影响因素。依据《中国统计年鉴 2014》公布的数据，2013 年全国就业劳动力个体的平均工资为 51483 元，其中第一产业从业人员的平均工资远低于其他行业，仅为 25820 元。除工资水平因素外，在城乡文化、教育、公共产品及社会福利保障上，以农业为主的农村始终处于弱势地位，这也是城市出现大量农民工的主要原因。

6.1.3 要素整合目的

依据新古典经济学假设，所有的生产要素资源都是稀缺的，所以要素资源配置最优是整个社会经济活动达到“帕累托最优效率”的充分条件。就我国目前实际情况来看，阻碍要素资源配置的主要问题之一是城乡二元结构。尽管改革开放以来，我国对城乡两部门之间要素流动的限制逐渐放松，城乡要素流动的情况依然不甚理想。客观外部条件上，我国特有的城乡二元政策从制度角度依然维持着二元结构现状；从主观角度考虑，由于信息不对称，在经济人经济活动决策中会策略性地释放有利于自己的信号，最终导致生产要素配置的不合理(郭其友和李宝亮，2007)。因此，为了达到城乡统筹发展进程中相关生产要素配置的最优化，需要制定出科学合理的生产要素整合机制。

新型工业化进程中，生产要素的分配要基于工业与农业两大重要产业基础，保证两大产业能够实现各自的最优化发展，从而协调好城乡关系，促进新型工业化与新型城镇化对国民经济的拉动作用。具体来讲，对土地的使用，要在保证国家粮食安全和农业产业发展的基础上，合理规划土地的“非农化”；在资本流动管理中，主要应该积极引导推动城市工商资本、金融资本流入相对落后的农村部门，带动农村发展；在劳动力转移过程中，首先应该保证农业从业劳动力数量与质量，再科学合理地引导剩余劳动力向现代工业部门以及其他现代服务业部门转移。整个新型工业化发展战略，应该建立科学的经济机制，引导促进各个部门与产业协调发展，实现各产业之间的均衡协调。

6.2　整合机制的效率

6.2.1　分析方法简介

本节将对我国现行要素整合机制效率进行评价与分析，主要采用DEA方法与Malmquist指数分析法，在第 3 章中对 DEA 方法已经有了说明，因此这里着重介绍 Malmquist 指数分析法。

经济学家 Sten Malmquist 最先提出 Malmquist 指数，该指数是在 DEA 理论基础上的一个新成果，用其表示全要素生产率：

$$M_i^t = D_i^t\left(X^t, Y^t\right) / D_i^t\left(X^{t+1}, Y^{t+1}\right) \tag{6-1}$$

其中，X^t、Y^t 分别表示在时间为 t 期时，生产要素的投入与产出数量；D^t 表示 t 生产期内的产出距离函数；M^t 测度了在 t 期技术条件下，从 t 到 t+1 期的全要素生产率效率的变化率。

同样，可以定义在 t+1 期的技术条件下，测度从 t 到 t+1 期的全要素生产率变化的 Malmquist 生产率指数：

$$M_i^{t+1} = D_i^{t+1}\left(X^t, Y^t\right) / D_i^t\left(X^{t+1}, Y^{t+1}\right) \tag{6-2}$$

按照 Fisher 的理想指数，将它们的几何平均定义为综合生产率指数：

$$M_i(X^{t+1},\ Y^{t+1},\ x^t,\ y^t) = (M_i^t \times M_i^{t+1})^{1/2} \tag{6-3}$$

当 M 大于 1 时，说明全要素生产率得到了改善，生产率进步了；M 等于 1 时，说明全要素生产率保持不变；M 小于 1 时表示全要素生产率在退步。Malmquist 指数能够分解为技术进步（TECHCH）、技术效率变化（EFFCH）两个指标分别考量。

$$M = \mathrm{EFFCH} \times \mathrm{TECHCH} \tag{6-4}$$

$$\mathrm{TECHCH} = \left[D^{t+1}\left(X^t, Y^t\right) D^{t+1}\left(X^{t+1}, Y^{t+1}\right) \Big/ D^t\left(X^t, Y^t\right) D^t\left(X^{t+1}, Y^{t+1}\right)\right]^2 \tag{6-5}$$

$$\mathrm{EFFCH} = D^t\left(X^t, Y^t\right) \Big/ D^{t+1}\left(X^{t+1}, Y^{t+1}\right) \tag{6-6}$$

在规模可变（VRS）的条件下，能够将全要素生产率分为三个指数加以考量，具体包括：纯技术效率变化（PECH）、规模变化（SECH）和技术进步（TECHCH）。

$$M = \mathrm{PECH} \times \mathrm{TECHCH} \times \mathrm{SECH}$$

$$\mathrm{PECH} = \left[D^{t+1}\left(X^t, Y^t\right) D^{t+1}\left(X^{t+1}, Y^{t+1}\right) \Big/ D^t\left(X^t, Y^t\right) D^t\left(X^{t+1}, Y^{t+1}\right)\right]^{1/2} \tag{6-7}$$

$$\mathrm{TECHCH} = \left[D^{t+1}\left(X^t, Y^t\right) D^{t+1}\left(X^{t+1}, Y^{t+1}\right) \Big/ D^t\left(X^t, Y^t\right) D^t\left(X^{t+1}, Y^{t+1}\right)\right]^2 \tag{6-8}$$

$$\mathrm{SECH} = \left\{\left[D_C^{t+1}\left(X^t, Y^t\right) D_C^t\left(X^t, Y^t\right) D^{t+1}\left(X^{t+1}, Y^{t+1}\right) D^t\left(X^{t+1}, Y^{t+1}\right)\right] \Big/ \left[D_C^{t+1}\left(X^{t+1}, Y^{t+1}\right) D_C^t\left(X^{t+1}, Y^{t+1}\right) D^{t+1}\left(X^t, Y^t\right) D^t\left(X^t, Y^t\right)\right]\right\}^{1/2} \tag{6-9}$$

其中，C 表示在规模不变（CRS）的情况下所测算出的结果。

6.2.2 指标体系与相关性检测

(1)投入要素。土地要素与劳动力要素表现出明显的单向流动，具体表现为农业要素用于非农化生产。对于土地要素，利用主要农作物播种面积表示农村土地存量；劳动力要素则用农村从业人员数量代表。其中，由于国家统计局以及部分省份并未公布 2013 年的乡村从业人员数，因此 2013 年的该指标数据是依据对 2006～2012 年各省的相关数据进行回归分析预测所得。资本要素单向流动现象有所缓解，目前资本有向农村回流的趋势，因此采用的指标是银行业金融机构各项存款(余额)，其中包括了企事业单位存款、财政存款与城乡储蓄存款，能够代表社会总资本的数量与运转情况。

(2)产出要素。为了分析城镇化与新型工业化的互动效果，产出要素分别选取两大产业——农业与工业的产业增加值，农业增加值代表了生产要素对于传统部门的贡献。同样，工业增加值代表生产要素对现代部门的贡献。

上述各指标的具体数值来自对《中国统计年鉴》《中国金融统计年鉴》中公布的 31 个省份数据的收集与整理，一共包括了 2009 年至 2013 年共五年的数据。运用数据处理软件 IBM SPSS Statistics 19.0，对 31 个省级行政区的生产要素投入与产出指标进行相关性检测。

检测结果显示，在投入与产出指标体系中，投入要素与产出项目有很强的正相关关系，显著性水平为 0.01，说明能够运用 DEA 来分析评价要素整合相对效率。具体来讲，农村土地要素投入指标和农村劳动力投入指标与农业产业的产出相关性都比较高，各自的相关系数都超过了 0.80，接近 0.90。农村劳动力要素投入指标与工业产出的相关系数为 0.7 左右，而农村土地要素投入指标与工业产业的相关系数为 0.5 左右，说明目前农村劳动力的转移对工业化的贡献超过了农村土地要素的贡献；而资本要素与工业产出的相关系数接近 0.8，而与农业产出的相关系数为 0.45，证明了资本有向工业部门流动的偏好，生产要素整合效率评价投入与产出指标体系如图 6-1 所示。

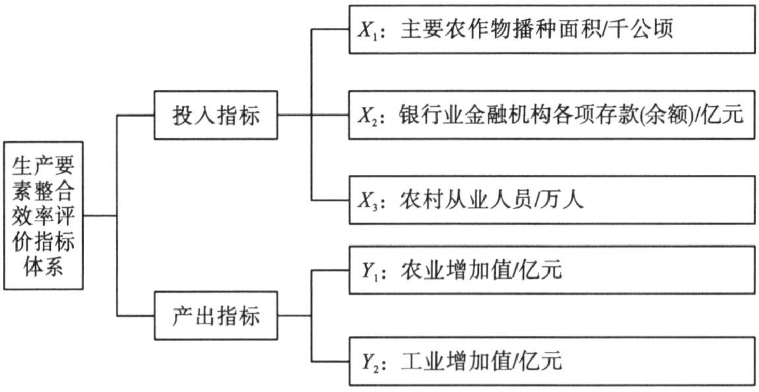

图 6-1 生产要素整合效率评价投入与产出指标体系

6.2.3　DEA 效率分析

根据收集整理好的数据通过 DEAP Version 2.1 软件进行计算，得到我国 31 个省级区域生产要素整合效率水平如表 6-1 所示。

表 6-1　我国 31 个省级区域生产要素整合效率水平

综合效率排名	决策单元	综合效率	纯技术效率	规模效率	规模报酬
1	天津市	1	1	1	递减
2	内蒙古自治区	1	1	1	递减
3	辽宁省	1	1	1	递减
4	上海市	1	1	1	递减
5	浙江省	1	1	1	递减
6	福建省	1	1	1	递减
7	山东省	1	1	1	递减
8	河南省	1	1	1	递减
9	广西壮族自治区	1	1	1	递减
10	海南省	1	1	1	递减
11	新疆维吾尔自治区	1	1	1	递减
12	江苏省	0.992	1	0.992	递减
13	广东省	0.99	1	0.99	递减
14	湖南省	0.964	1	0.964	递减
15	吉林省	0.96	1	0.96	递减
16	北京市	0.909	1	0.909	递增
17	河北省	0.871	0.945	0.922	递减
18	江西省	0.855	0.855	0.999	递减
19	黑龙江省	0.842	0.988	0.852	递减
20	湖北省	0.835	0.969	0.861	递减
21	安徽省	0.762	0.766	0.995	递减
22	四川省	0.706	0.835	0.846	递减
23	云南省	0.652	0.667	0.977	递减
24	贵州省	0.621	0.684	0.907	递增
25	青海省	0.619	1	0.619	递增
26	陕西省	0.592	0.617	0.961	递增
27	甘肃省	0.583	0.636	0.916	递增
28	重庆市	0.579	0.619	0.936	递增
29	山西省	0.569	0.6	0.949	递增
30	宁夏回族自治区	0.548	0.886	0.618	递增
31	西藏自治区	0.488	1	0.488	递增

注：数据结果由 DEAP Version 2.1 运算得出。

就城乡要素整合综合效率而言，我国省级区域之间差距明显。浙江省、天津市、上海市等共计 11 个省(市、区)的综合效率值为 1，表明这些地方的城乡要素整合效率水平处于较优状态；江苏省等共计 18 个省(市、区)的纯技术效率值达到了 1，表示这些地区的要素资源的投入产出比例水平较优，但部分省(市、区)的规模效率值低于 1，部分省(市、区)规模报酬递减，说明这些地区要素投入规模高于了最优区间，需要降低投入规模；表 6-1 中综合效率排名靠后部分省(市、区)则相反，属于规模报酬递增，说明这些省(市、区)还可以进一步提高要素投入规模，以期获得更大产出，特别是青海省与西藏自治区，后者规模效率仅为 0.488，导致综合效率在全国最低。除了西藏自治区外，还有陕西省、甘肃省、宁夏回族自治区等 5 个省(市、区)的综合效率值均低于 0.6，属于较低水平；其余省份的综合效率值则属于居中水平，无论是纯技术效率值还是规模效率值均在 0.6～1。其中，河北省、江西省、黑龙江省、湖北省、安徽省、云南省和四川省 7 个省份规模报酬是递减的，表明要素投入量超过了最优区间。从整体角度分析，全国 31 个省级行政区的平均综合效率达到 0.837，平均规模效率值达到 0.925，平均纯技术效率值为 0.905，我国 31 个省级行政区生产要素整合效率分布图如图 6-2 所示。

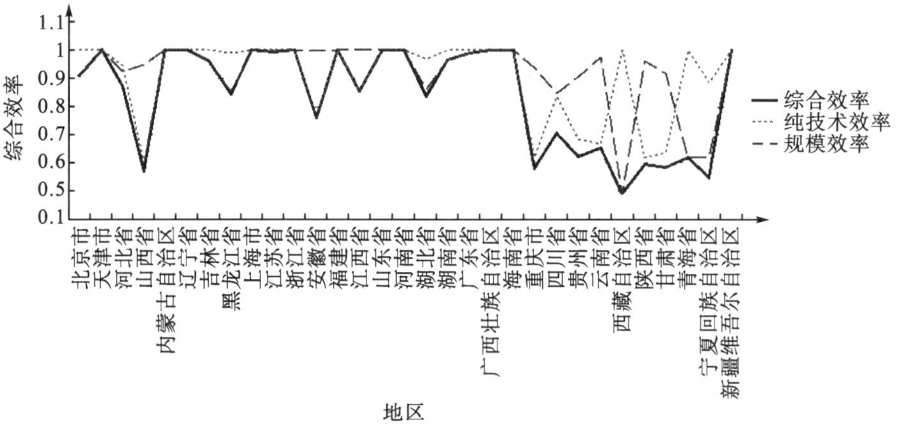

图 6-2 我国 31 个省级行政区生产要素整合效率分布图

6.2.4 DEA 投影分析

进一步考察我国 31 个省级区域生产要素的整合投入-产出问题，上海市、天津市等共计 18 个省级区域的纯技术效率值为 1，这些地区技术效率有效，在城乡统筹发展中对生产要素的整合效率最高，使得要素对城乡两部门的投入-产出比处于最优水平。对于其他地区而言，纯技术效率值低于 1，表明其要素投入-产出比未到最优状态，利用 BCC 模型对其余省份进行投影分析，以了解投入冗余与产出不足情况，通过运行 DEAP Version 2.1 软件并整理得到 13 个省级区域要素投入产出投影分析结果如表 6-2 所示。

表 6-2　13 个省级区域要素投入产出投影分析

指标	农业产出指标		工业产出指标		土地要素投入指标		资本要素投入指标		劳动力要素投入指标	
省份	产出不足/亿元	产出偏差度/%	产出不足/亿元	产出偏差度/%	冗余量/千公顷	冗余偏差度/%	冗余量/亿元	冗余偏差度/%	冗余量/万人	冗余偏差度/%
河北省	0	0	1418	17.76	475.7	5.48	1233	5.48	161.3	5.48
江西省	0	0	0	0	778.1	14.47	1354	14.47	249.5	14.47
黑龙江省	0	0	638.5	17.99	6730	55.49	131.3	1.18	11.55	1.18
湖北省	0	0	2268	43.74	233.0	3.09	546.3	3.09	65.71	3.09
安徽省	0	0	0	0	2438	26.98	3139	23.41	714.7	23.41
四川省	0	0	3104	54.67	1562	16.48	4141	16.48	851	21.62
云南省	0	0	10.9	0.52	2198	34.65	3700	33.27	711.1	33.27
贵州省	0	0	0	0	2721	56.91	1867	31.57	1308	64.38
陕西省	0	0	0	0	1592	38.32	5382	38.32	559.6	38.32
甘肃省	0	0	0	0	1974	50.13	2150	36.42	410.4	37.10
重庆市	0	0	0	0	1262	38.14	4228	38.14	596	43.19
山西省	48.9	10.2	0	0	1477	40.01	6305	40.01	432.8	40.01
宁夏回族自治区	31.0	24.3	0	0	262.0	21.36	234.9	11.36	35.43	16.22

表 6-1 中各省(市、区)根据综合效率值由高至低依次排列，其中，河北省、江西省、黑龙江省与湖北省这 4 个省级行政区的综合效率值在 0.8～0.9，处于较高水平。陕西省等 6 个省(市、区)的综合效率值低于 0.6，水平偏低。

如表 6-2 所示，就农业产业而言，山西省与宁夏回族自治区的农业产出不足，说明这两个省区的农业生产技术有待提高；而对于工业，四川省、云南省、河北省、黑龙江省以及湖北省共计 5 个省的工业产出出现产能不足，说明这些地区利用生产要素用于工业生产的技术也有待改善。对于这类地区，应该根据各省实际情况，对生产要素投入与产出进行检测与评估，分析自身产能不足的原因，寻找相应的解决办法。一般情况下，可以从两个方面来解决这个问题：首先，严格控制各生产环节的生产要素投入量，从而避免对要素的浪费，节约生产成本；其次，通过研发新技术、改良生产环节等方式增加产出，寻求最终产出的最大化。

就三大生产要素而言，这些地区在要素投入上或多或少都存在投入冗余，在各地资源禀赋不同、要素拥有量存在差异的条件下，对投入冗余的评价利用冗余偏差度来分析，定义冗余偏差度的公式为

$$\text{冗余偏差度}=\frac{\text{要素投入冗余量}}{\text{要素投入初始量}}\times 100\% \tag{6-10}$$

其中，各要素投入冗余量是通过输入数据并运行 DEAP Version 2.1 软件得到的，要素冗余偏差度能反映出各省份对各个生产要素投入的相对冗余程度，便于地区间进行横

向对比。

(1)土地要素。结果显示，在城乡统筹发展过程中对土地要素整合效率偏低的省级行政区中，贵州省、黑龙江省、甘肃省、山西省等四个省份的土地冗余偏差程度超过了 40%，说明这些地区土地利用效率不高。土地要素冗余偏差度超过 30%的省份有 7 个，超过 20%的省份有 9 个，说明当前城乡统筹发展进程中土地的整合与利用效率问题非常严重。

(2)资本要素。表 6-2 显示，在资本要素投入上，山西省的资本要素投入冗余偏差度超过了 40%，共计 6 个省份的资本要素投入冗余偏差度超过 30%。

(3)劳动力要素。对于劳动力要素而言，其投入冗余较多的几个省大多集中在中国西部的农业大省，包括贵州省、山西省与重庆市的劳动力投入冗余偏差度都超过了 40%，其余西部省市都超过或者接近 30%，而东部省份的劳动力冗余偏差度普遍低于 10%。

6.2.5 Malmquist 指数分析

根据 DEA 分析结果，对 31 个省级行政区的要素投入产出进行 Malmquist 指数分析，利用 2009～2013 年共计 5 年的各省(市、区)城乡统筹中生产要素的投入与产出相关数据，通过运行 DEAP Version 2.1 软件，计算得到 2009～2013 年我国 31 个省级区域的要素投入产出 Malmquist 指数变动幅度，结果如表 6-3 所示。

表 6-3 2009~2013 年我国 31 个省级区域的要素投入产出 Malmquist 指数变动

省份	全要素生产率变动/%	效率变动/%	技术变动/%	纯技术效率变动/%	规模效率变动/%
北京市	116.3	102.4	113.6	100	102.4
浙江省	111.8	100	111.8	100	100
黑龙江省	109.8	101.8	107.8	100.3	101.5
陕西省	109.1	107.4	101.7	106.8	100.5
天津市	108.4	100	108.4	100	100
新疆维吾尔自治区	108.2	100	108.2	100	100
广东省	107.3	96.6	111.1	100	96.6
辽宁省	106.8	100	106.8	100	100
上海市	106.7	100	106.7	100	100
福建省	106.3	100	106.3	100	100
宁夏回族自治区	105.5	101.5	104	103.1	98.4
西藏自治区	104.7	94.7	110.6	100	94.7
内蒙古自治区	104.6	100	104.6	100	100
海南省	104.5	100	104.5	100	100
湖北省	104.2	102.8	101.4	100.8	102
青海省	104.1	101.7	102.3	100	101.7
山西省	103.8	102	101.8	101.7	100.3
吉林省	103.7	100.4	103.3	100	100.4

续表

省份	全要素生产率变动/%	效率变动/%	技术变动/%	纯技术效率变动/%	规模效率变动/%
河北省	102.6	102.1	100.4	101.4	100.7
四川省	101.9	101.2	100.7	100	101.3
江苏省	101.8	97.9	104	100	97.9
云南省	100.7	102.5	98.2	102.8	99.7
安徽省	100.6	101.6	98.9	101.6	100.1
江西省	100.5	99.6	100.9	100.1	99.5
重庆市	100.4	100.3	100.1	100	100.3
湖南省	100.3	100.9	99.4	100	100.9
山东省	99.4	100	99.4	100	100
甘肃省	99.1	100.6	98.5	100.2	100.4
广西壮族自治区	97.8	100	97.8	100	100
河南省	96.4	98.8	97.5	100	98.8
贵州省	95.9	100	95.9	99.4	100.6

注：各省份依照全要素生产率变动值由高至低排序。

根据表 6-3，2009～2013 年，31 个省份的全要素生产率普遍得到了提高，全国范围平均增长了 103.9%，只有山东省、甘肃省、广西壮族自治区、河南省、贵州省五个省(区)的全要素生产率变动未超过 100%。将全要素生产率变动分解为技术变动与效率变动两个部分进一步地分析，发现技术提升情况要略逊于效率提升情况。2009～2013 年，全国共有 5 个省(区)的效率变动未超过 100%，分别是江西省、河南省、江苏省、广东省、西藏自治区；而技术变动未超过 100%的有湖南省、山东省、安徽省、甘肃省、云南省、广西壮族自治区、河南省、贵州省八个省(区)。再将效率变动分成纯技术效率变动与规模效率变动两部分考察，在这个时间段内，只有一个省份的纯技术效率变动率未超过 100%，而共有 7 个省份的规模效率变动未超过 100%(图 6-3)。

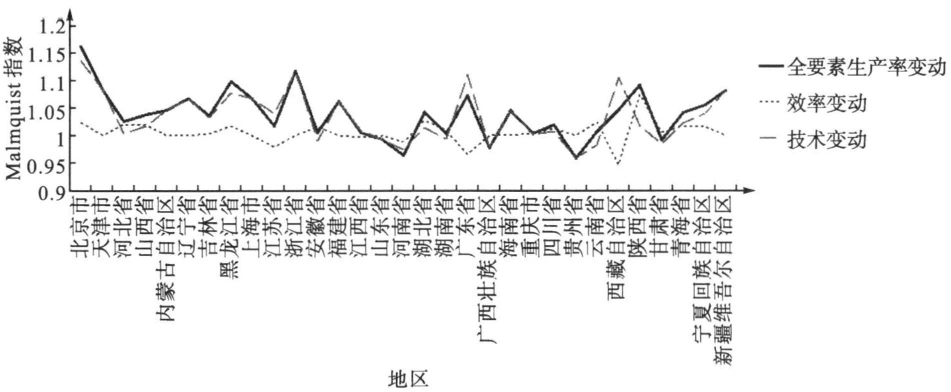

图 6-3　2009~2013 年我国 31 个省级区域的要素投入产出 Malmquist 指数变动图

综合来看，在考察的时间段里，各省级区域内效率平均提高了 100.3%，技术效率平均提高 103.3%。其中，纯技术效率平均提高 100.6%，规模效率提高 99.9%。因此可以得出结论，过去几年时间内，对我国各省级范围内全要素生产率提高的贡献程度中，技术提高对全要素生产率的贡献超过了效率提高的贡献。而效率提高又受制于纯技术效率与规模效率，其中规模效率进步幅度落后于纯技术效率进步幅度，从而制约了整体效率进步。以全要素生产率提高幅度最小的三个省区(贵州省、河南省、广西壮族自治区)为例，可以发现三个省(区)的技术提高率与效率提高率都未超过 100%，因而造成总的生产率水平低下，都明显低于 100%。再比如江苏省与宁夏回族自治区，两者的技术提高水平都为 104%，然而两者效率提高幅度差别较大，江苏省效率提高幅度为 97.9%，而宁夏回族自治区的效率提高幅度为 101.5%，因此在最终全要素生产率提升幅度上，宁夏回族自治区是超过江苏省的。

6.3 现行整合模式及其要素整合评价

6.3.1 宏观框架："两化"互动、"四化"同步

党的十八大报告指出，当前以及未来一段时间内，中国现代化建设进入了一个新的阶段。在新的历史阶段，为了解决一系列社会矛盾，获取新的经济增长动力，中国的发展应该聚焦于"新四化"，即：新型工业化、新型城镇化、信息化与农业现代化(胡锦涛，2012)，"新四化"相互之间的关系可以用图 6-4 表示。

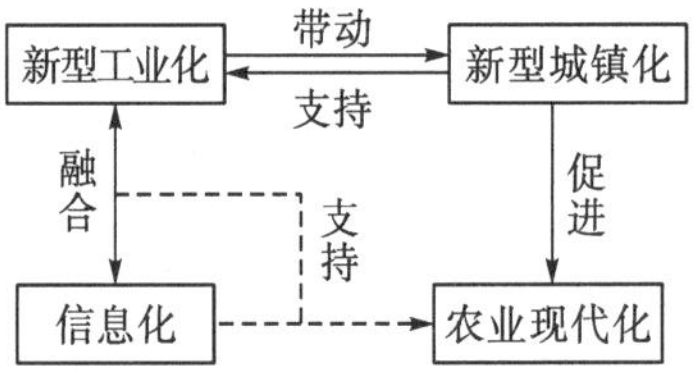

图 6-4 "两化"互动，"四化"同步相互之间的关系

其中，最核心的发展方向就是新型工业化与新型城镇化的"两化"互动，通过"两化"互动来解决目前中国经济社会结构中已经非常严峻的城乡二元问题。工业是区域经济发展的引擎与核心，只有现代化的工业才能在区域内建立稳固健全的产业体系。工业往往需要资本聚集与投入，工业的发展带动城市的扩张。在城镇化的进程中，农村原有的劳动力、土地等生产要素是支持城市工业发展的重要助推力。因此，工业化与城镇化是能够实现良性互动，从而共同进步的。一方面，随着信息化的迅速发展，更应该借助信息化推动工业化的进一步深化与发展，使二者深度融合，科学高效地分配与利用各生产要素，构建更具有发展力与吸引力的现代工业体系，也更有利于促进城镇化。另一方面，城镇化的推进推动了农村的主动改变，农业经营将摒弃原有的分散式、粗放式的经营模式，转而进行规模化、机械化、集约化的现代农业生产，推进农业现代化。农业是国民经济的基础，农业现代化发展的过程中也应该积极利用新型工业化的成果，努力发展壮大自身实力，保证全国农业产量与质量。以"两化"互动为核心、努力发展"四化"同步是当前经济社会的重要发展途径(李萍，2012)。

6.3.2 要素整合运行机制

在实现新型工业化与新型城镇化的“两化”互动过程中，最关键的就是对生产要素的整合与配置。根据政府在要素资源整合配置过程中所扮演角色的不同，可以将要素整合运行机制分为计划机制、市场机制以及混合机制三类。

(1)计划机制。在改革开放以前，我国对要素的整合与配置实行的是严格的计划机制。新中国成立初期，中国还是一个传统的农业国家，工业基础非常薄弱，十分不利于国家的发展。因此在这一阶段，国家全力支持工业体系的建立与发展，为此对全社会的生产要素与资源实行了严格的国家计划调控(李恩，2015)。

在计划机制中，政府通过权力和行政手段来管理和分配生产要素和社会资源。例如，在各类生产要素的流动过程中，政府可以通过制定价格的方式来限制或者引导其流动方向。这种运作机制有利于政府维护当时的社会秩序，在经济建设中“集中力量办大事”，集合农村的生产要素支撑发展城市工业，这对当时中国工业基础体系的建设起到了至关重要的作用。然而，随着经济的发展以及产业体系的进一步完善，城乡差距凸显，中国经济社会结构中“城乡二元化”问题越来越严重，继续利用计划机制对要素整合配置已不完全适应整体经济协调发展目标。

(2)市场机制。市场机制与计划机制相对应，要求政府远离市场，不得直接干涉对要素的整合与配置。在市场机制运作下，受“看不见的手”引导，要素的流动是无限制的，要素市场上完全根据要素供求决定要素价格。在追逐自身利益最大化的情况下，生产要素会自动流向生产效率比较高的地区、产业与企业。根据西方经济学理论，通过市场机制对生产要素的整合，可以使要素的配置达到最有效，使各部门生产活动达到“帕累托最优”(洪银兴，2014)，实现产出最大化。因此，对比计划机制，市场机制更有利于现代产业体系与国民经济的发展。

然而，完全的市场机制往往又会出现大量社会问题。在要素流动的过程中，要素主体为了获取更多的额外利润，可能会采取不正当手段，破坏市场秩序，对整体国民经济造成严重伤害。例如，为了获得短期利益，如果农民在农业生产过程中加大对农药等有害要素的投入，可能造成粮食安全问题。因此，市场失灵也是一种客观存在的现象。

另外，特殊的国情决定了我国也不可能实行完全市场机制。区别于西方国家，我国是个以公有制为主体的国家，国内许多的要素资源所有者并不是私人个体，不满足完全市场机制对要素自身条件的假设。例如，就土地要素而言，我国规定“城市市区的土地以及法律规定属于国家所有的农村和城市郊区的土地属于国家所有”“农村集体经济组织的农民集体享有集体土地所有权”[①]。因此，土地要素在要素市场上就不可能完全地“市场化”。

(3)混合机制。将计划机制与市场机制进行融合搭配的运行机制可以称之为混合机制。对于资源配置的机制选择，中国共产党十八届三中全会《决定》指出“使市场在资源配置中起决定性作用和更好发挥政府作用”[②]，改革开放以来，中国不断深化经济体制改革，更多地让市场引导资源进行流动，让市场价格机制更好地发挥作用，30 多年来所取得的

---

① 中华人民共和国物权法. http：//news.xinhuanet.com/legal/2007-03/19/content_5867318.htm。

② 中共中央关于全面深化改革若干重大问题的决定[J].求是，2013(22)：3-18。

经济成就证明了我国的市场化改革是可行的、有效的。进一步明确市场与政府在要素整合、资源配置上的作用，是对市场经济改革的继承和发展。

我国的改革是从计划经济体制向市场经济体制的逐步转型，政府逐渐放权于市场，进一步明确政府和市场的职责。根据国家的战略部署，首先应该肯定市场在要素整合、市场配置中的主体作用，而政府则需要更有效地管理配置公共要素资源。具体来讲：一些市场无力解决的问题，如要素流失导致的生态环境问题由政府解决；一些市场失灵的环节，如城乡劳动力收入分配等需要政府的介入；一些市场无法涉及的项目，如城镇化发展布局等需要政府进行顶层设计和制定规划。总之，对于生产要素而言，政府主要负责对公共资源的整合配置，其余要素资源则需要充分发挥市场的主体作用。

具体到城乡统筹过程中所涉及的生产要素，现行城乡生产要素整合机制可以如图6-5所示。在新型工业化与新型城镇化的“两化”互动过程中，农业部门依然扮演着支持现代工业部门的角色。但对于城乡要素的整合，却应该依据具体要素采取混合机制予以整合。例如，对土地要素的整合涉及农村土地的非农化使用和土地的国有化，需要政府更好地发挥宏观调节和监督作用；在资本要素转移过程中为避免过于严重的农村单向流出，政府可以通过财政货币政策等多种工具调节资金流动方向；农村劳动力转移有两个具有代表性的途径——农民户籍的城镇化以及农民工进城务工，城市常住人口的增多对社会服务和社会保障的要求更大，需要政府采取相关措施解决。

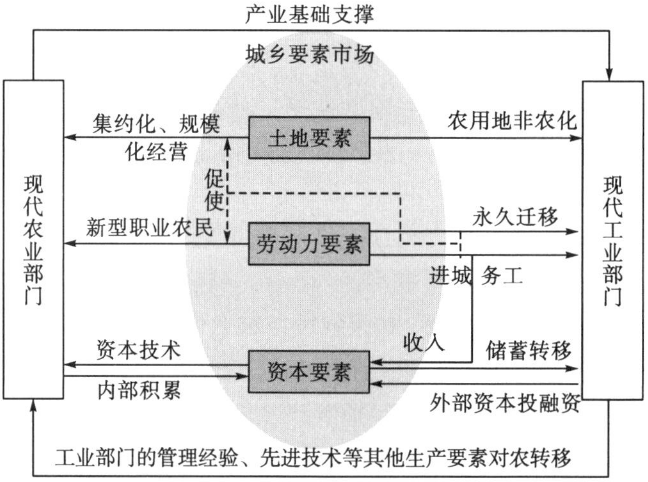

图6-5 现行城乡生产要素整合机制

另外，传统农业部门在城镇化过程中处于弱势地位，但农业始终是国民经济的基础，要素整合机制需要利用一系列的手段引导资本从工业部门向农业部门回流，实现传统农业向现代农业的改造，推进农业现代化进程。因此，政府采取一系列的财政支农补贴政策，鼓励工商业资本、民间资本流向农村农业十分必要。

6.4 四川省“两化”互动统筹城乡发展机制探索与实践

6.4.1 机制内涵及其设计目的

中共十六大提出科学发展观，四川省政府于 2004 年颁布了《关于走新型工业化道路加快工业发展的意见》，对新时期四川省工业发展以及产业结构调整提出了新的发展要求与目标：要求加快四川工业化发展速度，提高工业化发展效率，提出在 2020 年之前努力达到四川全省基本实现工业化的奋斗目标。

根据《关于走新型工业化道路加快工业发展的意见》指示，在新时期四川省工业化的发展过程中，需要兼顾工业化与城镇化的协调并进，并注重以工业化带动农业产业化。2015 年，四川省全省城镇化率达到 47.69%，同比增长 1.39%①，全川城镇化工作发展迅速、成果显著。但同时，四川的城镇化水平仍略低于全国的平均水平(56.1%)②，未来城镇化工作仍任务艰巨。

随着城镇化持续、有效地开展，对于“城镇化”概念的认识应超出传统的“农民进城”的理解，而更应该将城镇化工作的重点聚焦于农民的生产、生活等方式向城镇居民的转变，区域非农产业向城镇部门的聚集，城镇规模与数量的持续扩张等。通过城镇化工作的展开，科学合理地协调与促进农村生产要素的配置，不断推进农村居民转变生活生产方式，提高城乡公共服务水平，优化城乡产业与就业结构，不断解放与发展生产力，提升区域居民与整体社会的生活质量。

在四川省工业化与城镇化的建设与发展进程中，应注意两者之间的内在联系，包括生产要素在两者之间的流动、政府政策在两者之间的协调、市场个体在两者之间的选择等一系列关系。在这些经济关系、组织制度以及其他相关因素的共同作用下，有效协调与促进两者互相融合、共同发展，即形成“两化”互动的机制系统。

当前四川省“两化”互动机制的建设与完善，应当以城市集群与产业集群为核心，协调各项政策与制度，依托生产要素的配置与流动，调整城乡产业结构，以工业化引导城镇化，以城镇化支持工业化，通过“两化”互动，提升国民经济发展质量与省域居民生活水平(图 6-6)。

6.4.2 “两化”互动统筹城乡发展的协调性与驱动力

1)协调性分析

四川省“两化”互动统筹城乡发展机制的研究与设计，应该以现阶段“两化”互动发展实际情况为基础，除了研究城镇化与工业化各自的发展情况，更需要注重两者之间的相互协调、互相促进。其中，由于政策的导向性作用，四川省的工业化道路开始时间相对较早，其发展历程长于四川省的城镇化建设，因此早期工业化发展与城镇化发展极其不对称。不过随着工业化发展速度变缓以及发展方式的改进，政府对城镇化建设的更加注重，“两化”互动发展的协调程度正在逐渐改善。

① 数据来源：2015 年四川省国民经济和社会发展统计公报。
② 数据来源：2015 年国民经济和社会发展统计公报。

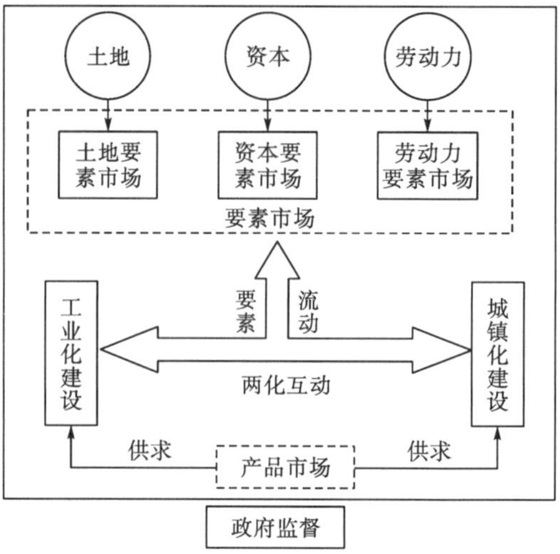

图 6-6 “两化”互动统筹城乡机制系统

为验证现阶段四川省“两化”互动发展协调程度，本节选取历年《四川统计年鉴》与《四川省国民经济和社会发展统计公报》等资料中 2009～2015 年的相关数据，利用城镇化率与工业化率两大指标进行分析。其中，城镇化率指标采用四川省的常住人口城镇化率，相比户籍人口城镇化率更能代表全川城镇化水平。工业化率则是用四川省每一年度的工业增加值除以当年全省地区生产总值所得。城镇化与工业化互动的协调度计算公式为

$$C=\left\{\frac{UI}{\left[\frac{(U+I)}{2}\right]^2}\right\}^k,\quad C\in[0,1] \tag{6-11}$$

其中，C 表示城镇化与工业化互动的协调度；U 和 I 分别表示城镇化、工业化的发展水平；k 为协调发展调节指数，$2\leqslant k\leqslant 8$，本节中取 $k=2$。

C 值越大，表示工业化发展与城镇化发展越协调，$C=1$ 为最理想状态；反之，则越不协调。将原始数据整理并计算后的结果带入公式(6-11)，得到 2009 年、2012 年、2015 年四川省及其各市州“两化”互动协调度如表 6-4 所示。

表 6-4 2009 年、2012 年、2015 年四川省及其各市州“两化”互动协调度

地区	2009 年	2012 年	2015 年	地区	2009 年	2012 年	2015 年
四川省	0.9993	0.9999	0.9853	南充市	1.0000*	0.9975	0.9936
成都市	0.8186	0.8485	0.8158	眉山市	0.9754	0.9580	0.9899
自贡市	0.9854	0.9768	0.9950	宜宾市	0.9491	0.9463	0.9863
攀枝花市	0.9961	0.9911	0.9985	广安市	0.9890	0.9745	0.9962
泸州市	0.9815	0.9523	0.9837	达州市	0.9818	0.9810	0.9922
德阳市	0.9788	0.9750	0.9915	雅安市	0.9745	0.9603	0.9937

地区	2009 年	2012 年	2015 年	地区	2009 年	2012 年	2015 年
绵阳市	0.9997	0.9994	0.9935	巴中市	0.8981	0.9720	0.9654
广元市	0.9849	0.9943	0.9999	资阳市	0.9510	0.9466	0.9742
遂宁市	0.9994	0.9975	0.9995	阿坝藏族羌族自治州	0.9863	0.9835	0.9961
内江市	0.9622	0.9465	0.9809	甘孜藏族自治州	0.9885	0.9953	0.9587
乐山市	0.9551	0.9563	0.9877	凉山彝族自治州	0.9864	0.9528	0.9951

*注：2009 年南充市“两化”互动协调度值并不为 1，此处为取 4 位小数点后四舍五入的结果。

图 6-7 反映了 2009～2015 年四川省“两化”互动协调度变动情况。可以看出，四川省整体始终保持着较高协调度的“两化”互动过程，只有少数地区，如成都市与巴中市呈现较低值，说明两地的城镇化工作与工业化进程出现一定程度的不协调。然而，随着工业化及城镇化的持续推进，四川省“两化”互动协调度开始呈现一定的下降趋势，说明两者之间差距开始扩大。

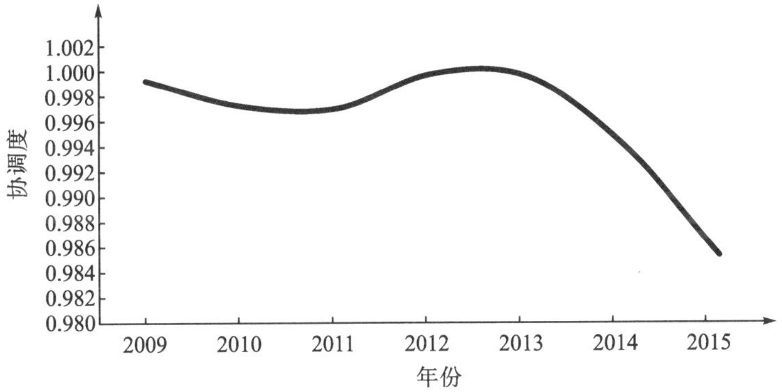

图 6-7　2009～2015 年四川省“两化”互动协调度变动情况

协调度能较好地说明城镇化与工业化两个子系统的相互协调程度，却难以反映两个子系统的整体发展水平。例如，成都市虽然协调度值都低于 0.9，但成都市的城镇化与工业化水平却远远高于其他市州。协调发展度既能够反映城镇化与工业化的协调状况，又能体现工业化水平和城镇化水平，综合反映城镇化与工业化两个子系统的协调发展水平。

城镇化与工业化互动的协调发展度：

$$D=\sqrt{C\times\left(\alpha\times U+\beta\times I\right)},\quad D\in\left[0,1\right] \tag{6-12}$$

其中，D 表示城镇化与工业化互动的协调发展度，$\alpha\times U+\beta\times I$ 表示城镇化和工业化的综合发展评价指数，反映城镇化和工业化的整体水平；α、β 为待定系数。

鉴于“两化”互动发展过程中城镇化和工业化的同等重要性，本节研究的 α、β 均取

0.5。根据所计算出的各市州协调发展度，设定协调发展度等级、协调度等级及标准具体见表 6-5。

表 6-5 协调度等级划分及标准

协调等级	协调发展度	协调等级	协调发展度	协调等级	协调发展度
严重失调衰退	[0.00，0.40)	濒临失调衰退	[0.40，0.50)	勉强协调发展	[0.50，0.60)
初级协调发展	[0.60，0.70)	中等协调发展	[0.70，0.80)	良好协调发展	[0.80，0.90)
优质协调发展	[0.90，1.00]				

在表 6-4 与表 6-5 的基础上，进行进一步处理，得到四川省及其各市州“两化”互动协调发展度的情况如表 6-6 所示。

表 6-6 2009 年、2012 年、2015 年四川省及其各市州“两化”互动协调发展度

地区	2009 年	2012 年	2015 年	地区	2009 年	2012 年	2015 年
全省	0.6276 初级协调	0.6622 初级协调	0.6578 初级协调	南充市	0.5994 勉强协调	0.6377 初级协调	0.6417 初级协调
成都市	0.6369 初级协调	0.6733 初级协调	0.6669 初级协调	眉山市	0.6117 初级协调	0.6491 初级协调	0.6680 初级协调
自贡市	0.6633 初级协调	0.6976 初级协调	0.7082 中等协调	宜宾市	0.6429 初级协调	0.6823 初级协调	0.6965 初级协调
攀枝花市	0.7907 中等协调	0.8180 良好协调	0.8154 良好协调	广安市	0.5556 勉强协调	0.6014 初级协调	0.6224 初级协调
泸州市	0.6491 初级协调	0.6859 初级协调	0.7060 中等协调	达州市	0.5952 勉强协调	0.6545 初级协调	0.6577 初级协调
德阳市	0.6706 初级协调	0.7014 初级协调	0.7173 初级协调	雅安市	0.6167 初级协调	0.6546 初级协调	0.6693 初级协调
绵阳市	0.6273 初级协调	0.6658 初级协调	0.6717 初级协调	巴中市	0.4628 濒临失调	0.5371 勉强协调	0.5656 勉强协调
广元市	0.5452 勉强协调	0.6185 初级协调	0.6373 初级协调	资阳市	0.6076 初级协调	0.6400 初级协调	0.6590 初级协调
遂宁市	0.6244 初级协调	0.6566 初级协调	0.6827 初级协调	阿坝藏族羌族自治州	0.5227 勉强协调	0.5993 勉强协调	0.6191 初级协调
内江市	0.6627 初级协调	0.6885 初级协调	0.7042 中等协调	甘孜藏族自治州	0.4511 濒临失调	0.5053 勉强协调	0.4848 濒临失调
乐山市	0.6656 初级协调	0.6947 初级协调	0.7121 中等协调	凉山彝族自治州	0.5428 勉强协调	0.5773 勉强协调	0.5834 勉强协调

如图 6-8 所示，在 2009~2015 年，四川省整体“两化”互动协调发展态势保持着初级协调状态，但期间也出现一定的波动，在 2013 年全省“两化”互动协调发展度达到最高，但其后又开始逐步下滑，说明目前整体“两化”互动发展态势缺乏稳定性。从各个市州来看，四川省大多数地区在过去的 6 年间都保持着初级协调发展状态并呈现逐渐改善的趋势，部分地区如自贡市、攀枝花市、泸州市、内江市、乐山市等还出现过中等协调甚至良

好协调发展状态，少数地区如巴中市、阿坝藏族羌族自治州、甘孜藏族自治州与凉山彝族自治州等地或多或少地呈现协调发展不足的现象，甘孜藏族自治州甚至接近失调状态。

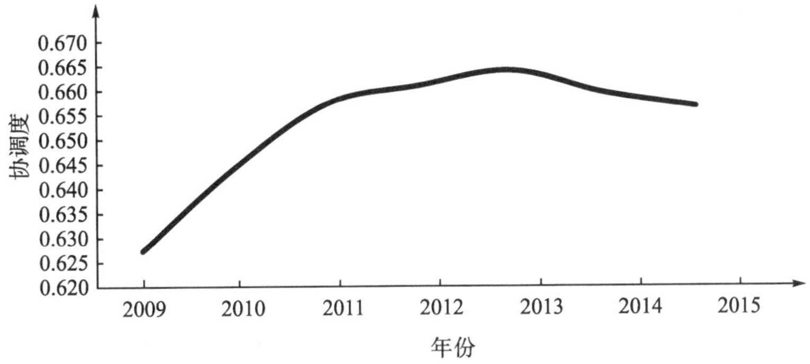

图 6-8　2009～2015 年四川省整体“两化”互动协调发展态势

2)驱动力分析

结合四川省城镇化与工业化发展历程分析，对于“两化”互动发展起主要作用的驱动力来源主要包含农业要素剩余、城乡产业比较利益以及整体经济结构变革等几个方面(唐磊雯，2009)。

(1)农业要素剩余。作为西南地区的农业大省，四川省拥有广阔的农村地区，在城镇化初期，农村人口占比较大，工业化已经取得一定的成就，使得工业成为四川省国民经济结构中的支柱产业，而农业产值所占份额远低于农业从业人员占总就业人员的比例，农业剩余劳动力数量庞大。与劳动力要素的情况一致，四川省用于农业生产中的生产要素(包括土地与资本等)，虽然在总体上推动着农业产业的发展，然而各要素投入都存着一定程度的浪费。例如，耕地细碎化造成的耕地浪费、农业补贴政策的不合理性降低农民从事农业生产的积极性等问题，导致农业产业中存在着大量的要素剩余。

(2)城乡产业比较利益。市场经济的农业要素剩余在“两化”互动发展过程中发生的流动与转移，除了受政府的引导作用影响外，也越来越多地受到拥有要素的市场个体意愿与行为的影响。对于经济个体而言，其行为所追求的是自身利益最大化，因此对于比较利益的判断，成为影响经济个体与其所拥有要素的流动方向的重要因素。相对于政府对剩余要素配置的引导，比较利益的驱动力能自发地影响要素的流动，更符合市场经济规律。经济个体对比较利益以及要素流动方向的判断，不仅体现在城乡地域空间上的流动，更表现在农业、工业等不同产业之间的流动。城镇化建设并不意味着只需要发展城镇的非农产业，同样的，农村与农业建设也可以积极发展乡村企业与农业工业化。利用城乡、产业之间对生产要素的比较利益，科学、合理规划城乡产业发展，推进城镇化与工业化。

(3)整体经济结构变革。在城镇化与工业化过程中，农业要素剩余总量有限，因此，在“两化”互动过程中呈现出要素剩余逐渐减少甚至枯竭的趋势。另一方面，城镇化与工业化建设已经发展到一定阶段，城乡产业布局逐渐合理，对生产要素而言，其所能获得的比较利益开始减少，将会消极影响要素的流动，对“两化”互动发展的驱动作用开始减少。

在这一背景下，“两化”互动需要一个能使其持续、长效发展的驱动力，而这一持续驱动力的来源就是整体经济结构的变革。

影响“两化”互动发展的整体经济结构变革主要包括两个方面：整体社会经济结构的变革——劳动力的农业与非农业分工；农村经济结构的变革——农村地区的农业与非农业分层。城镇化的核心是人，工业化的重点是产业结构，劳动力个体的非农产业从业选择与专业化分工，农村经济结构的非农业比重加大等因素，都将直接作用于城镇化与工业化建设，并在两者之间相互融合、共同进步。

为验证与分析作用于现阶段四川省“两化”互动协调发展的驱动力，本节采用灰色关联分析方法对其加以研究。因为实证需研究对“两化”互动协调发展的驱动，因此确立四川省“两化”互动协调发展度为母序列[$X_0(t)$]，具体值前文已经计算出(表 6-6)。而依据前文分析，子序列应分别为农业要素剩余、城乡产业比较利益与整体经济结构变革三者，结合实际以及考虑数据的可得性，分别选取农业劳动力剩余比[$X_1(t)$]、行业工资比[$X_2(t)$]以及民营经济结构比[$X_3(t)$]三个代表性指标作为考察参数，其各自的换算公式为

$$\text{农业劳动力剩余比}=\frac{\text{第一产业从业人员}-\text{第一产业产值}/\text{GDP}\times\text{总就业人员}}{\text{第一产业从业人员}}\times 100\% \tag{6-13}$$

$$\text{行业工资比}=\frac{\text{农业从业人员平均工资}}{\text{非农产业从业人员平均工资}}\times 100\% \tag{6-14}$$

$$\text{民营经济结构比}=\frac{\text{民营经济总产值}}{\text{国民经济总产值}}\times 100\% \tag{6-15}$$

具体数据是选择的 2009~2014 年相关数据。对所选择的数据进行初步转换与运算后，采用均值化法进行无量纲化处理，即将各个序列每年的统计值与整条序列的均值作比值，得出实证所用数据。运用公式(6-16)计算每项参数与协调发展度的关联系数：

$$\xi_{0i}(t)=\frac{\min_i\left(\min_t\left|X_0(t)-X_i(t)\right|\right)+\rho*\max_i\left(\max_t\left|X_0(t)-X_i(t)\right|\right)}{\left|X_0(t)-X_i(t)\right|+\rho*\max_i\left(\max_t\left|X_0(t)-X_i(t)\right|\right)} \tag{6-16}$$

其中，ρ 为分辨系数，本节取 $\rho=0.5$。

根据计算结果，利用公式(6-17)计算每个子序列与母序列的关联度，得出每种驱动力对“两化”互动的影响力大小。

$$\gamma_{0i}=\frac{\sum_{t=1}^{\mathrm{T}}\xi_{0i}(t)}{t},t=1,2\cdots,6 \tag{6-17}$$

将四川省及其各市州“两化”互动协调发展度驱动关联分析的数据按照以上步骤代入之后分别得出 2009～2014 年四川省及其各市州“两化”互动协调发展度驱动关联分析的大致结果如表 6-7 所示。

表 6-7　2009～2014 年四川省及其各市州“两化”互动协调发展度驱动关联分析

地区	农业要素剩余（γ_{01}）	城乡产业比较利益（γ_{02}）	整体经济结构变革（γ_{03}）
四川省	0.879516	0.649334	0.660224
成都市	0.754982	0.805813	0.831053
自贡市	0.949024	0.666788	0.972856
攀枝花市	0.893828	0.751013	0.772059
泸州市	0.873707	0.827335	0.883342
德阳市	0.961811	0.634794	0.893482
绵阳市	0.735335	0.611212	0.766936
广元市	0.790059	0.657519	0.930841
遂宁市	0.653479	0.592709	0.887506
内江市	0.797194	0.841339	0.869233
乐山市	0.925357	0.607698	0.917652
南充市	0.606454	0.649201	0.879176
眉山市	0.446356	0.631617	0.548715
宜宾市	0.867981	0.624341	0.767823
广安市	0.743625	0.763215	0.557003
达州市	0.75418	0.718003	0.92714
雅安市	0.592119	0.599394	0.671272
巴中市	0.850781	0.649828	0.720971
资阳市	0.940895	0.588619	0.664032
阿坝藏族羌族自治州	0.875736	0.644869	0.690399
甘孜藏族自治州	0.867656	0.725012	0.66593
凉山彝族自治州	0.683777	0.592089	0.784857

根据表 6-7，四川省全省三大驱动力因素与“两化”互动协调发展度的灰色相关系数分别是$\gamma_{01}=0.88$、$\gamma_{02}=0.65$、$\gamma_{03}=0.66$。说明就四川省而言，目前对“两化”互动发展起主要驱动作用的依然是农业要素剩余；而整体经济结构变革与城乡产业比较利益对要素的驱动作用次之，但也发挥着明显的作用。具体就各市州而言，各个地区的三大驱动力对“两化”互动协调发展度的作用与影响力呈现如下明显的差异。

就农业要素剩余而言，其对“两化”互动协调发展影响较大的地区包括德阳市、自贡市、资阳市、乐山市与攀枝花市五市，其农业要素剩余与“两化”互动协调发展度的关联系数都超过了全省的平均水平，其中德阳市的关联系数达到 0.961811，为所有市州中关联系数的最大值。这些地区在未来“两化”互动协调发展的过程中，农业要素剩余依然是重要的驱动力因素。

在城乡产业比较利益因素方面，其对“两化”互动发展作用明显的地区主要包括内江市、泸州市、成都市、广安市、攀枝花市与甘孜藏族自治州等 10 个市州，接近全省市州数量的 50%，这些市州城乡产业比较利益与“两化”互动协调发展度的关联系数都超过了全省的平均水平，其中内江市的关联系数值最高，为 0.841339。四川省各市州城乡产业比较利益对“两化”互动协调发展的驱动力分布相对较为均衡，利用城乡产业比较利益促进“两化”互动具有可行性。

就整体经济结构变革因素而言，其对“两化”互动协调发展的关联系数高于全省平均水平的地区有接近 19 个市州，只有广安市与眉山市两个地区的整体经济结构变革因素对“两化”互动协调发展的作用表现不太突出，说明当前四川省“两化”互动协调发展的主要驱动力就是进行整体经济结构的变革，进一步推进市场化。

综上所述，在现阶段，农业要素剩余、城乡产业比较利益以及整体经济结构变革三大因素对四川省“两化”协调发展的驱动作用依次递增。因此，充分发掘农业要素剩余、促进要素市场信息流通、调整完善整体经济结构等是“两化”互动协调发展需要着力关注的重点方向。

6.4.3 四川省“两化”互动统筹城乡发展实践探索的启示

根据前述分析，现阶段四川省城镇化与工业化发展较为合理，其中城镇化建设保持着连续 10 年良好的发展态势，在全省产业结构不断优化、工业产业比重下降的情况下，工业总产值一直保持增加。“两化”发展保持良好势态，同时“两化”互动发展也逐步走向协调，但在“两化”互动发展机制中仍存在着一定的问题与隐患。四川省“两化”互动统筹城乡实践探索得到以下启示。

(1)“两化”互动、统筹城乡发展呈现出地域差异。四川省地域辽阔，共有 21 个地级市，各地区地理条件不同，经济发展水平各有高低，各地“两化”互动发展情况也呈现出明显的地域差异。以成都平原为核心的成都市及其周边部分城市所形成的经济区域，在“两化”互动发展阶段中处于明显的领先地位，这些地方依托地理优势，率先壮大了自身经济实力与工业基础，再逐步展开新型工业化与新型城镇化工作，利用“两化”互动发展进一步拉开了与川西高原、盆地周边山区等地域的差距，形成越来越大的落差。

针对不同的地理空间与经济区域，应该实事求是、科学合理地设计城镇化与工业化“两化”互动发展机制。例如，对于有工业基础的地区，可以继续推进工业化，从而吸引农村劳动力进入工业就业，建立农村工业，吸引农民迁移进入城镇，从而扩大城镇规模，引导城镇化建设；而对于工业基础较差的地区，则应该集中精力挖掘自身资源优势，发展农业与第三产业等非农产业，形成产业集群，从而尝试建设新城镇，再寻求发展工业，用城镇化带动工业化。

(2)“两化”互动、统筹城乡发展需巩固农业基础。“两化”互动发展机制的核心涉及要素的流动，特别是农业产业生产要素向非农业产业流动，虽然从整体上推动了国民经济总量的增长，然而过多的要素流出必将影响农业产业自身的发展。以成都平原为例，作为西部的粮食主产区，近几年随着工业产业与城镇部门的扩张，一些耕地被用于修建工厂、住宅、公路等基础设施，土地资源开始变得稀缺，土地价格也快速上涨。另一方面，在地理条件不太理想的山区，农业生产成本较高，农业收益较低，大量的农村劳动力选择进城务工，造成空心村现象，农村生活环境与农业生产都面临着挑战。

作为国民经济的基础，农业发展的情况是整体经济结构质量与稳定的保障，因此在城镇化与工业化的建设中需要更加注重对农业产业的保护。不仅需要充分利用农业生产要素促进“两化”发展，更需要利用“两化”互动巩固农业基础。例如，利用工业化成果提高农业机械化水平与农业生产效率；利用“两化”发展收益加大对农业产业的扶持力度，调动农民种粮积极性；通过新农村建设有效利用农民宅基地，扩大耕地面积等。

(3)“两化”互动、统筹城乡发展机制仍有待健全完善。“两化”互动发展机制的核心涉及生产要素的流动，外部环境则主要受政府与市场的综合影响，机制内各利益主体的运作状态直接决定了整体机制的效率。目前，四川省“两化”互动机制内部主要的驱动力仍然是以生产要素的配置为核心。然而，对可流动的生产要素，尤其是农业剩余要素，仍存在并未完全发挥其对“两化”互动驱动作用的问题。例如，农村劳动力要素在工业化过程中，并不是所有的劳动力个体都实际参与到了城镇化建设，仍存在着大量“候鸟”型的农民工群体，在一定程度上影响了城镇化的发展；要素市场也存在许多问题，要素拥有者个体无法完全接收到市场信息，从而不能对“两化”中形成的比较收益进行判断，从而抑制了要素的流动，影响了“两化”互动发展的进程。

挖掘“两化”互动统筹城乡发展机制驱动潜力，重点在于规范政府职能、提升市场化程度。在“两化”互动发展过程中，政府部门主要负责进行区域规划与整体产业调控，积极引导“两化”进程，严格规范自身行为，最大限度地让市场在资源配置中起决定性作用。

6.5　问题及出路

6.5.1　问题分析

(1)农村要素市场的不健全。尽管国家确立了市场在要素整合与资源配置中的决定性地位，然而，在城乡二元经济结构中，农村部门不健全的要素市场阻碍着整合机制的运作。首先，市场是通过价格机制来自发调节要素市场的供求，然而一些地区工农业生产要素的价格“剪刀差”等依然存在。基于农业生产的天然弱质性，对于农业生产要素而言，无法充分发挥市场的引导作用，很难进行要素整合与转移。其次，要素市场在城乡两部门人为地分割，例如劳动力要素流动受户籍制度限制，土地要素被所有制制度严格限制，在这种城乡分割的要素市场上，市场机制无法发挥有效的作用(伍艺和刘后平，2014)。

(2)流出要素比较劣势。随着国家经济发展方式的转变，将逐步摒弃原有的依赖要素大规模、粗放式的投入来提高产出的发展方式，进而转向依赖资本的积累与技术的进步等现代要素集约式发展。从传统农业部门转移出来的生产要素，在现代产业体系中对经济发展的贡献逐步下降，与现代技术等生产要素相比，传统的农业生产要素处于明显劣势地位。

例如，在土地流转过程中，一些政府对农业用地的征收价格远远低于土地开发商从政府“招拍挂”得到土地使用权的价格，土地价格“剪刀差”虽然为一些地方政府创造了大量的财政收入，但有可能损害农民利益；一些地区农村资本在全社会资本中所占比例很小，农业资本在农业生产过程中，所得回报周期长、风险大、数量少，导致社会资本主动进入农业产业体系存在一定难度，投融资体系建立相对困难。另外，从农业部门迁移出来的农村劳动力，质量参差不齐，往往很难适应城市现代企业的生产方式。要素价值主要通过生产活动实现，具体表现在要素主体的个人利益上。因此，农村部门的生产要素相对城市部门生产要素的比较劣势可以用城乡居民收入差别直观表示出来，我国2005～2014年城乡收入差距比较如图6-9所示。

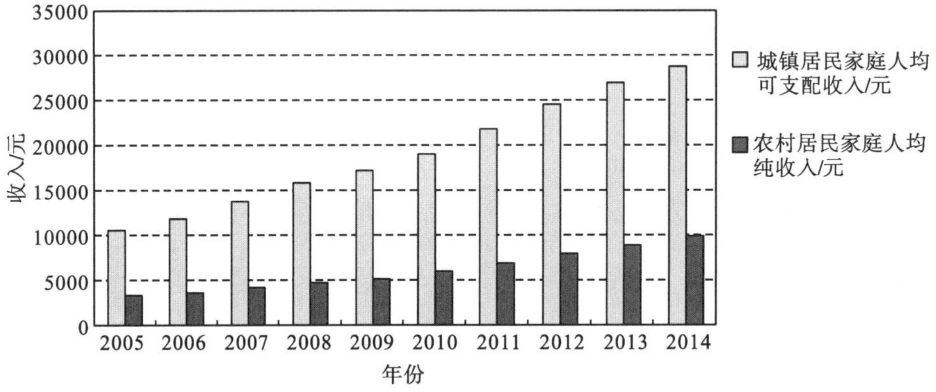

图6-9 我国2005~2014年城乡收入差距比较

(3)配套制度问题。我国城乡统筹进程需要政府引导、管理与监督。政府通过制定一系列的政策推动着城乡统筹的发展，如“城市反哺农村”“工业反哺农业”政策意在引导要素向农村回流。然而，正是由于政策制度的惯性和路径依赖，一些制度本身存在的问题往往更容易影响要素的整合与流转。例如，一些部门的审批制度可能影响要素的流转效率；土地模糊的产权界定也可能造成人们对土地的低效率使用。

(4)环境压力与社会问题。在城镇化进程中，生产要素的大规模转移，很容易造成生态问题与社会矛盾。例如，劳动力的对外转移可能形成农村“留守儿童”“空巢老人”等社会问题，同时城镇常住人口的增长也对城镇社会治理、公共服务的提供、城镇生态环境的保护形成考验；农村土地特别是农用耕地的大量非农化使用，对我国粮食安全构成威胁，而且土地非农化使用后往往不容易复耕，有可能造成农村生态环境恶化；资本要素的流转很容易引发诚信危机，特别是管理混乱的民间金融领域，不利于对资本要素的有效利用。

6.5.2 出路分析

(1)健全完善农村要素市场。健全完善生产要素市场是对推进城乡统筹工作有序开展，促进城乡要素有效整合与配置的基本要求。在目前的城乡二元结构下，要素市场被人为分割为城镇要素市场与农村要素市场两个部分，其中城镇要素市场的成熟程度远远高于农村要素市场。

农村要素市场依据不同生产要素可分为农村土地市场、农村金融市场与农村劳动力市场，健全完善农村要素市场目标是实现生产要素流转顺畅。

首先，继续推进农村劳动力转移，着力培养现代农业所需要的新型职业农民。2014年，我国农村就业人员数达到了3.79亿人，占全社会就业人员总数的49%，农村劳动力总量十分庞大。在劳动力要素市场上，从事第一产业的劳动力人数约为2.28亿人，约占全社会总就业劳动力的 29.50%，然而全年第一产业的产值为 58331.6 亿元，仅占全年国内生产总值的 9.16%，劳动力要素的投入与产出结构不成正比，表明农村还有大量剩余劳动力。而随着农村劳动力的产城转移，对坚持从事农业生产的劳动力也需要进行培养，特别是对新型职业农民的培养。随着农村劳动力大量外移，农业产业正面临“农民荒”的困境。政府应该着力培养有文化、懂技术与产业经营的新型农民和职业农民，积极利用内部培养、外部引进等手段保障现代农业发展所需的专门人才。增加财政投入力度，开展对农民技能培训，努力使新型农民的平均素质提升，从而提升农业整体从业人员的素质。

其次，引导土地、资本要素的合理集中，推动农村要素市场化。土地细碎化、分散化制约农业适度规模经营，不利于农业产业整体效率的提升；若生产要素通过流转进入其他行业部门，分散式的流转不利于保护农村居民的正当利益。农业生产要素流转的市场化，有利于将原先分散的土地、资本资源通过市场途径合理集中，实现农业生产的集约化、规模化。

最后，农村要素市场的建立离不开完善的保障体系。对于农村要素市场，不仅需要交通、通信、物流、能源供给、公共设施等硬件，还需要维护秩序、法律服务、就业与社会保障制度等配套，一整套完善的服务与保障体系将更有利于要素整合机制的运行。

(2) 转变政府行为。农村生产要素的比较劣势除了农民自身平均素质偏低的主观原因外，还有政府对要素市场的不合理干预。目前一些要素市场上，农业生产要素成交价格低于其真实价值，价格发现机制在要素整合过程中发挥不了优化配置的作用。究其原因，一些政府部门在现行社会主义市场经济体系下对要素整合配置的干预可能是主要原因之一。王丽英和刘后平 (2010) 对柯布-道格拉斯函数进行改进，并利用 EGLS 方法进行模型估计后发现，由于我国各级政府行政管理成本的居高不下，政府效率呈现下降趋势，所有省份的政府效率对各自经济发展的贡献均表现为负作用。因此，政府行为的转变有利于提高要素整合的效率。

首先，改变地方政府的“土地财政”政策，避免对要素市场错误干预。在现行要素市场中，流转要素的价格“剪刀差”损害了要素所有者的应得利益，而某些地方政府可能通过这一途径来获得大量的财政收入，例如对农村土地的征收与征用。分析地方政府这种干预价格机制、汲取溢价收益行为的动机，地方财政“入不敷出”是主要原因之一。随着大规模工业化与城镇化的展开，社会对公共服务需求的增加，给各地地方政府的财政带来了前所未有的压力。某些地方政府在“财权”与“事权”不对等的情况下，只能通过“土地财政”来增加财政收入。因此，我国应当继续深化财税体制改革，平衡地方政府“财权”与“事权”，避免地方政府过分干涉市场价格、随意处置公共要素等影响要素整合的行为。

其次，政府应当约束规范自身权利，实现从管理型政府向服务型政府转变。在要素市场上，政府应该明确自己的职责：作为社会管理者，主要负责提供公共产品和服务，维护市场竞争秩序，对要素流转过程中所出现的社会与生态问题进行预防和处理等，政府应当给市场让权，做好要素市场“守夜人”角色；作为公共要素的所有者，政府应当让公共要素参与要素市场交易，使要素体现其真正价值。对于劳动力要素，政府应该积极加大对劳动力素质的培养，进行人力资本投资，提升劳动力价值；对于土地要素，政府应该妥善处理国有土地与农民集体所有土地之间的权利关系，合理科学地规划土地的使用；对于资本要素，政府要积极发挥公共管理者的作用，构建融资平台，促进社会资本向农村农业部门的回流，解决乡镇建设与现代农业发展过程中的资金匮乏问题。另外，面对市场失灵，政府也要及时进行宏观调控。例如，要素市场的二元性，造成了在要素整合配置过程中市场信息的不完全，影响要素公平交易，政府通过制度改革主动降低交易成本，促进要素交易更好完成。要素整合需要一个“小政府、大市场”的运作环境，政府对自身权利的约束与规范，将更有利于要素市场化改革。

6.6 本章小结

城乡统筹的大力推进需要实现城乡要素资源的整合流转。本章运用 DEA 方法和 Malmquist 指数分析方法对要素配置效率进行了统计实证，对现有要素利用效率进行了客观评价。同时，基于机制设计理论，对于整合机制设计的目的、对象、动机，以及城乡统筹发展中的土地、资本、劳动力等生产要素配置，政府、市场、农户在要素整合流转中的地位、作用等进行了分析，尝试构建了一种要素整合机制。从四川省“两化”互动统筹城乡发展机制的实践探索中得到一些较为重要的启示。整合机制的有效运行需要充分发挥市场在资源配置中的决定性作用以及政府宏观调节作用，激发相关主体参与的主动性和积极性，同时也要形成相关的政策和社会保障体系。

第7章　统筹城乡发展与农业产业化

2014 年中央经济工作会议指出，“中国经济步入形态更高级、分工更复杂、结构更合理的新阶段、新常态”。本章主要根据农业产业化发展相关理论以及四川省在过去十年的发展，分析四川省经济发展各个阶段的特征，采用 DEA 模型计算出农业投入产出的效率，寻找四川农业产业化发展的新动力，探索四川省统筹城乡发展与农业产业化发展模式及其实现机制。

7.1　农业产业化发展理论

(1) Williamson 的产业组织理论。Coase (1960) 从交易成本角度考察了产业组织中的市场行为，并解释了企业存在原因和规模决定的问题。Williamson (1985) 在此基础上重新发现科斯定理，运用交易费用理论解释纵向一体化现象。Williamson 认为纵向一体化的经济组织结构能够达到节省交易费用的目的。以 Williamson 为代表的新制度经济学派，侧重通过产权和组织结构的特征，分析企业市场行为的变化及其对市场绩效的影响。农业产业化经营过程中，产业组织纵向一体化程度越高，越有利于交易成本的降低。

(2) 亚当·斯密的分工与协作理论。威廉·配第 (2010) 认识到了专业化对劳动生产力的积极作用。亚当·斯密 (2005) 第一次对分工协作理论进行了系统的阐述，认为劳动分工是提高劳动生产率的重要原因，同时还能产生规模效益。农业产业化经营过程中，通常由龙头企业或专业化合作组织提供产前、产中、产后的系统性服务，并带动农户进行农业生产。农业产业间的分工与协作，打破了传统农业生产规模小、商品化程度低和三次产业联系少的被动局面，形成了农业产业化经营供产销一条龙的经济格局 (卫志民，2003)。

(3) 马歇尔的规模经济理论。亚当·斯密 (2005) 曾经指出劳动分工的基础是一定程度的规模生产。适度的规模生产形成了既降低平均生产成本又提高经济效益水平的规模经济效益。此后，马歇尔 (2005) 对规模经济报酬进行研究，结果发现：随着生产规模的不断扩大，规模报酬依次会经过递增、不变和递减三个阶段。农业产业化经营作为规模生产的典范，同样存在规模经济的现象。

(4) 大卫·李嘉图的比较优势理论。大卫·李嘉图 (1976) 以劳动价值论为基础提出了比较优势理论，认为在不同地区之间存在着产品生产上的劳动生产率差距。不同地区应该“两优相权取其重，两劣相衡取其轻”，集中生产并卖出具有比较优势的产品，避免具有比较劣势的产品，这样可以在节省劳动力资源的同时获得提高劳动生产率的好处。各具特色的地理环境和产品优势，要求不同地区根据自身情况选择发展具有比较优势的农业产业，例如平原地区可以重点发展粮食生产，盆周山区以林业和养殖业为重点发展对象，高原地区则把畜牧业和草业种植放在重点发展的位置上。

(5) 里昂惕夫的要素禀赋理论。亚当·斯密和大卫·李嘉图理论的共同点是将劳动力视为衡量生产成本和劳动生产率的的唯一标准。要素禀赋理论认为生产活动所需的要素除劳动外，还应将土地和资本要素考虑在内。沃西里·里昂惕夫(1993)通过建立投入产出模型，研究结果丰富了生产要素禀赋的内容。他认为应该突破传统的劳动、土地和资本生产要素限制，把技术、生产组织、人力资本、规模经济、管理同时纳入生产要素的考虑范畴。农业产业化经营要求对自然资源禀赋、人力资本、生产组织结构、管理才能等多种生产要素进行合理有效的整合，以提高农业产业比较优势。

7.2 四川省农业产业化发展的现状分析

本节对农业产业化发展的现状分析主要分为两个部分：投入方面和产出方面。

7.2.1 农业投入要素现状

2003～2013 年四川省的各项农业投入要素数量总体呈现出上升趋势，但是期间波动明显，部分指标更是经历了小幅下降过程。本节选取：农林牧渔业从业人员数量、农村生产费用支出、农业机械总动力、有效灌溉面积、化肥施用量、农村用电量以及农作物播种面积七项指标来反映农业投入要素，具体投入数量如表 7-1 所示。指标的选取可划分成三个部分：人员投入上选择农林牧渔业从业人员，可以很好地反映四川省农林牧渔业的劳动力投入；资本投入选取生产费用支出；固定资产和科技的投入选取机械总动力进行评价，反映农业产业化的机械化程度，进而从另一方面反映出农业生产组织的规模化程度；有效灌溉面积、化肥施用量和农村用电量以及农作物播种面积则能从土地和其他资源使用效率上较为全面地评价四川省农村发展现状。

表 7-1 2003~2013 年农业各项投入要素数量

年份	农林牧渔业从业人员/万人	生产费用支出/亿元	农业机械总动力/万千瓦	有效灌溉面积/万公顷	化肥施用量/万吨	农村用电量/亿千瓦时	农作物播种面积/万公顷
2003	2482.80	213.59	1891.06	250.30	208.40	99.90	908.50
2004	2445.70	262.63	2006.78	250.30	214.70	107.80	924.44
2005	2421.50	304.08	2181.70	249.50	220.92	112.90	941.69
2006	2306.90	287.15	2344.87	248.70	228.2	117.70	953.08
2007	2266.22	329.90	2523.05	250.00	238.2	123.30	939.09
2008	2186.18	368.70	2687.55	250.70	242.84	128.20	943.00
2009	2144.13	373.35	2952.66	252.40	247.97	133.77	947.10
2010	2083.20	369.59	3155.14	255.31	248.00	141.70	947.30
2011	2043.36	458.43	3426.10	260.10	251.20	148.60	956.00
2012	1991.30	441.39	3694.03	256.62	252.83	155.96	964.32
2013	1955.79	392.67	3953.09	261.65	251.14	163.51	968.22
变动额	−527.01	179.08	2062.03	11.35	42.74	63.61	59.72
变动率/%	−21.23	83.84	109.04	4.53	20.51	63.67	6.57

注：数据来源于四川统计年鉴，2014 年数据来自 2014 年四川省国民经济和社会发展统计公报。

根据表 7-1，从整体上可以看出除由于新型城镇化和工业化带来了农村劳动力向外转移导致农林牧渔业的从业人数减少外，其他各项农业投入要素的投入量都逐年上升。农作物的播种面积和有效灌溉面积两项投入指标变化幅度较小，约为 5%，主要是由于土地的固有属性，不可能人为地增加或减少；而其他投入要素如农业机械总动力、化肥施用量以及农村用电量等指标变动幅度较大，主要是由于这些要素的投入与经济发展和技术水平紧密相关。根据各个投入要素的变动情况和变动比率，可以将其变动情况具体归纳为以下三个方面。

(1) 农林牧渔业的从业人员数量呈现出下降趋势。图 7-1 汇总的农林牧渔业从业人员数量从 2003 年 2482.8 万人下降为 2013 年 1955.79 万人，下降比率为 21%。农林牧渔业从业人员的下降与四川省的劳动力转移大省的地位是分不开的，每年四川省都有大量农村劳动力由于城乡间收入差距原因选择离开农村进入城市。

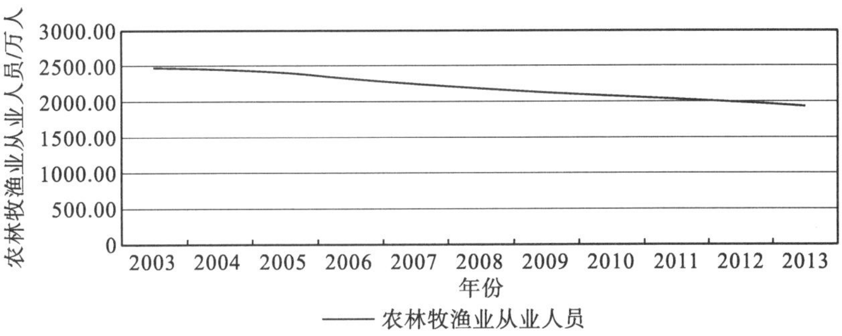

图 7-1　农林牧渔业从业人员数量

(2) 土地相关的投入要素增长有限。由图 7-2 可以看出，在过去的 11 年间，与土地有关的农业投入要素总体变动较小。2013 年农作物播种面积相对于 2003 年增加了 59.72 万公顷，增长率为 6.57%；同时有效灌溉面积增加了 11.35 万公顷，增长率仅为 4.53%。从整体的变动趋势来看会发现农作物播种面积与有效灌溉面积先后经历了先上升后下降再上升的变化过程。这说明随着城市化的推进，由于土地的不可再生性及土地撂荒等原因，播种面积增加日益困难；农田水利建设的滞后，有效灌溉面积增加也会遇到瓶颈。

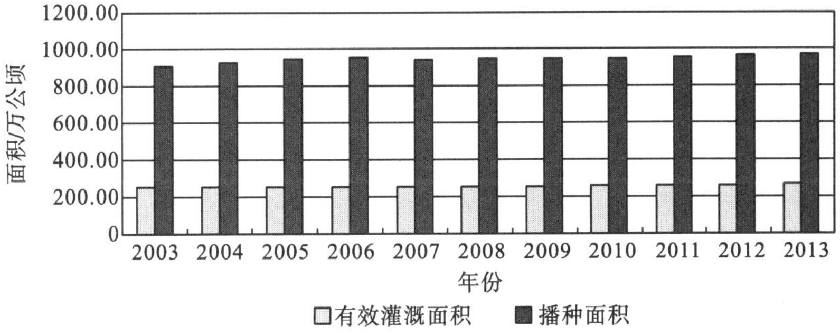

图 7-2　与土地相关的投入要素变动趋势

(3)机械和能源投入要素大幅增加。机械和能源投入要素主要包括农业机械总动力、生产费用支出、化肥施用量和农村用电量四个指标。由图 7-3 可以看出，在过去投入增长幅度最大的农业机械总动力，从 2003 年的 1891.06 万千瓦增加到了 2013 年的 3953.09 万千瓦，共增加了 2062.03 万千瓦，增长率为 109.04%。

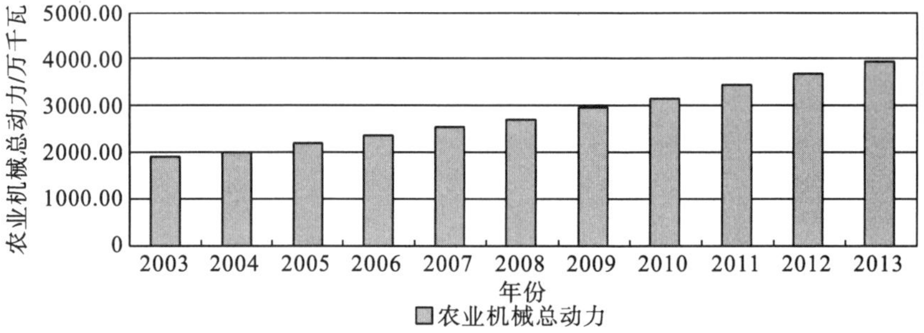

图 7-3 农业机械总动力的变动趋势

从图 7-4 中可以看出，生产费用，农村用电量和农村化肥施用量在过去的 11 年间发生了较大变化。其中，生产费用支出从 2003 年的 213.59 亿元增加到了 2013 年的 392.67 亿元，增加了 179.08 亿元，增长率为 83.84%；农村用电量从 2003 年的 99.9 亿千瓦时变成了 2013 年的 163.51 亿千瓦时，增加了 63.61 亿千瓦时，增长率为 63.67%；同时化肥施用量也从 2003 年的 208.4 万吨增加到 2013 年的 251.14 万吨，增加了 42.74 万吨，增长率为 20.51%。

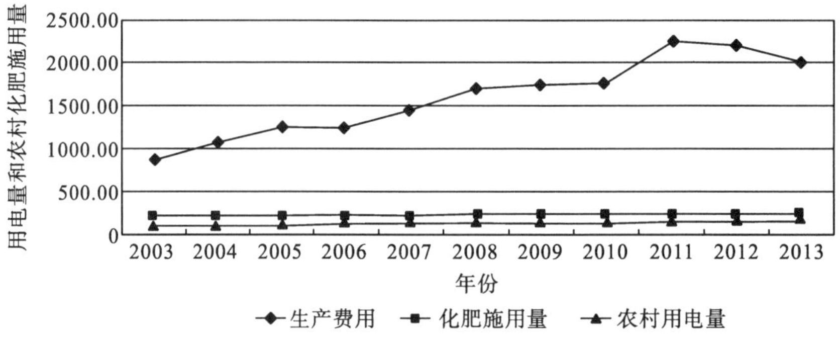

图 7-4 农村用电化肥等支出的变动趋势

(4)化肥农药等投入要素不断增加，农产品质量安全存在一定隐患。从表 7-2 可知四川省为了保证产量和收入，农药、化肥、农用塑料薄膜等不利于环境保护的化学产品仍在大量投入使用。一些规模化的禽畜养殖业粪便又没有循环利用，一些养殖户没有将粪便进行处理就直接排出，造成了四川省部分地区水质和土壤环境恶化；而另一些种植户却又缺乏大量的农家肥，农业面源污染问题较为严重，生态脆弱性加剧，农产品质量安全存在一定隐患。

表 7-2　2006～2012 年四川省农药、化肥、农用塑料薄膜使用量　（单位：万吨）

指标	2006 年	2007 年	2008 年	2009 年	2010 年	2011 年	2012 年
农药使用量	5.83	6.03	6.08	6.19	6.22	6.19	6.03
农用化肥施用折纯量	228.16	238.17	242.84	247.97	248	251.23	253.03
农用塑料薄膜使用量	9.633	9.942	10.32	10.92	11.42	12.22	12.68

7.2.2　农业产出现状

虽然从投入要素的变动趋势中没有发现存在明显的时间界限，但是四川省农业产业化产出变化有明显的分区，不同时期的变化特征有所不同。对于农业产出，本节主要选取四个指标来进行表示：生猪出栏头数、农林牧渔业总产值、油料作物产量和粮食作物产量，根据四川统计年鉴中的相关数据整理得到 2003~2013 年农业产出数量如表 7-3 所示。在所选取的四个指标中，农林牧渔业总产值是反映农业综合产值的良好指标；四川省作为全国的农业大省，其主要农产品就是粮食和生猪，因此选取粮食作物产量、油料作物产量以及生猪出栏头数作为农业产出指标。

表 7-3　2003~2013 年农业产出数量

年份	农林牧渔业总产值/亿元	粮食作物产量/万吨	油料作物产量/万吨	生猪出栏头数/万头
2003	1784.49	3183.30	217.10	7490.28
2004	2252.28	3326.53	226.25	8103.34
2005	2457.46	3409.19	232.34	8817.32
2006	2602.10	2859.80	217.27	6905.58
2007	3370.17	3026.90	228.47	6014.67
2008	3686.20	3140.30	249.94	6429.41
2009	3689.81	3194.70	261.76	6915.35
2010	4081.81	3223.50	268.52	7175.20
2011	4932.73	3292.30	278.45	7000.64
2012	5433.12	3315.70	286.56	7170.76
2013	5620.26	3387.10	290.44	7311.20
变动额	3835.77	203.80	73.34	−179.08
变动率/%	214.95	6.40	33.78	−2.39

根据表 7-3，可以从总体上看出四川省农林牧渔业的生产总值、粮食产量和油料产量整体呈现出上升的趋势，但是生猪出栏数量与 2003 年相比有小幅下降。这主要是由于现代农业种养殖技术和机械化程度的提高，促进了农林牧渔业产值的增加；同时由于大量农村劳动力外出务工，减少了生猪的饲养数量。

(1) 农林牧渔业总产值逐年上升。在过去的 11 年间农林牧渔业总产值从 2003 年的 1784.49 亿元增加到了 2013 年的 5620.26 亿元，累计增加了 3835.77 亿元，增长率为 214.95%。根据上述数据计算出农林牧渔业总产值的增长率，结果如图 7-5 所示。根据图

7-5，可以看出虽然农林牧渔业总产值在不断增加，但是各年份的增长率却有较大差距。存在高速增长的年份如 2004 年和 2007 年，超过了 25%；也存在增长率几乎为零的年份如 2009 年，仅有 0.1%；其余年份的产值增长率基本上在 5%～10%。

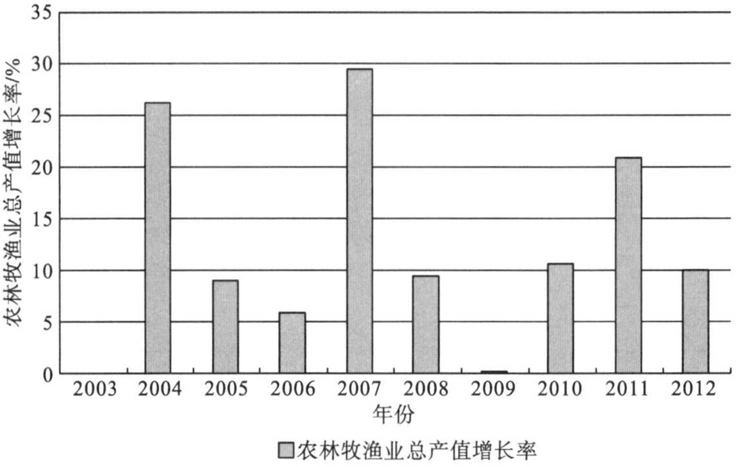

图 7-5　农林牧渔业生产总值的增长率

(2) 粮食产量表现出先减少后增加的变动趋势。根据表 7-3 中的相关数据，绘制出四川省主要农作物产量的变动趋势图(图 7-6)。根据图 7-6，可以看出主要农作物产量总体上呈缓慢增长趋势，其中与粮食产量相比，其余两种农作物(油料作物和园林水果)产量较低。2011~2013 年油料和园林水果产量线呈现出发散状态，后期两者差距可能会进一步加大。而粮食产量由 2005 年的 3409.19 万吨下降到 2006 年的最低值 2859.80 万吨，下降幅度超过了 16%，在此之后平稳上升。2003 年粮食产量是油料作物的 14.6 倍，而 2005 年粮食产量下降后，两者的比例下降为 13.16 倍；一直到 2013 年，两者差距进一步缩小为 11.66 倍，表明两者的产量差距有缩小趋势。一直保持平稳上升的园林水果与粮食的产量

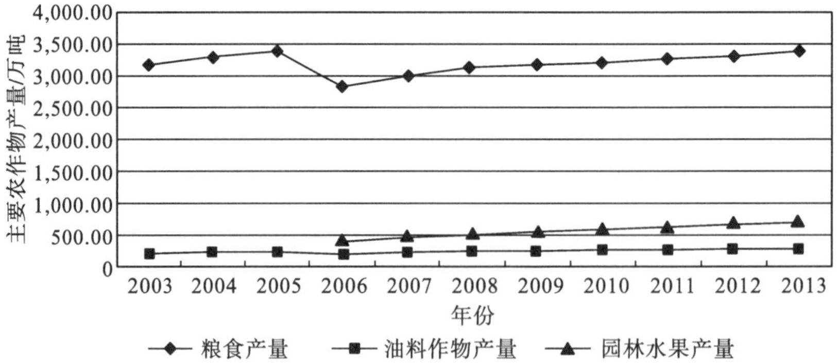

图 7-6　四川省主要农作物产量的变动趋势图[①]

① 由于未找到园林水果2003～2005年的产量数据，因此图中的只有2006年以后的数据。

之间差距也呈拉近的态势，由 2006 年的 6.74 倍缩小到 2013 年的 4.71 倍。2003～2013 年的 11 年，粮食产量总体上的增产速度小于油料作物与园林水果。

(3) 生猪出栏头数呈现出波动较大的特征。根据表 7-3 中的生猪出栏头数，绘制出其变动趋势图(图 7-7)。由图 7-7 可以看出，四川省的生猪出栏头数在过去 11 年呈现出剧烈波动趋势。生猪出栏头数在 2005 年的极大值点为 8817.32 万头，在 2007 年大幅下降到 6014.67 万头后；2013 年底缓慢上升到 7311.20 万头，仍没有超过 2005 年的最大值；且在 2010～2011 年再次经历了小幅下降。

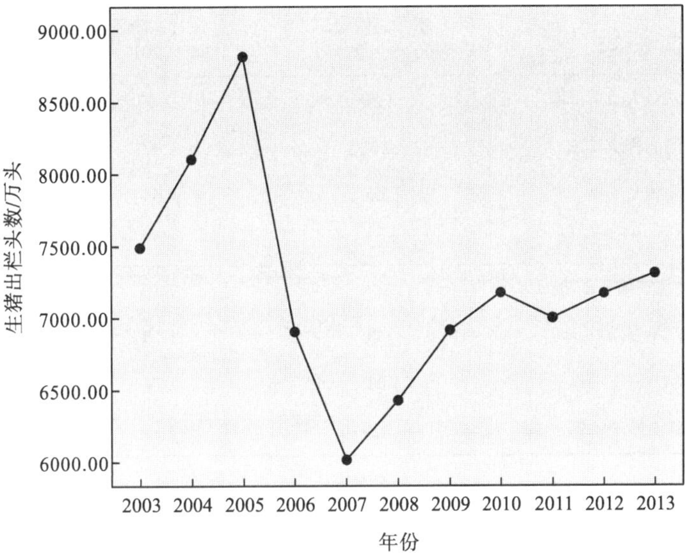

图 7-7　生猪出栏头数变动趋势图

7.2.3　四川省农业产业化的旧常态、超常态和新常态

根据上述对 2003～2013 年农业投入要素和产出结果的分析，可以将此期间分为三个阶段，即旧常态、超常态和新常态。其中，旧常态时期是 2003～2007 年，超常态时期是 2008～2011 年，新常态时期是 2012～2013 年。根据上述数据，计算出分阶段投入产出部分指标变动率的平均数据，如表 7-4 所示；并且在表 7-4 基础上，做出了投入与产出在三个阶段下的变动率对比雷达图，如图 7-8 和图 7-9 所示。

从表 7-4、图 7-8 和图 7-9 中可以看出，在第二阶段的三项指标都有着很高的变动率，其中粮食产量、油料作物产量和生猪出栏头数变动率分别达到了 1.18%、2.74%、2.15%，在整个 11 年的观察期中为最高。而在进入到第三阶段后，变动率都有所下降，2012～2013 年的增长率分别为：粮食产量 1.07%；油料作物产量 0.67%；生猪出栏头数 0.97%，且这一时期的增长率较第一阶段高。投入方面的变化同样存在阶段性特征，特别是农业机械总动力，第二阶段的年平均变动率为 6.25%，与其他两个阶段的差距较为明显，更加充分地说明了这一特殊时期，四川省农业的外部投资数额较大，对农业的影响较大。综合以上分析，可以看出，第一阶段的旧常态下，多数指标的增长性都良好，体现出发展态势较好，这主要是因为这一阶段下农业产业化程度较低，各项农业指标基数小，发展空间大，农民及相关农业从业人员信心充足，且这一时期总体经济形势乐观，自然禀赋条件优良且自然灾害少；进入到超常态阶段，四川省受地震的影响及震后政府和各方力量的扶持，体现出来的是靠外部投资拉动的农业经济的发展，保住了一定的增长率，甚至出现了三个阶段中的最高增长率，但不应作为经济发展的常态；进入到新常态阶段明显和前两个阶段不同，各项经济指标呈现理性增长。

表 7-4　分阶段投入产出部分指标变动率的平均数据

（单位：%）

指标	阶段	旧常态阶段（2003～2007 年）	超常态阶段（2008～2011 年）	新常态阶段（2012～2013 年）
投入	农林牧渔从业人员下降率	-1.80	-1.67	-0.89
	有效灌溉面积变动率	-0.02	0.92	0.97
	播种面积变动率	0.66	0.34	0.20
	农业机械总动力变动率	5.93	6.25	3.44
产出	农林牧渔总产值变动率	13.56	7.50	1.70
	粮食产量变动率	-1.00	1.18	1.07
	油料作物产量变动率	1.03	2.74	0.67
	生猪出栏头数变动率	-4.29	2.15	0.97

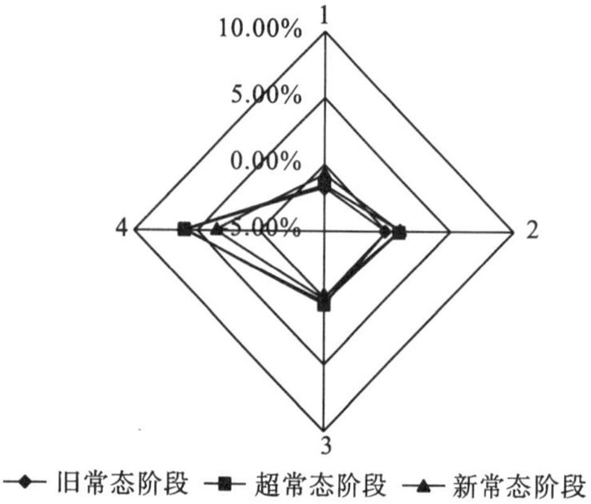

图 7-8　投入指标变动率对比雷达图

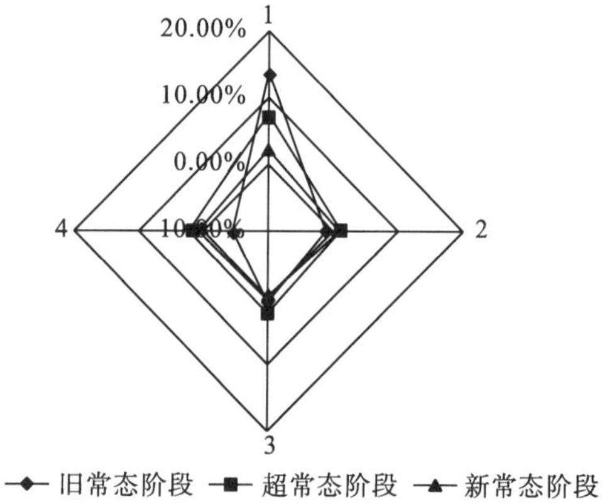

图 7-9　产出指标变动率对比雷达图

(1)2003～2007 年为四川省农业产业化发展的旧常态。在这一时期，各项投入与产出指标平稳上升，其中投入指标中播种面积、灌溉面积和生产性支出，产出指标中的农产品产量、油料作物产量和生猪出栏头数，经历了 2005~2006 年的小幅下降。农业机械总动力、农业用电与化肥施用量基本呈直线上升趋势，生产性支出和播种面积的变化表现呈波动性上升，两者同样在 2006 年出现了下滑趋势，灌溉面积指标也在 2006 年出现了小幅下降。

(2) 2008～2011 年为四川省农业产业化发展的超常态。2008～2011 年的 5 年间，四川省的经济发展速度有所提高，出现了上述的多项指标增长速度的最大值。自 2008 年汶川地震以来，中央加大了对四川的各项政府投入，特别是对雅安市、巴中市、甘孜藏族自治州、阿坝藏族羌族自治州等高原山地经济基础设施条件较为落后的地区更是加大了扶持力度。以雅安市为例，2007～2011 年农业机械总动力的投入增长比例为 7.5%、10.7%、8.6% 和 9.9%，保持在比较高的水平上。

(3) 2012～2013 年为四川省农业产业化发展的新常态。经过几年的快速发展，从 2011 年开始由于灾后重建工作的基本完成，四川省农业投入与产出的增长速度趋于平缓。各市州的发展总体保持匀速进行，地处盆地平原地区的成都市、绵阳市、德阳市和遂宁市等城市继续发挥平原地理地形优势，加快推进城镇化；高原少数民族地区发挥优势产业——畜牧业；山地丘陵地区则增加了一些新型农业组织：比如绵阳市三台县新型农业经营体系的建设。截至 2014 年 3 月底，四川省各类新型经营主体总数达到 1557 家，经营主体拓展到了专业大户、家庭农场、农民专业合作社、农业产业化龙头企业、社会化服务组织。其中，各种经营主体数量分别达到了 832 户、120 户、407 家、86 家和 102 个。

7.3 四川农业产业化的投入产出效率分析

对效率评价的方法有很多，DEA 方法是广泛采用的方法之一。DEA 方法是运用数学工具评价经济模型的非参数规划方法，该方法不要求具体的分布假设和函数形式，不要求权重数，也不要求物理量纲的指标转换，适用范围广且计算简单，适合大部分情况下的效率分析，本节对四川省及各地市州农业产业化的经营效率分析采用 DEA 方法。

7.3.1 模型原理

根据 DEA 模型原理推导出的结果为

$$(\mathrm{CCR})_{s.t.}\begin{cases} D^t(X^t,Y^t)=\min\theta. \\ \sum_{j=1}^{n} X_j^t\lambda_j \leqslant X_k^t \\ \sum_{j=1}^{n} Y_j^t\lambda_j \geqslant Y_k^t/\theta \\ \lambda_j\geqslant 0,\ j=1,2,\cdots,m \end{cases} \tag{7-1}$$

$$(\mathrm{CCR})_{s.t.}\begin{cases} D^{t+1}(X^{t+1},Y^{t+2})=\min\theta. \\ \sum_{j=1}^{n} X_j^{t+1}\lambda_j \leqslant X_k^{t+1} \\ \sum_{j=1}^{n} Y_j^{t+1}\lambda_j \geqslant Y_k^{t+1}/\theta \\ \lambda_j\geqslant 0,\ j=1,2,\cdots,m \end{cases} \tag{7-2}$$

$$(\text{CCR})_{s.t.}\begin{cases} D^t(X^{t+1},Y^{t+1})=\min\theta. \\ \sum_{j=1}^{n} X_j^{t+1}\lambda_j \leqslant X_k^t \\ \sum_{j=1}^{n} Y_j^{t+1}\lambda_j \geqslant Y_k^t/\theta \\ \lambda_j \geqslant 0, j=1,2,\cdots,m \end{cases} \tag{7-3}$$

$$(\text{CCR})_{s.t.}\begin{cases} D^t(X^t,Y^t)=\min\theta. \\ \sum_{j=1}^{n} X_j^t\lambda_j \leqslant X_k^{t+1} \\ \sum_{j=1}^{n} Y_j^t\lambda_j \geqslant Y_k^{t+1}/\theta \\ \lambda_j \geqslant 0, j=1,2,\cdots,m \end{cases} \tag{7-4}$$

其中，X_j 指投入要素变量；Y_j 指产出要素变量；λ_j 指第 j 个要素的权数。

全要素生产率(TEP)可由技术变化和技术增长变化的乘积计算出来，具体的计算公式如下：

$$M_{t,t+1}=[\frac{D_t(X_{t+1},Y_{t+1})}{D_t(X_t,Y_t)}\times\frac{D_{t+1}(X_t,T_t)}{D_{t+1}(X_t,Y_t)}]^{\frac{1}{2}}\times\frac{D_{t+1}(X_{t+1},Y_{t+1})}{D_t(X_t,Y_t)} \tag{7-5}$$

其中，$D_t(X_t,Y_t)$、$D_{t+1}(X_{t+1},T_{t+1})$、$D_t(X_t,Y_t)$ 和 $D_{t+1}(X_t,Y_t)$ 都是不同时期的产出距离函数。

7.3.2 指标选取和数据来源

根据数据可得性、指标的代表性以及模型要求，本节选取了如表 7-5 所示的农业产业化经营效率的评价指标体系。具体而言，农林牧渔业总产值指标衡量了农业产业化的成果，选择粮食产量指标是因为四川省是我国粮食主产区之一，农林牧渔业从业人员指标代表了农业产业化的人力投入，农作物播种面积指标代表了农业产业化的土地投入，农业机械总动力指标代表了农业产业化的机械投入。本部分的数据来源于历年四川省统计年鉴。

表 7-5 农业产业化经营效率的评价指标体系

类别	指标
产出	农林牧渔业总产值
	粮食产量
投入	农林牧渔业从业人员
	农作物播种面积
	农业机械总动力

7.3.3 模型计算结果

根据上述 DEA 模型原理以及选取的数据指标，借助于 Deap2.1 软件计算四川省农业产业化的经营效率，进行如下分析。

1)四川省农业产业化生产效率变动分析

在 2003～2013 年，四川省农业的适当规模经营使得四川省农业产业化经营效率提高。而原本是经营效率发动机的科研投入却没有发挥应有作用，阻碍了四川省农业产业化经营效率的提高。

从表 7-6 可以看出，这 11 年间四川省农业产业化的全要素生产率的平均值为 0.916，而且有 7 年的全要素生产率大于 1，有 4 年的全要素生产率小于 1，四川省农业产业化经营效率在 11 年间整体呈下降趋势。其中，有 7 年的农业产业化经营效率呈上升趋势，有 4 年的农业产业化经营效率呈下降趋势。而且这 11 年间考虑科技进步后其生产效率下降了 8.4%。综合效率与技术效率是对决策单元的资源配置能力、资源使用效率等多方面能力进行综合衡量与评价的指标。综合效率的平均值为 1.001，说明由于综合效率改善，使得四川省农业产业化的经营效率上升了 0.1%，上升幅度略低。纯技术效率是衡量资源配置效率的生产效率，纯技术效率的平均值为 0.996，说明受资源配置影响四川农业产业化经营效率下降了 0.4%。规模效率是衡量企业规模因素影响的生产效率，规模效率的平均值为 1.005，说明由于规模经营使得四川农业产业化经营效率上升了 0.5%。技术效率是衡量科技水平的生产率，技术效率的平均值为 0.915，说明科研投入不足使得四川省农业产业化的经营效率没有提升，反而使得四川省农业产业化的经营效率下降了 8.5%。

表 7-6　2003～2013 年四川省农业产业化的全要素生产率变动情况

年份	综合效率	技术效率	纯技术效率	规模效率	全要素生产率
2003～2004	1.020	1.051	1.020	1.000	1.072
2004～2005	0.996	1.022	0.998	0.998	1.018
2005～2006	1.004	0.291	0.972	1.034	0.293
2006～2007	0.993	1.101	0.981	1.013	1.094
2007～2008	0.987	1.059	0.988	0.999	1.045
2008～2009	1.015	0.979	1.005	1.009	0.994
2009～2010	0.992	1.039	0.990	1.002	1.031
2010～2011	0.995	1.067	1.002	0.992	1.062
2011～2012	0.856	1.530	0.895	0.957	1.310
2012～2013	1.178	0.681	1.127	1.045	0.802
平均值	1.001	0.915	0.996	1.005	0.916

注：上述指标>1 表示促进经营效率提高，<1 表示阻碍经营效率提高。以下同此。综合效率=纯技术效率×规模效率。

2)四川省分地区农业产业化经营效率变动分析

本节按照《四川省人民政府办公厅关于印发成渝经济区成都城市群发展规划(2014—2020)和南部城市群发展规划(2014—2020 年)的通知》的分类[①]，把四川省分为盆地平原

① 四川省人民政府办公厅.四川省人民政府办公厅关于印发成渝经济区成都城市群发展规划(2014—2020 年)和南部城市群发展规划(2014—2020 年)的通知[EB/OL]. http://www. cdpsn.org.cn/policy/dt202137446.htm.

地区、盆周丘陵地区、高原少数民族地区三个地区，并进行农业产业化经营效率变动分析。其中，盆地平原地区包括成都市、德阳市、绵阳市、乐山市、眉山市 5 个市州，盆周丘陵地区包括自贡市、泸州市、广元市、遂宁市、内江市、南充市、宜宾市、广安市、达州市、雅安市、巴中市、资阳市 12 个市州，高原少数民族地区包括攀枝花市、甘孜藏族自治州、阿坝藏族羌族自治州、凉山彝族自治州 4 个市州。

(1) 盆地平原地区农业产业化经营效率变动分析。在 2003～2013 年，盆地平原地区农业的合理资源配置使得盆地平原地区农业产业化经营效率提高。而科研投入和发展的不充分，影响了盆地平原地区农业产业化经营效率的进一步提高。

由表 7-7 可知，这 11 年间盆地平原地区农业产业化的全要素生产率的平均值为 0.930，而且盆地平原地区包括的 5 个市州的全要素生产率都小于 1，表明盆地平原地区农业产业化经营效率在 2003～2013 年整体呈下降趋势。而且这 11 年间考虑科技进步后其经营效率下降了 7%，全要素生产率不高影响了盆地平原地区的农业产业化经营效率的提高。综合效率的平均值为 1.001，说明由于综合效率改善，导致盆地平原地区农业产业化的经营效率上升了 0.1%。作为综合效率其中一个来源的纯技术效率的平均值为 1.001，说明由于合理资源配置使得盆地平原地区农业产业化经营效率上升了 0.1%。综合效率另外一个来源规模效率的平均值为 1.000，说明规模经营对盆地平原地区农业产业化经营效率没有产生影响。技术效率的平均值为 0.930，说明科研不足影响了盆地平原地区农业产业化的经营效率的提升，致使盆地平原地区农业产业化的经营效率下降了 7%。

表 7-7 2003~2013 年盆地平原地区农业产业化的全要素生产率变动情况

地市州	综合效率	技术效率	纯技术效率	规模效率	全要素生产率
成都市	1.000	0.959	1.000	1.000	0.959
德阳市	1.000	0.928	1.000	1.000	0.928
绵阳市	1.001	0.958	1.002	0.998	0.958
乐山市	1.005	0.914	1.006	1.000	0.918
眉山市	0.998	0.891	0.998	1.000	0.889
平均值	1.001	0.930	1.001	1.000	0.930

(2) 盆周丘陵地区农业产业化经营效率变动分析。在 2003~2013 年，盆周丘陵地区的资源配置合理使得盆周丘陵地区农业产业化经营效率提高；但由于核心科研投入不足，影响了盆周丘陵地区农业产业化经营效率的进一步提高。

从表 7-8 观察可知，这 11 年间盆周丘陵地区的农业产业化的全要素生产率的平均值为 0.904，而且盆周丘陵地区包括的 12 个市州的全要素生产率都小于 1，表明盆周丘陵地区农业产业化经营效率在 2003～2013 年整体呈下降趋势。而且这 11 年间考虑科技进步后其经营效率下降了 9.6%，全要素生产率不高阻碍了盆周丘陵地区的农业产业化经营效率的提高。综合效率的平均值为 1.001，说明由于综合效率的推力，使得盆周丘陵地区农业产业化的经营效率上升了 0.1%。作为综合效率其中一个来源的纯技术效率的平均值为

1.002，说明由于合理资源配置使得盆周丘陵地区农业产业化经营效率上升了 0.2%。综合效率另外一个来源规模效率的平均值为 1.000，说明由于规模经营使得盆周丘陵地区农业产业化经营效率不升不降。技术效率的平均值为 0.903，说明科技研发滞后阻碍了盆周丘陵地区农业产业化的经营效率的提高，致使盆周丘陵地区农业产业化的经营效率降低了 9.7%。

表 7-8 2003～2013 年盆周丘陵地区的农业产业化的全要素生产率变动情况

地市州	综合效率	技术效率	纯技术效率	规模效率	全要素生产率
自贡市	1.000	0.907	1.000	1.000	0.907
泸州市	1.001	0.876	1.001	1.000	0.877
广元市	0.999	0.897	0.998	1.001	0.896
遂宁市	1.004	0.936	1.000	1.004	0.940
内江市	1.020	0.919	1.020	1.000	0.937
南充市	1.001	0.903	1.000	1.001	0.904
宜宾市	1.000	0.876	1.001	0.999	0.876
广安市	0.991	0.878	0.991	1.000	0.870
达州市	0.996	0.903	0.999	0.997	0.900
雅安市	0.989	0.936	0.993	0.996	0.926
巴中市	0.998	0.873	0.998	1.000	0.871
资阳市	1.016	0.926	1.017	0.999	0.941
平均值	1.001	0.903	1.002	1.000	0.904

(3) 高原少数民族地区农业产业化经营效率变动分析。2003～2013 年，高原少数民族地区农业产业化的合理规模经营使得农业产业化经营效率提高。而本应是经营效率的核心推力的科研投入缺位，影响了高原少数民族地区农业产业化经营效率的进一步提高。

从表 7-9 可以看出，这 11 年间高原少数民族地区的农业产业化的全要素生产率的平均值为 0.939，而且 4 个地市州的全要素生产率都小于 1，反映出高原少数民族地区农业产业生产率在 2003～2013 年间整体呈下降趋势。而且这 11 年间考虑科技进步后其经营效率下降了 6.1%，全要素生产率不高阻碍了高原少数民族地区的农业产业化经营效率的提高。综合效率的平均值为 1.001，说明由于综合效率的推力，使得高原少数民族地区农业产业化的经营效率提高了 0.1%。作为综合效率其中一个重要来源的纯技术效率的平均值为 0.976，说明由于资源配置不当使得高原少数民族地区农业产业化经营效率降低了 2.4%。综合效率另外一个重要来源规模效率的平均值为 1.026，说明由于适当规模经营使得高原少数民族地区农业产业化经营效率上升了 2.6%。技术效率的平均值为 0.938，说明科技研发滞后阻碍了高原少数民族地区农业产业化的经营效率的提高，致使高原少数民族地区农业产业化的经营效率降低了 6.2%。

表 7-9 2003～2013 年高原少数民族地区的农业产业化的全要素生产率变动情况

地市州	综合效率	技术效率	纯技术效率	规模效率	全要素生产率
攀枝花	0.998	0.909	1.000	0.998	0.907
甘孜藏族自治州	1.004	0.960	0.971	1.034	0.964
阿坝藏族羌族自治州	1.030	0.947	0.961	1.072	0.976
凉山彝族自治州	0.971	0.934	0.971	1.001	0.907
平均值	1.001	0.938	0.976	1.026	0.939

综上所述，盆地平原地区农业资源的合理配置使得盆地平原地区农业产业化经营效率提高，盆周丘陵地区的资源配置合理使得盆周丘陵地区农业产业化经营效率提高，高原少数民族地区农业产业化的合理规模经营使得高原少数民族地区农业产业化经营效率提高。三个地区都存在科研投入不足的问题，影响了农业产业化经营效率的进一步提高。

3) 四川省分阶段农业产业化经营效率变动分析

由表 7-10 可知，在旧常态阶段全要素生产率的平均值为 0.904，考虑科技进步后由于全要素生产率较低使旧常态阶段四川省农业产业化经营效率下降了 9.6%。综合效率的平均值为 1.000，这说明综合效率使得旧常态阶段四川省农业产业化经营效率不增不减。综合效率中的规模效率平均值为 1.009，反映出由于规模经营使得旧常态阶段四川省农业产业化经营效率上升了 0.9%。技术效率的平均值为 0.905，说明科研不足阻碍了旧常态阶段四川省农业产业化的经营效率的提升，致使旧常态阶段四川省农业产业化的经营效率下降了 9.5%。综上所述，旧常态阶段四川省农业产业化的合理资源配置使得盆地平原地区农业产业化经营效率提高。而本应是经营效率核心动力的科研投入缺位，阻碍了旧常态阶段四川省农业产业化经营效率的提高。

表 7-10 四川省分阶段农业产业化经营效率变动情况

阶段	综合效率	技术效率	规模效率	全要素生产率
旧常态阶段(2003～2007 年)	1.000	0.905	1.009	0.904
超常态阶段(2008～2011 年)	1.001	1.028	1.001	1.029
新常态阶段(2012～2013 年)	1.017	1.106	1.001	1.056

从表 7-10 可以看出，在超常态阶段全要素生产率的平均值为 1.029，考虑科技进步后由于全要素生产率提高使超常态阶段的四川省农业产业化经营效率上升了 2.9%。综合效率的平均值为 1.001，说明综合效率提高使得超常态阶段的四川省农业产业化经营效率上升了 0.1%。影响综合效率的规模效率平均值为 1.001，说明由于规模经营使得超常态阶段的四川省农业产业化经营效率上升了 0.1%。技术效率的平均值为 1.028，说明科研投入提高致使超常态阶段的四川省农业产业化的经营效率提高 2.8%。综上所述，超常态阶段四川省农业产业化的适度规模经营和提高科研投入使得盆地平原地区农业产业化经营效率提高。

如表 7-10 所示，在新常态阶段全要素生产率平均值为 1.056，考虑科技进步后由于全要素生产率提高使新常态阶段的四川省农业产业化经营效率上升了 5.6%。综合效率的平均值为 1.017，说明综合效率提高使得新常态阶段的四川省农业产业化经营效率上升了 1.7%。综合效率一个重要来源的规模效率的平均值为 1.001，说明由于规模经营使得新常态阶段的四川省农业产业化经营效率上升了 0.1%。技术效率的平均值为 1.106，说明科研投入提高致使新常态阶段的四川省农业产业化经营效率提升 10.6%。综上所述，新常态阶段的四川省农业产业化进行适度规模经营、资源合理配置和高科研投入使得盆地平原地区农业产业化经营效率提高。

7.4 四川省农业产业化发展模式创新

7.4.1 四川省农业产业化发展模式面临的挑战

同全国一样，四川省的农村改革先行于城市改革。在改革开放初期，利用“先试点再推广”的方式，在广大的农村实行了联产承包责任制，逐步放开农民生产与经营的自由权，完善一系列农业发展政策制度，全面取消农业税，大大激发了农民的生产积极性，推进了农业发展。以粮食产量为例，四川省 1980 年粮食产量为 2599.7 万吨，而 2013 年这一数据已经增长到 3387.1 万吨。

中国的农业农村改革虽然取得了较大成效，但仍然没有从根本上改变原有的城乡二元体制，在城市工业化高速发展的同时，农业发展劣势表现得尤为突出。在分析四川省农业传统模式时，考虑到我国制度因素，在传统的二元经济结构模式中加入政府部门，形成三部门模式进行分析(图 7-10)。

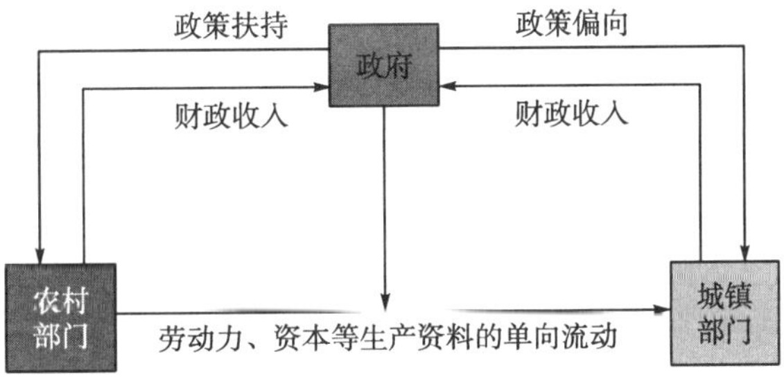

图 7-10 城乡发展三部门模式

在此模型中，农村部门与城镇部门分别以农村居民和城镇居民为主体，而且他们分别代表着农产品市场的供给者和需求者。政府则扮演着更为复杂的角色：作为决策者，政府部门带领其他两部门实现整体发展；作为管理者，农业与非农产业在发展速度和发展水平上的差异需要政府部门统筹协调；作为监督者，农业产业链各个环节都需要政府提供服务和实施监督。

当前，我国经济社会发展进入新的历史发展阶段，传统的农业产业化模式面临着新的挑战。①部分地区农产品供求矛盾仍然存在。在传统的农业产业化模式中，农民追求的是短期利益最大化，政府目标是粮食产量稳定增长，保障粮食安全。然而，随着人民收入水平和生活质量的提高，饮食结构的改善，市场需求呈现多样化。以城镇居民消费水平作为参考，2013 年四川省城镇居民人均食品支出为 6470 元，而该数据在 2000 年仅为 2014 元，增幅接近 2 倍。然而，一些地区农业生产对市场需求变化缺乏敏感性，不能完全适应城乡居民消费升级的要求，农产品可能出现总量过剩与结构短缺并存的现象。②要素投入结构的改变。在传统农业生产模式中，农业产业增长主要依靠资本、资源、劳动力的大规模、粗放式投入，而技术进步的贡献率并不突出。然而，随着工业化与城镇化的推进，四川省省内农村资本与资源，特别是农村剩余劳动力正向城市部门进行着大规模的转移。四川省 2013 年末农村劳动力共计 3324.30 万人，而从事第一产业的劳动力 1955.79 万人，农村劳动转移比大约为 41.17%。四川省省内大约 97.46%的土地地形为山地、丘陵与高原（母世杰，2009），大量的耕地处于山区地带，推动机械化存在一定困难，一些农村大量耕地荒置，空心化日益严重等问题凸显，农业产出也必将受要素结构改变的影响。③产业链利润分配问题。农业产业链包括农产品生产、加工、流通、销售等各个环节。而传统的农业模式中，农民大多数只是单纯地负责农产品的生产，而生产环节往往只占农业产业链价值构成中较小的部分，更多价值体现在加工、流通、销售环节。另外，由于中间环节的不规范，同一环节又会出现不同主体之间的流转，一些地区传统农业模式下的农业生产者所获得利润非常小，对农业生产者的激励作用锐减。

7.4.2 四川省农业产业化发展模式创新基本思路

2014 年四川省粮食产量共计 3374.9 万吨，同比减产 12.2 万吨，减幅达到 0.36%。在粮食产量影响因素中，种植面积对整体产能影响占 10%左右，而亩产效率占比达到约 90%[①]。可以看出，过去几十年实行的农业产业模式对四川农业整体的发展做出了突出贡献。然而，随着工业化发展、市场化改革的深入，传统的农业发展模式已经不能完全适应生产力发展的要求。

借鉴发展经济学理论以及国外的先行经验，农业产业组织化是改变农业发展模式的必然方向。参考国内外其他地区农业发展经验，四川省农业产业化发展模式的创新可以从以下两个方面考虑：①优化产业链，降低交易费用，调整整合各利益主体的纵向创新。为实现产业链上的经营主体一体化，在农业产业化初期，重点应通过契约建立经营主体之间的合作关系，建立合理的利益联结机制。通过“公司+农户”“公司+大户+农民”“公司+合作社+农民”“公司+租赁农场”等组织形式，根据不同情况进行模式创新，有效促进农业产业化发展。②提升农业产业效率，实现规模收益的横向创新。在理想的经营规模下，农业产业不仅可以提高生产效率，带来内在规模收益；还能提升农业产业在市场中的竞争力，创造外部规模收益。扩大现代农业经营规模的关键在于，充分促进生产要素的流动、农业技术的进步（蔡海龙，2013）。

① 2014年四川省粮食产量3374.9万吨，仍位居全国第七位.新华网四川频道[EB/OL]. http://www.sc.xinhuanet.com/content/2015-01/16/c_1114014281.htm

7.4.3　四川省农业产业化发展模式

(1)盆地平原地区农业产业化发展模式。由于地理地貌的优越性，盆地平原地区交通、通信、经济实力、机械化程度等农业生产条件在全川始终处于绝对优势地位。这一地区地势平坦，有利于大规模机械化生产，2013 年盆地平原地区机耕面积达到 50.93 万公顷，占全省的 52%；地处城市郊区，便于利用城市工业化成果，也有利于农产品的后期加工、流通与销售，2013 年公路通车里程达到 28995 公里，货物周转量达到 237434 万吨/公里，高于全省其他地区。因此，这一地区正逐步实现以农业产业园为代表的农业产业一体化的经营模式。在该地区，可以支持引导工商资本进入并发展农业生产经营业务，也可以让农民成立综合农业企业，或者两者兼备的组织形式，使得农业体系从生产、加工、流通与销售整个产业链都可以在同一地点实现。该地区的农业发展适合于用现代综合农业企业模式替代传统小农户生产模式(图 7-11)。

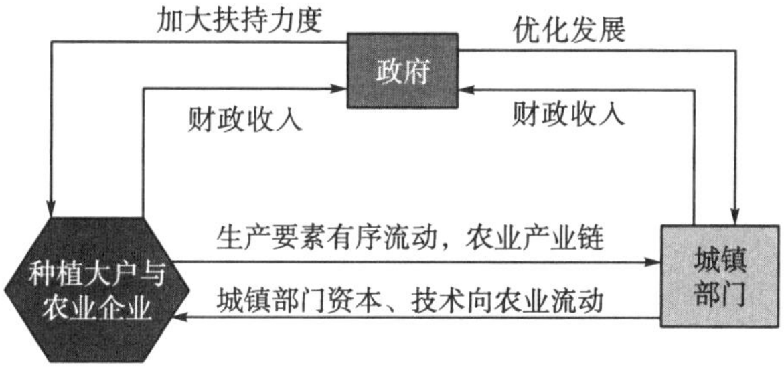

图 7-11　平原农业模式

(2)盆周丘陵地区山区农业产业化发展模式。在四川省盆地平原地区周围是地域广袤的丘陵山区，这里有着面积为 228.08 万公顷的耕地，占全省耕地面积的 58.43%。这些地方没有盆地平原地区的区位优势，硬软件条件也相对落后，例如：丘陵地区机耕面积只有 33.29 万公顷，只占其耕地面积的 14.60%，占全省总机耕面积的 33.90%。因此，这些区域实现产业链一体化有一定难度，在这些地方应该采取因地制宜的方式来整合产业链。①城镇化趋势不可逆，大量的农村劳动力、资本等生产要素流向城市部门，造成山区农地的荒置与劳动力质量与数量的下降，山区农业规模化生产势在必行。②在组织山区农业生产组织化的基础上，政府可以积极引导城市部门的现代企业进入农业；或者鼓励农民自发建立农产品加工企业，实现生产与加工的结合。③在部分条件受限制、加工环节无法建立的地区，除提高生产环节的组织化与规模化程度外，可以使中间环节脱离农产品生产地，并致力于中间环节的整顿，建立健全利益联结机制，推动产业链各环节参与主体收入最优化(图 7-12)。

(3)高原少数民族地区畜牧业产业化发展模式。四川省阿坝藏族羌族自治州、甘孜藏族自治州等地区位于青藏高原东部的横断山脉，也就是“高原少数民族地区”，这些地区是四川省最大的畜牧业产区和生态屏障，肩负着生态保护与发展畜牧业的双重使命①。然

① 西部高校院所共促青藏高原生态建设和畜牧业发展[EB/OL]. http://difang.gmw.cn/sc/2013-11/18/content_9514411.htm

而近年来，由于一些高原地区生产经营方式粗放，一些地区出现了植被荒漠化、牧民经济效益增长缓慢的问题。

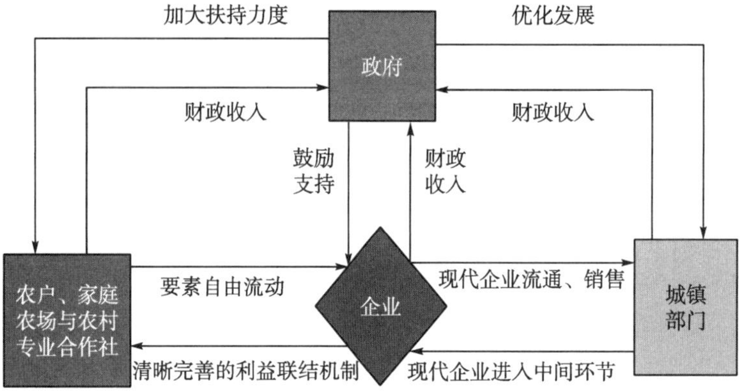

图 7-12　盆周丘陵地区山区农业产业化发展模式

首先，根据大卫·李嘉图的比较优势理论，高原地区应该依靠自身自然资源优势，集中发展畜牧业。然而，通过对四川省高原四市州的统计分析，畜牧业在其第一产业中占比仅为 43.12%，拥有四川省省内 11.4%耕地面积的高原地区，粮食产值仅占全省的 8%，区域第一产业结构明显不合理。川西少数民族地区，地处青藏高原边缘，森林和草场覆盖面积大，退耕还林、退牧还草潜力大，是四川生态环境最为脆弱的地区，生态环境保护压力大；自然资源独特，民族文化浓郁，有利于大力发展生态旅游和优势特色农产品和畜牧产品生产。

其次，大力推广应用现代畜牧业生产技术。对高原地区农业产业化影响力分析，技术效率的平均值为 0.938，这说明还需要从科技研发着手，从畜牧基地建设到畜禽品种安排，以及畜养技术的开发与应用，产业前期规划、中期执行与后期服务都要体现其科学性，着力提升畜牧业产品的质与量，促进整个高原畜牧业的产业化与市场化。

最后，着力打造区域优势品牌，建设高水平、高质量的“高原少数民族地区特色畜牧产业”。在发展川西牦牛等传统产业的同时，积极引进现代牛奶制品、牛肉制品生产的国内外知名企业，合作开发利用高原畜牧资源，走出一条“生态、自然”的高原产品路线(图 7-13)。

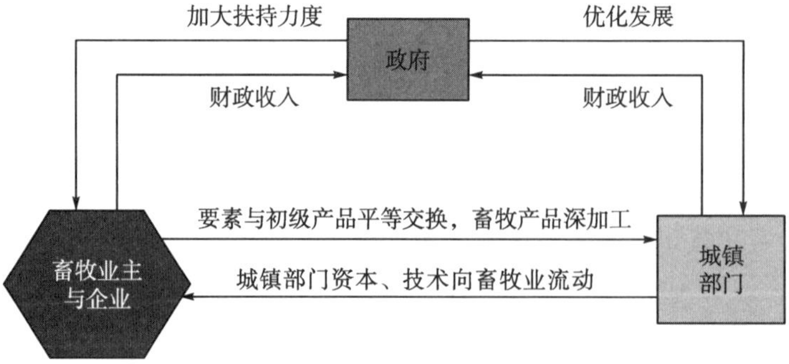

图 7-13　高原少数民族地区畜牧业产业化发展模式

7.5　四川省农业产业化发展新动力及实现机制

7.5.1　四川省农业产业化发展的新动力

结合四川省现状以及四川省农业产业的发展进程，可以将四川省农业产业化发展新动力总结为以下几点。

(1)政府推进改革进一步释放“制度红利”。党的十八大报告确立了市场在资源配置中的决定性作用，我国开始了新一轮更深入的市场化改革。政府推进在农村土地制度、农村金融制度、社会保障制度等方面的制度改革必将促进生产要素的更合理流动以及资源的优化配置，市场空间的扩大也将提高农业产业的效率，推动农业产业化进一步发展。

(2)消费需求的改变促使农业产业市场化。随着城乡居民收入的增加、消费环境等因素的变化，目前消费者的消费需求已经不仅仅局限于对数量的基本要求，而更追求产品质量的提高，需求变得更加多样化。人们不同的消费需求，对农业产业不只是一个挑战，更应该是其自身发展的机遇。农业产业化应该着力调整生产经营方式，丰富产品品种，建立农产品认证制度，提升农产品安全性和产品质量。引导农业生产主体主动走进市场并适应市场，只有市场化才能带来更多的发展机遇与动力。

(3)新型城镇化推进城乡一体化。参考发达地区低于 20%的农村人口占比，在未来很长一段时间内，四川省的工业化与城镇化还将持续，农村土地、劳动力、资本等生产要素也向城镇部门持续流动。以城乡统筹发展为理念的新型城镇化有利于重新整合城乡要素资源，有利于以科技创新推进传统农业向现代农业的转变，农业产业化经营向集约化发展，提高农业生产经营效率，实现城乡一体化。

(4)一、二、三产业协调发展实现农业现代化。农业现代化是一个长期的过程，需要资金、技术、市场的支持。因此，推动农业产业化要大力发展规模农业、精细农业和生态农业，以农业企业、农民专业合作社、家庭农场等形式提高农业组织化程度，重组产业链，建立第一、二、三产业协同发展的新机制，最终实现从传统农业向现代农业的转变。

7.5.2　四川省农业产业化发展新动力实现机制

1)新动力的发现、培育与释放机制

随着经济增长进入新常态，“城市反哺农村”初显成效，美丽新村建设“好评如潮”，如何更好地依托四川省天然优势寻找到新常态下农业发展的新动力成为当务之急。四川省有其独特的自然环境，以成都市为代表的平原地区，以巴中市、广安市为代表的盆周丘陵地区，以甘孜藏族自治州、阿坝藏族羌族自治州为代表的川西高原地区，不同地区在产业链的发展程度上存在明显的差异。体制机制改革、科研投入、技术支持等均应顾及四川不同类型地区的比较优势。只有把握住四川省农业发展现状，抓住三个类型地区发展的关键点，发挥区域优势，才能合理引导农业产业化发展，培育出强而有力的发展新动力，释放出积淀于农业中的强大发展力。

2) 新动力发挥的市场主体及其作用

四川省农业产业体系中，城乡居民是现代农业产品的需求者，其需求特征表现为“量大、类多、质高”，农产品需求结构的改变是刺激农业产业发展的直接动力。

生产环节中，农业组织化生产与小农户生产将长期并存，农业生产组织(农业公司、农场等)和小农户成为农产品的供给者。农业生产的组织化不仅能提高农业生产效率，也有利于保证农产品生产质量。而原先的小农户则需要与农民合作社等建立利益联结机制，发展家庭农场进行适度规模经营。退出农业生产的农民也要实现角色转换：首先个体农民可以以土地经营权入股等方式成为新农业组织的股东，参与分红；同时，农民也可以作为劳动力个体受聘于新农业组织，挣取个人劳动工资，农民收入来源的增加有助于推动职业农民的培养，加快农业现代化进程。

现代农业产业链上的加工、流通、销售等中间环节，不能再依赖于原先散乱无序的中间商，而应该交由分工明确、效率更高的现代企业完成。例如：加工环节可以由当地农业生产组织成立专门加工公司或者引进城市部门食品等加工企业；流通环节则可以交予遍布全国的物流公司；销售环节中，除去维护传统渠道外，农产品也能够并且应该进入互联网营销模式，利用互联网优势，分享互联网红利等。充分利用现代技术改造传统农业，实现农业现代化。

3) 新动力市场机制的健全与完善

农业产业市场机制的健全和完善有利于提升整个农业产业体系，增加整个社会的经济效益。市场机制的健全依赖于市场参与主体。

(1) 投入机制。在农业市场化建设进程中，一些地区各种矛盾都会得到显现：土地、资本等生产资料配置不科学，政府的公共服务常常不能及时到位，农民整体素质仍然偏低、无法接受先进科学生产技术，农业面源污染问题等。这些情况的出现表明，还需要建立健全投入机制，注重生态环境的改善，建立减量化投入模式。投入减量化是指农业生产的投入端，在保证生产运行的同时，最大限度地减少要素的投入。农业生产的要素投入包括：土地、水、种子、肥料、农药、能源等。为此，应该重点发展“六节”的减量化农业。“六节”即节地、节水、节种、节肥、节药、节能。四川省人口众多，人均资源有限，生态脆弱，更有必要采取投入减量化模式发展绿色生态农业。

(2) 利益联结机制。农业市场体系中，市场化程度决定着各主体所关心的风险承担程度以及利益分享比例。建立科学合理的利益联结机制将有助于农业市场化的实现。

(3) 约束机制。农业市场化在增加各参与主体的同时，也加大他们承担的市场风险。农业产业链上的任一环节出现不利于市场化的行为，都会对其他环节主体的利益造成侵害。因此，在农业市场化进程中，适当的约束机制为整个产业体系的良好运转提供保障(杨春梅和郑继兴，2010)。

(4) 农产品认证和安全生产机制。我国于 2005 年实行了有机产品认证制，但在实施的过程中由于认证成本高，社会诚信的缺失，有机认证出现“叫好不叫座”的现象。因此，应制定切实可行的措施，对有危害食品安全行为的生产经营主体，实行不良行为记录、失信信息共享、诚信约谈、向社会公示、实施重点监管和推行行业禁入等，增大失信违法成本。通过常态化食品安全黑白名单管理，推动形成守信受益、失信必损，一处失信、处处受制的利益导向和明信知耻、惩恶扬善的道德风气，全面提高食品安全的诚信水平。将抓好源头治理，开展产地分级分类管理，净化产地环境，下力气解决剧毒农药违规使用、抗生素激素滥用、非法添加有毒有害物质等突出问题；以龙头企业、农民合作社、家庭农场、种植大户为重点对象，以菜篮子产品为重点，开展标准化生产、规模化养殖示范创建活动，同时稳步发展无公害农产品、绿色食品和有机食品。

4) 新常态下的政府作用及政策保障

政府在宏观调控中扮演着至关重要的角色，自经济步入新常态发展阶段，如何更好地引导形成农业产业化新动力，也成为一个重要的课题。在四川省不同时期、不同区域的农业产业发展模式中，政府始终占据着重要位置，在四川省农业发展中发挥着重要作用。当农业在工业化的浪潮中逐渐显露其劣势时，政府是保障农业可持续发展的重要力量。政府对农业的扶持，主要表现在其财政补贴保障、农业生产保障、适度产业保护以及以工促农等众多政府政策制度上，政府通过这一系列支农政策，保护、激励着农业的生产与经营。在四川省步入“新常态”的特殊历史时期，政府应该统筹全局，实事求是、因地制宜地实施科学有效的农业政策，使政府职能得以真正发挥。

(1) 加大财税政策支持，扶持龙头企业。以成都为代表的盆地平原地区，因其发展程度较其他地区更为成熟，在产业链中也能做到生产、加工与销售一体化，在此地区应致力于引进扶持现代涉农企业，支持农业产业一体化将会有效地带动农业产业化发展，为新常态下的社会经济发展贡献力量。①支持原有龙头企业开展基地建设、建立研发机构、进行技术和设备改造、节能减排，逐步扩大自身规模；②适当给予涉农企业财税优惠政策，鼓励现代企业涉足农业产业，充分利用其资金、设备等资源发展现代农业。

(2) 增加技术支持，促进盆周丘陵地区农业产业化，稳定农民就业。这些地区没有明显的区位优势，农业发展水平落后于平原地区，政府首先应改善交通、通信等基础设施，保证农业信息、生产资料、农产品等更顺畅地流通与交换；政府支持以农业大学、农业研究所、区域农业试验站为核心的农业科研体系的发展，并及时推广应用农业科技，改善四川山区农业科研乏力的局面；科学引导山区生态移民，放宽土地等生产资料交易，合理整治山区农村空余宅基地与撂荒地，鼓励农业生产经营适度规模化与组织化；政府以利益为诱导，充当城市企业与农业生产组织的牵头人，对农业产业链中间环节各主体之间的契约关系提供法律保障。

(3) 因地制宜，着力发展高原地区畜牧业。高原地区由于其特殊的自然禀赋，其发展途径应该有别于省内其他地区：这些地区由于粮食种植业效率较低，应将畜牧业培养发展为区域优势特色产业。政府应该大力支持现代高原牧场建设，促进高原牧民与现代畜牧产业公司的合作，用科学饲养技术取代原有的自然放牧，提升高原畜牧业的产出水平和整体质量。

7.6 本 章 小 结

当前，中国经济已经进入发展的新常态，经济发展方式从追求总量、速度增长转向追求质量效益与效率提升、结构优化的转变，新的动力机制正在形成。本章主要根据农业产业化相关理论以及四川省在过去十年的发展实践，分析了四川省经济发展各个阶段的特征，采用 DEA 模型计算出农业投入产出的效率，寻找四川农业产业化发展的新动力，结合四川省各区域地理条件和农业发展特点，对四川省统筹城乡发展与农业产业化发展模式及新动力实现机制进行了探讨。

第 8 章　统筹城乡与农业供给侧结构性改革

2015 年中央“一号文件”提出“深入推进农业结构调整”的战略性任务，2016 年中央“一号文件”、中央农村工作会议均提出要进一步“推进农业供给侧结构性改革”。四川省作为全国农业大省，也面临“去产能、去库存、去杠杆、降成本、补短板”的结构性改革问题。通过农业供给侧结构性改革有助于统筹城乡发展总体目标的实现。

8.1　农业供给侧结构性改革理论

(1)马克思恩格斯农业发展理论。早在 1845～1846 年马克思和恩格斯合作的《费尔巴哈》一文中，论证得出物质生活生产是一切人类生存的第一个前提。在《资本论》中，他们进一步阐明了食物生产在人类社会发展过程中的重要性(中共中央马克思恩格斯列宁斯大林著作编译局，1995)。马克思指出：“农业劳动是其他一切劳动得以独立存在的自然基础和前提”(中共中央马克思恩格斯列宁斯大林著作编译局，1995)，揭示了农业的决定性地位。恩格斯提出一切工业劳动者都要靠农业、畜牧业、狩猎业和渔业提供产品才能维持生活，并认为这是一个普遍的经济事实(中共中央马克思恩格斯列宁斯大林著作编译局，1995)。他们认为物质生活生产决定人类的生存和发展，农业在人类生存和发展中起决定作用。马克思在分析地租的过程中，涉及提高农业生产的方法性问题，他认为农业化肥和机械普遍应用于农业生产中是提高其生产效率的必要条件(中共中央马克思恩格斯列宁斯大林著作编译局，1995)。在《论土地国有化》中，他又对提高农业生产的技术和方法进行了探索，再次强调了生产技术对农业的重要性。马克思认为采用全国规模的耕作更加有利于科学技术的充分利用，能进一步地推动农业的生产(中共中央马克思恩格斯列宁斯大林著作编译局，1995)。

(2)古典农业发展理论。亚当·斯密(2005)在《国富论》中指出，劳动分工会因提高劳动者的熟练程度、节约工种转换时间和促进新技术的改进和发明而极大地提高劳动生产率。个人的天赋与其说是先天的，还不如说是人们后天劳动分工的结果。既然劳动分工引起人们天赋的极大差异，如果每个人都专注于自己最擅长产品的生产，那么通过交换，每个人都会获得相对于自给自足情况下更多的剩余产品，整个社会也就会繁荣起来。如果他人能制造比自己还便宜的商品供给我们，我们就应该用具有优势的产品与之交换，而不是自己生产。这种情况下，互相交换产品比自己制造更有利。亚当·斯密的上述理论被称为绝对优势理论。该理论说明，如果每个生产者参与劳动分工的方式都只是专注于生产自己具有绝对优势的产品，交易双方的福利都可以通过贸易得以提高。

在大卫·李嘉图看来，亚当·斯密的绝对优势理论虽然能够解释各自都拥有绝对优势的生产者之间的分工和贸易；但是，按照绝对优势理论，在所有产品生产上都拥有成本劣势的生产者就会被排除于贸易之外，只能处于自给自足状态。因此，李嘉图就提出了一种新的贸易理论——比较优势理论来解决这个问题。大卫·李嘉图(1976)以劳动价值论为基础提出了比较优势理论，认为在不同地区之间存在着产品生产上的劳动生产率差距。不同地区应该“两优相权取其重，两劣相衡取其轻”，集中生产并卖出具有比较优势的产品，避免生产具有比较劣势的产品，这样可以在节省劳动力资源的同时获得提高劳动生产率的好处。

亚当·斯密和大卫·李嘉图理论的共同点是将劳动力视为衡量生产成本和劳动生产率的唯一标准。要素禀赋理论认为生产活动所需的要素除劳动外，还应将土地和资本要素考虑在内。沃西里·里昂惕夫(1993)建立投入产出模型的研究结果丰富了生产要素禀赋的内容。他认为应该突破传统的劳动、土地和资本生产要素限制，把技术、生产组织、人力资本、规模经济、管理同时纳入生产要素的考虑范畴。

(3)现代农业发展理论。舒尔茨(2011)在《改造传统农业》一书中坚决反对轻视农业和认为农业不能成为经济发展的重要源泉的观点。为此，舒尔茨提出了改造传统农业的途径——投资，即对农业新生产要素(新技术)和人力资本(农民)进行投资。舒尔茨认为农民都是企业家，他们在生产实践中经过多年的努力，已经使传统农业现有的生产要素达到了最优配置，重新配置或者追加这些生产要素也不会带来生产增长。传统农业社会及农民的贫穷是由于农业所依靠的生产要素在现有条件下无法实现更多生产造成的。此外，舒尔茨认为农业也可以成为国民经济增长的重要拉力。传统农业技术的长期停滞使其发展达到一种不能为国民经济的继续增长做出贡献的均衡状态。但由于新技术生产要素的不断发明、创造和投入应用，现代农业可以实现持续增长与提高。故现代农业成为拉动国民经济增长的关键问题是如何把传统农业改造成为现代农业，实现农业的可持续发展(刘莉，2014)。

(4)中央与四川省关于促进农业供给侧结构性改革的政策与实践。逐步深入推进农业供给侧结构性改革一直是国内供给侧结构性改革的重要内容。2014～2016 年中央“一号文件”都对农业供给侧改革给予了高度重视。当前，我国农业生产受到农产品价格“天花板”压顶和生产成本“地板”抬升的双重制约，农产品供求结构失衡、生产成本过高、资源错配及透支利用等突出问题，是供给侧结构性矛盾的集中显现[①]，故而中央提出“三去一降一补”的农业改革任务。

中共四川省委、省政府在积极学习贯彻中央会议和文件精神基础上，深刻认识到四川省农业发展面临与全国各地方相似的农业供给有效性低、传统农业生产方式过度消耗农业资源、农民增收空间小等问题与挑战②。四川省农业厅围绕省委省政府的决策部署，积极推进转变农业发展方式、农业供给侧结构性改革，重点从以下四个方面着力：①调整优化农业结构；②有效降低农业成本；③着力补齐农业短板；④牢固树立品牌意识(表 8-1)。

---

① 国家发展和改革委员会官网.http：//njs.ndrc.gov.cn/nczc/201601/t20160128_773143.html

② 四川省人民政府网站.http：//www.sc.gov.cn/10462/wza2012/zxft/20130725/20160624nyt.shtml

表 8-1　农业供给侧结构性改革相关政策及实践简介

<table>
<tr><th></th><th>文件名称</th><th>要点简介</th><th>主要任务</th><th>实践</th></tr>
<tr><td rowspan="3">国家</td><td>2014 年中央一号文件</td><td>提出实施“以我为主、立足国内、确保产能、适度进口、科技支撑”的国家粮食发展战略，这也为农业供给侧结构性改革划出了底线</td><td>既要保护耕地，又要保护产能，保护主产区特别是核心产区的粮食生产；让粮食价格和粮食储备回归市场</td><td rowspan="3">黑龙江省与广东省跨省合作共推供给侧改革
吉林市：“互联网+生态农业”升级转型
重庆市江津区：“农业+旅游”引发聚合效应
洪湖市：“3+X”助推农业供给侧
湖北省监利县推动农业供给侧改革，实现经济和生态双发展</td></tr>
<tr><td>2015 年中央一号文件</td><td>提出“深入推进农业结构调整”的战略性任务</td><td>推进土地制度的改革；进行农业结构调整；确保谷物自给、口粮绝对安全</td></tr>
<tr><td>2016 年中央一号文件</td><td>在“创新、协调、绿色、开放、共享”的理念下，提出“三去一降一补”的改革任务</td><td>提高农产品供给有效性；增强农业资源在市场中的配置；推动农业生产提质增效</td></tr>
<tr><td rowspan="2">四川省</td><td>2016 年省委一号文件</td><td>供给侧改革要瞄准市场需求，提供有效供给；抓好农业生产、经营和资源利用方式“三转”；加快推进土地确权颁证、培育新型农业经营主体、开展农村集体资产股份合作制改革、探索增加农民财产性收入新途径；特色产业精准扶贫；等</td><td>口粮优质化；释放优势特色产业潜力；拓展农业功能，向第二、三产业延伸融合，发展休闲农业</td><td rowspan="2">四川省将在 18 县推广示范新型农作物
20 个现代农业、80 个畜牧业重点县建设
在温江和广汉等 10 个县市区开展农村集体资产股份合作制改革试点
精准扶贫特色产业，打造“一村一品”工程</td></tr>
<tr><td>《关于贯彻落实省政府促进经济稳定增长提质增效推进供给侧结构性改革的实施意见》(川农业〔2016〕18 号)》</td><td>从四川农业发展面临的突出问题着手，从经营体系、生产体系和产业体系三个方面对农业转型升级做出了具体安排</td><td>推进农业供给侧结构性改革，加快转变农业发展方式，走产出高效、产品安全、资源节约、环境友好的农业现代化道路</td></tr>
</table>

8.2　四川省农业供给结构分析

8.2.1　产值结构分析

(1) 农业产值比例稳居第一，总体呈上升趋势。自 2008 年开始，四川省农业产值比例开始超过畜牧业产值比例，成为四川省第一产业中贡献最大的产业。因此农业是四川省非常重要的产业。根据表 8-2 可知，四川省农业总体呈逐渐上升的趋势。2015 年，四川省农业产值已占全省第一产业增加值的 53.22%，不断趋近全国水平。

表 8-2　四川省农业产值与全国农业产值对比表

年份	四川省农业产值占第一产业比例/%	四川省农业总产值/亿元	全国农业产值占第一产业比例/%	全国农业总产值/亿元
2004	43.85	987.70	50.05	18138.36
2005	42.21	1037.20	49.72	19613.37
2006	41.32	1075.08	52.74	21522.30

续表

年份	四川省农业产值占第一产业比例/%	四川省农业总产值/亿元	全国农业产值占第一产业比例/%	全国农业总产值/亿元
2007	39.07	1316.60	50.43	24658.10
2008	46.41	1710.80	48.35	28044.22
2009	48.95	1806.06	50.99	30777.50
2010	50.70	2069.33	53.29	36941.10
2011	49.75	2454.26	51.64	41988.64
2012	50.89	2764.90	52.48	46940.46
2013	52.52	2903.48	53.09	51497.37
2014	53.21	3078.61	53.58	54771.55
2015	53.22	3335.51	-	-

数据来源：根据《四川统计年鉴 2016》《中国统计年鉴 2015》整理得出。

(2)林业产值比例低于全国平均水平。截至 2015 年底，四川省林地面积 2402.4 万公顷，占全省土地面积的 49.43%，森林面积 1725.7 万公顷，居全国第四位，森林覆盖率 35.5%。而全国森林覆盖率为 21.63%，森林面积为 2.08 亿公顷。世界各国公认为，森林覆盖率高于 30%而且分布均匀，就能较好地保护环境。这说明四川省森林覆盖率水平较高，达到了保护环境的标准。但如表 8-3 所示，四川省林业产值在四川省第一产业中所占比例较低，仅有 3%左右，2015 年比例为 3.28%，多年来一直低于全国林业产值比例。

表 8-3 四川省林业产值与全国林业产业对比表

年份	四川省林业产值占第一产业比例/%	四川省林业总产值/亿元	全国林业产值占第一产业比例/%	全国林业总产值/亿元
2004	2.78	62.65	3.66	1327.12
2005	2.85	69.94	3.61	1425.54
2006	2.95	76.75	3.95	1610.81
2007	2.59	87.20	3.81	1861.64
2008	2.86	105.32	3.71	2152.90
2009	3.05	112.52	3.63	2193.00
2010	2.77	112.90	3.74	2595.47
2011	2.64	130.10	3.84	3120.68
2012	2.79	151.50	3.85	3447.08
2013	3.19	179.43	4.02	3902.43
2014	3.33	196.00	4.16	4256.00
2015	3.28	205.82	-	-

数据来源：根据《四川统计年鉴 2016》《中国统计年鉴 2015》整理得出。

(3) 畜牧业产出贡献较大，总体呈下降趋势。由表 8-4 看出，四川省的畜牧业产值比例占全省的第一产业比例较高，2004 年四川省的畜牧业产值比例占全省第一产业比例高达 48.73%，之后几年呈现逐年递增的情况。在 2007 年，四川省的畜牧业产值比例达到最高，为 54.21%，畜牧业成为四川省第一产业的绝对支柱。2007 年之后，畜牧业产值占四川省第一产业的比例总体呈现不断降低的趋势，到 2015 年畜牧业产值比例降低到 40.14%，但畜牧业仍然是四川省主要的第一产业部门。与全国相比，四川省的畜牧业产值占第一产业的比例一直高于全国畜牧业的产值比例，在 2007 年以前，二者之间的畜牧业产值比例差距较大，自 2007 年之后，四川省与全国畜牧业产值比例之间的差距一直稳定在 11% 左右。

表 8-4 四川省畜牧业产值与全国畜牧业对比表

年份	四川省畜牧业产值占第一产业比例/%	四川省畜牧业/亿元	全国畜牧业产值占第一产业比例/%	全国畜牧业/亿元
2004	48.73	1097.62	33.59	12173.80
2005	50.06	1230.18	33.74	13310.78
2006	50.63	1317.41	29.61	12083.86
2007	54.21	1827.07	32.98	16124.90
2008	46.35	1708.42	35.49	20583.56
2009	43.27	1596.72	32.25	19468.36
2010	41.77	1705.16	30.04	20825.73
2011	43.12	2127.20	31.70	25770.69
2012	41.78	2269.86	30.40	27189.39
2013	40.35	2267.56	29.32	28435.49
2014	39.38	2318.84	28.33	28956.30
2015	40.14	2515.58	-	-

数据来源：根据《四川统计年鉴 2016》《中国统计年鉴 2015》整理得出。

(4) 渔业产值比例远低于全国平均水平。由表 8-5 可以看出，四川省的渔业产值占第一产业的产值比例较低，2004～2015 年年均维持在 3%附近，2004 年四川省的渔业产值比例为 2.92%，2015 年渔业产值比例仅增加到 3.36%。而从全国范围来看，2004 年全国渔业占第一产业的比例为 9.95%，到 2014 年，全国渔业产值占第一产业的比例增长到 10.11%，与全国平均水平相比，四川省的渔业发展不足，受自然条件的限制，渔业发展规模有限，渔业占第一产业的比重远远低于全国平均水平。

表 8-5 四川省的渔业产值与全国渔业产业对比表

年份	四川渔业产值占第一产业比例/%	四川渔业/亿元	全国渔业产值占第一产业比例/%	全国渔业/亿元
2004	2.92	65.75	9.95	3605.60
2005	3.19	78.49	10.18	4016.12
2006	3.35	87.16	9.73	3970.52
2007	2.55	85.80	9.12	4457.52

续表

年份	四川渔业产值占第一产业比例/%	四川渔业/亿元	全国渔业产值占第一产业比例/%	全国渔业/亿元
2008	2.81	103.68	8.97	5203.38
2009	3.23	119.05	9.32	5626.44
2010	3.18	129.83	9.26	6422.37
2011	2.98	147.16	9.31	7567.95
2012	3.01	163.77	9.73	8706.01
2013	3.16	177.49	9.93	9634.58
2014	3.27	192.35	10.11	10334.26
2015	3.36	210.52	-	-

数据来源：根据《四川统计年鉴 2016》《中国统计年鉴 2015》整理得出。

8.2.2 农产品发展情况分析

(1)四川省农产品发展情况。农业结构通常用各农产品播种面积和产量来反映。四川省的主要农作物种植结构中，粮食作物的播种面积 2006～2010 年逐渐下降，2011 年开始又有所回升，且其仍然在四川省农业中占最重要的地位，播种面积占四川省总的农业播种面积的 2/3 左右。粮食作物的产量从 2006 年开始也在逐年上升。油料作物、烟叶、蔬菜及食用菌以及茶叶、水果等的播种面积和产量总体呈现逐渐上升的趋势，而棉花和甘蔗的播种面积和产量总体呈现逐年下降的趋势。生麻播种面积于 2004～2006 年上升；而生麻播种面积从 2006～2008 年，则逐年下降。

林业结构可通过观察主要林产品产量得知。四川省的主要林产品中，生漆和油桐籽产量总体呈现下降的趋势，且 2015 年与 2004 年相比，二者产量都减少过半。核桃产量逐年递增，竹笋干产量总体呈现增长的趋势。

四川省的饲养牲畜主要包括肉猪、牛、羊。肉类总产量在 2005 年达到最高值 955.87 万吨，经历了快速下降后的缓慢回升，而 2005 年的猪年末头数 5970.69 万头、牛年末头数 1146.92 万头、羊年末头数 2140.25 万头均为近十年的最高值。到 2015 年，四川省的肉猪出栏量为 7236.54 万头、猪年末头数 4815.57 万头、牛年末头数 985.30 万头、羊年末头数 1782.28 万头。

四川省水产品情况。在 2004 年的水产品产量为 86.15 万吨；2004～2008 年，水产品产量不断增长；2008 年，四川省的水产品产量达到 130.342 万吨；但到 2009 年，水产品产量大幅度降低，绝对数值仅为 100.132 万吨；2009 年之后，水产品产量增长明显，到 2014 年末，四川省的水产品产量已达 132.635 万吨，但是渔业发展规模仍然有限。

(2)四川特色农产品产能高出全国水平。四川省粮食类的农产品以稻谷最具有优势，2015 年稻谷播种面积占粮食播种面积的 31%，但其产量占粮食产量 45.1%，产出水平高出其他粮食类农产品。由表 8-6 可知，四川省稻谷单产连续十年高出全国水平，在近几年一直保持高出 10%以上的优势。而四川省的杂交水稻种植面积和产量连续二十年保持全国第一，是粮食类农产品的领头羊。

表 8-6 2004～2015 年四川省和全国稻谷产能情况

年份	全国产能/(千克/公顷)	四川产能/(千克/公顷)	高出全国水平/%
2004	6310.61	7739.3	22.64
2005	6260.18	7655.2	22.28
2006	6279.6	6525.7	3.92
2007	6432.98	7067.4	9.86
2008	6562.54	7439.8	13.37
2009	6585.33	7583.2	15.15
2010	6552.96	7618.4	16.26
2011	6687.32	7686.1	14.94
2012	6776.89	7768.5	14.63
2013	6717.3	7783.7	15.88
2014	6813.2	7663.9	12.49
2015	-	7798.1	-

数据来源：根据《四川统计年鉴 2016》《中国统计年鉴 2015》整理得到。

四川省油料类的农产品中一直以油菜籽为主，其产量占油料类的 77.5%。如表 8-7 所示，四川省油菜籽产能一直领先全国产能水平 15%以上，这是四川油料类农产品的最大优势。就全国而言，油菜籽产量预计有所降低，2016～2017 年预计减产 5.6%，而 2016～2017 年中国的油菜籽进口量预计为 390 万吨，高于美国农业部的官方预测值 380 万吨①。

表 8-7 2004～2015 年四川省和全国油菜籽产能情况

年份	全国产能/(千克/公顷)	四川产能/(千克/公顷)	高出全国水平/%
2004	1812.82	2027.03	11.82
2005	1793.27	2064.37	15.12
2006	1832.64	2118.77	15.61
2007	1873.82	2158.73	15.20
2008	1835.34	2137.38	16.46
2009	1876.52	2134.47	13.75
2010	1775.1	2166.43	22.05
2011	1827.26	2223.15	21.67
2012	1884.77	2263.05	20.07
2013	1919.81	2244.94	16.94
2014	1946.81	2293.03	17.78
2015	-	2322.30	-

数据来源：根据《四川统计年鉴 2016》《中国统计年鉴 2015》整理得到。

① 来源：中国食用油网。

8.2.3 农业经营主体和产业组织形式分析

改革开放以来，我国的农业经营主体逐步由家庭经营农户占主导的格局向多种类型经营主体的格局转变。目前，我国的新型农业经营主体主要有专业农户、农民专业合作社、农业企业、家庭农场。其中，农民专业合作社发展势头强劲。截至 2013 年年末，全国农民专业合作社已经超过 68.9 万个，实有成员超过 5300 万户。在各类新型农业经营主体中，四川省凭借着广阔的山地、丘陵优势，其将来最具有发展潜力的经营主体是家庭农场。在 2013 年中央一号文件首提“家庭农场”之后，仅仅两年时间，四川各地的家庭农场如雨后春笋般兴起，数量增至 1.7 万个，经营面积 161.5 万亩，全省规模种养殖户达 45 万户，30 亩以上种粮大户 1.3 万户，工商登记农民合作社 5.8 万个。这些家庭农场凭借着专业化技术、机械化生产、规模化经营、市场化运作，成为促进四川现代农业高速发展的中流砥柱。为了结合四川省特色，打造特色新型农业经营主体，成都市还出台了《关于加快推进家庭农场发展的指导意见》，从 2014 年起，成都市级财政每年在扶持农业资金中安排不少于 1000 万元专项扶持家庭农场的发展，截止到 2015 年年末，成都市家庭农场达 1500 家。

进入 20 世纪 90 年代之后，为了实现农户和市场的对接，全国各地先后形成了新的经营组织形式，这些组织形式经过不断的完善，掀起了新一轮农业产业化经营组织形式创新。新型农业经营组织形式主要有“公司+家庭农场”“公司+社会组织+农户”“合作社+合作社”“现代农业产业联合体”。新型农业组织形式的重大变革是农业产业化，在不改变农户生产经营自主权的前提下，由龙头企业将生产经营的各个环节通过利益关系联合起来，从而提高整个产业的资源配置效率。截止到 2015 年年末，四川省规模以上的农业龙头企业达到 8703 家。

8.3 要素投入产出效率分析

8.3.1 要素投入产出指标与描述性分析

在充分考虑农业生产要素投入和产出的特征以及农业生产要素投入数据的可取得性基础上，选取 2010～2015 年四川省 21 个市州的农业相关数据进行分析，使用农林牧渔业总产值代表产出指标，农林牧渔业从业人员代表劳动力投入指标，年末实有耕地面积代表土地投入指标，农村用电量、化肥施用量代表资本投入指标。四川省各市州农林牧渔业产业要素投入与产出的各项指标见表 8-8 与表 8-9。

表 8-8 四川省各市州农林牧渔业产值与要素投入对比情况

地区	产出指标		投入指标							
	农林牧渔业总产值/亿元		农林牧渔业从业人员/万人		年末实有耕地面积/千公顷		农村用电量/亿千瓦时		化肥施用量/万吨	
	2010 年	2015 年	2010 年	2015 年	2010 年	2015 年	2010 年	2015 年	2010 年	2015 年
成都市	470.19	663.06	152.7	103.1	356.5	421.5	31.6	32.1	17.2	15.2
自贡市	138.46	207.81	74.2	81.8	134.6	216.5	3.8	4.7	8.5	9.5

续表

地区	产出指标		投入指标							
	农林牧渔业总产值/亿元		农林牧渔业从业人员/万人		年末实有耕地面积/千公顷		农村用电量/亿千瓦时		化肥施用量/万吨	
	2010 年	2015 年	2010 年	2015 年	2010 年	2015 年	2010 年	2015 年	2010 年	2015 年
攀枝花市	36.52	54.94	21.8	17.1	40.0	75.0	1.5	2.0	3.0	2.9
泸州市	178.72	280.77	116.5	105.5	209.5	410.6	5.2	7.7	10.3	11.1
德阳市	253.05	377.83	88.6	78.2	185.0	249.8	17.7	21.1	20.0	18.9
绵阳市	273.22	446.01	114.6	94.3	280.6	444.9	9.3	11.0	21.0	21.9
广元市	127.78	186.16	84.5	71.4	166.1	353.3	2.6	4.1	11.3	11.4
遂宁市	180.23	252.84	67.5	73.2	154.5	270.8	3.0	3.7	14.4	14.3
内江市	185.18	332.27	82.3	53.1	164.4	274.6	7.8	9.5	11.8	12.8
乐山市	167.76	249.07	92.0	79.1	150.2	272.9	7.9	10.4	9.1	9.8
南充市	332.93	567.51	103.0	116.5	300.7	534.9	5.8	6.4	23.3	22.4
眉山市	171.28	276.51	100.7	87.2	171.2	242.0	6.3	8.2	14.5	14.7
宜宾市	221.50	373.99	154.9	147.2	243.4	487.7	8.4	11.5	10.6	8.7
广安市	183.16	285.17	123.5	106.1	173.4	307.7	4.1	5.1	10.7	10.9
达州市	321.02	478.46	164.5	167.0	301.3	550.1	7.0	8.4	20.0	21.9
雅安市	82.57	125.29	44.0	51.5	54.6	101.1	3.9	4.3	5.0	5.1
巴中市	134.52	158.70	113.0	76.3	152.8	324.7	2.4	4.7	13.3	14.2
资阳市	252.23	441.73	106.6	112.8	270.1	430.5	5.3	8.9	8.8	8.8
阿坝藏族羌族自治州	36.47	62.49	32.5	29.6	59.6	83.8	1.8	2.2	0.9	1.3
甘孜藏族自治州	37.25	71.95	48.5	48.8	90.8	103.2	0.9	1.1	0.3	0.3
凉山彝族自治州	282.79	447.48	197.3	171.1	351.3	580.5	5.6	7.4	13.8	13.7

注：数据来源于《四川统计年鉴 2011》《四川统计年鉴 2016》；本表农林牧渔业总产值按当年价格及新口径计算。

表 8-9　2010～2015 年四川省各市州农林牧渔业产值与要素投入增长率(%)

地区	农林牧渔业产值	农林牧渔业从业人员	年末实有耕地面积	农村用电量	化肥施用量
成都市	41.02	−32.50	18.23	1.68	−11.18
自贡市	50.09	10.28	60.83	24.52	11.65
攀枝花市	50.44	−21.69	87.18	29.28	−4.78
泸州市	57.10	−9.52	96.02	48.54	7.98
德阳市	49.31	−11.65	35.06	19.30	−5.53
绵阳市	63.24	−17.68	58.55	18.71	3.97
广元市	45.69	−15.51	112.72	61.41	0.80
遂宁市	40.29	8.56	75.24	23.99	−0.24

续表

地区	农林牧渔业产值	农林牧渔业从业人员	年末实有耕地面积	农村用电量	化肥施用量
内江市	79.43	−35.48	66.99	22.43	7.96
乐山市	48.47	−14.00	81.68	32.78	8.37
南充市	70.46	13.13	77.87	11.28	−4.02
眉山市	61.44	−13.42	41.36	30.32	1.43
宜宾市	68.84	−4.99	100.35	36.53	−17.92
广安市	55.69	−14.09	77.41	24.92	1.68
达州市	49.04	1.49	82.58	20.95	9.39
雅安市	51.74	16.94	85.02	10.22	2.52
巴中市	17.98	−32.47	112.52	98.36	6.48
资阳市	75.13	5.87	59.40	68.52	−0.79
阿坝藏族羌族自治州	71.35	−8.87	40.56	22.22	37.79
甘孜藏族自治州	93.15	0.59	13.68	29.48	14.39
凉山彝族自治州	58.24	−13.30	65.28	32.75	−1.12

根据表 8-8 与表 8-9，相对于 2010 年，2015 年四川省各市州的农林牧渔业总产值整体保持着较高的增长率，其中甘孜藏族自治州在此期间农林牧渔产值增长 93.15%，为全省增长率最高的地区。而在 21 个市州中，只有巴中市一个地区在此期间农林牧渔总产值增长较慢，增长率仅为 17.98%。

在要素投入变动方面，四川省大致情况是劳动力要素投入整体呈现减少趋势，其中农林牧渔从业人数减少幅度最大的地区是内江市，减少从业人员近 35.48%；土地要素整体变动幅度差异较大，四川省 21 个市州在 2010～2015 年各自的耕地面积都有一定幅度的增加，其中甘孜藏族自治州耕地面积增加幅度最小(为 13.68%)，而广元市、巴中市两市耕地面积增长率都达到了 112%以上；在资本要素投入方面，全省大多数的市州在农村用电与农业化肥施用量上都加大了投入，而遂宁市、资阳市、凉山彝族自治州、南充市、攀枝花市、德阳市、成都市以及宜宾市等地区则降低了化肥投入，降幅分别为 0.24%、0.79%、1.12%、4.02%、4.78%、5.53%、11.18%和 17.92%。

8.3.2 Malmquist 指数法分析

本节利用 DEA-Malmquist 方法对 2010～2015 年四川省 21 个市州的农业要素投入产出进行 Malmquist 指数分析。Malmquist 指数是 Sten Malmquist 在 DEA 理论基础上提出来的，该指数常用于生产率测算中。在距离函数的基础上，基于投入的全要素生产率指数可以用 Malmquist 生产率指数来表示：

$$M_i^t = D_i^t(X^t, Y^t) / D_i^t(X^{t+1}, Y^{t+1}) \tag{8-1}$$

这个指数测度了在 t 期技术条件下，从 t 到 t+1 期的全要素生产率效率的变化率。同样，可以定义在 t+1 期的技术条件下，测度从 t 到 t+1 期的全要素生产变化的 Malmquist 生产率指数：

$$M_i^{t+1} = D_i^{t+1}(X^t, Y^t) / D_i^t(X^{t+1}, Y^{t+1}) \tag{8-2}$$

为了避免选择生产技术效率参照系的随意性，把以投入为指标的 Malmquist 生产率指数特定为两个 Malmquist 指数的几何平均值。M>1 表示生产率进步；M=1 表示生产率不变；M<1 表示技术变化和综合效率变化均小于 1，但是还存在技术退步和综合效率提高同时出现的情况。

在规模不变(CRS)的条件下，能够将 Malmquist 生产指数分为两个指标加以考量，具体包括：技术进步(TECHCH)、技术效率变化(EFFCH)。

$$M = \text{EFFCH} \times \text{TECHCH} \tag{8-3}$$

$$\text{TECHCH} = [D^{t+1}(X^t, Y^t) D^{t+1}(X^{t+1}, Y^{t+1}) / D^t(X^t, Y^t) D^t(X^{t+1}, Y^{t+1})]^2 \tag{8-4}$$

$$\text{EFFCH} = D^t(X^t, Y^t) / D^{t+1}(X^{t+1}, Y^{t+1}) \tag{8-5}$$

在规模可变(VRS)的条件下，能够将全要素生产率分为三个指数加以考量，具体包括：纯技术效率变化(PECH)、规模变化(SECH)和技术进步(TECHCH)。

$$M = \text{PECH} \times \text{TECHCH} \times \text{SECH} \tag{8-6}$$

$$\text{PECH} = [D^{t+1}(X^t, Y^t) D^{t+1}(X^{t+1}, Y^{t+1}) / D^t(X^t, Y^t) D^t(X^{t+1}, Y^{t+1})]^{1/2} \tag{8-7}$$

$$\text{TECHCH} = [D^{t+1}(X^t, Y^t) D^{t+1}(X^{t+1}, Y^{t+1}) / D^t(X^t, Y^t) D^t(X^{t+1}, Y^{t+1})]^2 \tag{8-8}$$

$$\text{SECH} = \{[D_c^{t+1}(X^t, Y^t) D_c^t(X^t, Y^t) D^{t+1}(X^{t+1}, Y^{t+1}) D^t(X^{t+1}, Y^{t+1})] / [D_c^{t+1}(X^{t+1}, Y^{t+1}) D_c^t(X^{t+1}, Y^{t+1}) D^{t+1}(X^t, Y^t) D^t(X^t, Y^t)]\}^{1/2} \tag{8-9}$$

其中，字母 C 表示在规模不变(CRS)的情况下所测算出的结果。

8.3.3 全要素效率结果及分析

将收集整理好的数据通过 DEAP Version 2.1 软件进行计算，表 8-10 反映的是 2010～2015 年四川省各市州农业全要素生产经营效率的变化情况，在全省范围内只有 9 个市州的农业全要素生产率变动超过 1，也即是有 12 个市州的农业全要素生产率产生了相对减少的趋势。其中，全要素生产率增长幅度最大的地区是内江市，其全要素生产率变动为增长 6.8%。

表 8-10 2010～2015 年四川省各市州农业全要素生产经营效率的变化情况

地区	全要素生产率变动	效率变动	技术变动	纯技术效率变动	规模效率变动
内江市	1.068	1.021	1.046	1.02	1.001
甘孜藏族自治州	1.062	1	1.062	1	1
成都市	1.045	1	1.045	1	1
绵阳市	1.027	1.009	1.017	1.008	1.001
阿坝藏族羌族自治州	1.018	0.963	1.057	1	0.963
宜宾市	1.011	0.981	1.031	0.992	0.988
资阳市	1.01	1	1.01	1	1
南充市	1.002	1	1.002	1	1
眉山市	1.001	1.03	0.972	1.028	1.002
凉山彝族自治州	0.999	0.974	1.025	0.989	0.985
德阳市	0.994	0.994	1	1	0.994
攀枝花市	0.983	0.968	1.015	1	0.968

续表

地区	全要素生产率变动	效率变动	技术变动	纯技术效率变动	规模效率变动
广安市	0.983	0.975	1.008	0.98	0.995
泸州市	0.976	0.955	1.022	0.963	0.992
自贡市	0.973	0.982	0.991	0.988	0.994
达州市	0.969	0.962	1.007	0.961	1.001
乐山市	0.966	0.959	1.007	0.966	0.993
遂宁市	0.959	0.971	0.988	0.986	0.985
雅安市	0.958	0.991	0.966	1	0.991
广元市	0.927	0.927	1	0.958	0.968
巴中市	0.849	0.862	0.984	0.897	0.961

在 2010～2015 年，四川省区域内各市州农业效率平均降低 2.3%，农业技术平均提高 1.2%，其中，农业纯技术效率平均降低 1.3%，农业规模效率降低 1%，整体农业全要素生产率降低了 1.2%。因此可以得出结论，农业技术的提高是当前促进四川省全要素生产率提高的重要推动力，然而其他因素对农业全要素生产率的作用表现消极，还需要改善。

具体而言，图 8-1 中各市州的全要素生产率变动基本和几大要素生产率的变化方向一致，但各市州的差距仍较大，其中全要素生产率最高的内江与最低的巴中相差了 13.9%，巴中市除了技术变动率有所增加外，其余各要素效率均为降低。

表 8-11 中列出了 21 个市州的 2010～2015 年每年的全要素生产率情况，以此可以看出每个市州各年的变动率；2010～2011 年全要素平均生产率变动为 111.7%；2011～2012 年全要素生产率变动回降为 103%；2012～2013 年全要素生产率略有减少，降幅为 0.1%；2013～2014 年又有小幅回升，全年全要素生产率加了 2.6%；而在 2014～2015 年，四川省的农业全要素生产率下降幅度最大，生产率降低 18.5%。

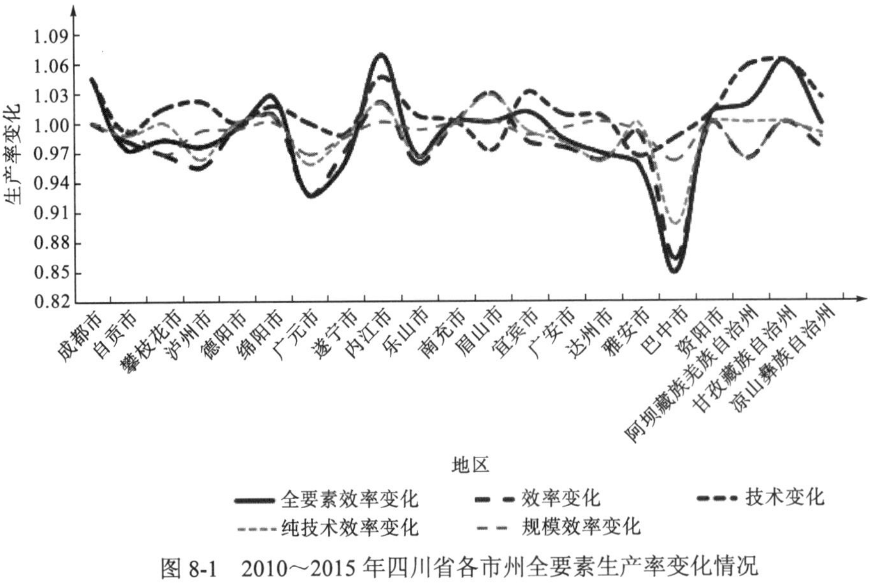

图 8-1　2010～2015 年四川省各市州全要素生产率变化情况

表 8-11　2010～2015 年四川省各市州农业全要素生产率情况

市州	2010～2011 年	2011～2012 年	2012～2013 年	2013～2014 年	2014～2015 年
成都市	1.167	1.049	0.99	1.025	1.004
自贡市	1.126	1.033	0.993	0.982	0.769
攀枝花市	1.09	1.01	1.03	1.009	0.803
泸州市	1.147	1.036	0.998	1	0.748
德阳市	1.119	1.028	0.98	1.026	0.839
绵阳市	1.143	1.053	1.046	1.018	0.89
广元市	1.026	1.019	0.941	0.894	0.778
遂宁市	1.215	1.008	0.862	1.013	0.758
内江市	1.304	1.142	0.986	1.053	0.9
乐山市	1.091	1.016	1.016	1.008	0.742
南充市	1.083	1.085	1.064	1.01	0.8
眉山市	1.124	1.08	1.016	1.006	0.811
宜宾市	1.193	1.055	1.037	1.025	0.788
广安市	1.092	1.068	1.041	0.996	0.758
达州市	1.157	1.009	0.953	1.011	0.758
雅安市	1.079	1.011	1.014	1.03	0.707
巴中市	0.934	0.901	0.805	0.991	0.656
资阳市	1.132	1.053	1.002	0.993	0.885
阿坝藏族羌族自治州	1.026	1.028	0.988	1.091	0.961
甘孜藏族自治州	1.23	1.073	1.037	1.019	0.967
凉山彝族自治州	1.042	1.03	1.038	1.007	0.887
平均	1.117	1.036	0.99	1.009	0.815

表 8-11 与图 8-2 都表现了各地区五年间的全要素生产率的整体变化情况，可以看出各地区总体基本的变化趋势是先降低再增加，从 2010 年开始各地区的全要素生产率处于

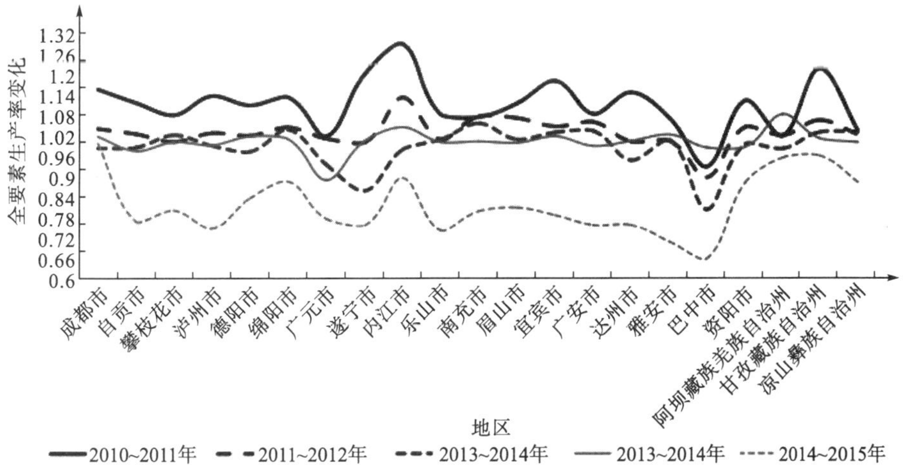

图 8-2　2010～2015 年分年度四川省各市州全要素生产率变化情况

较高的水平，一直到2013年总体呈现下降趋势，并在2014年有所回升，而进入2015年后农业全要素生产率降至最低。全省21个市州在这期间整体农业全要素生产率都是下降趋势，其中变化最大的地区为遂宁市，由1.215降至0.758，降低幅度高达37.61%。

综合上述分析，可以得出四川省总体全要素生产率有所降低，其中农业技术的提高是抑制全要素增长率降低的最重要因素，而其他因素的影响还有待改善的结论。

8.4 四川省农业供给侧结构性改革的理念、目标、模式与途径

1) 改革应坚持“五大发展理念”

农业供给侧结构性改革要以中央“一号文件”为指导，结合“五大发展理念”和中央“三农”决策部署，落实“四个全面”战略布局来提高农业现代化水平。发展的新理念为：创新强农、协调惠农、绿色兴农、开放助农、共享富农。四川省农业供给侧结构性改革应按照新理念的要求，探索农业发展的新模式和新路径，调整农业产业结构，实现产业升级。

2) 改革目标为补短板和调结构

作为国内农业大省，四川省的农业结构性问题正是中国农业结构性问题的缩影，从前述分析来看，四川省的农业产业结构中，林业与渔业发展水平偏低，存在短板；且四川省的新农村建设尚未达到标准，一些地区的农村存在产业链不完整，科技落后和环境污染等问题。针对四川省的实际情况，四川省农业供给侧结构性改革应该在全国目标的基础上有选择性地进行，主要目标应着眼于补短板和调结构。

3) 采取“2+5”改革模式

综合前文分析，四川省农业供给侧结构性改革模式选取“2+5”改革模式，“2”即两目标——调结构和补短板；“5”即五路径，包括整合农业要素、改造经营模式、调整产业结构、发展特色农业和创新经营机制。以两目标为方向，五路径为动力，促进供给侧结构性改革的进行。

4) 农业供给侧结构性改革路径

(1) 整合农业要素，大力推进现代农业发展。由前述分析可知，四川省农业在土地、资本、劳动力和技术这四方面的投入都存在要素冗余以及投入的要素没有发挥最大效率的情况，造成了极大浪费。在土地方面，土地利用率低，土地资源的作用难以发挥，土地投入的回报率就低，影响农业生产机械化和现代化发展，土地经营规模效益难以完全实现；在物质资本投入方面，购买农业生产所需物资的投入仍低于现代农业所要求的水平；在劳动力方面，虽然四川省是人口大省和农村劳动力输出大省，拥有非常富余的农村劳动力资源，但大部分输出的劳动力都从事非农生产，而少部分从事农业生产的劳动力还存在素质不高、缺乏相关知识技术等问题，无法进行复杂的农用机械操作，只能进行“人海战术”，量多而质不优；在技术方面，农业生产技术水平低，缺乏科研人才是亟待解决的问题。

面对发展现代农业的需求，需要对农业生产的传统生产要素和现代生产要素进行整合，达到三种生产要素的平衡与协调并成为统一整体。四川省整合农业要素要以资源禀赋为基础，发展优势主导产业为载体，加速土地、资本向专业农户整合，形成三要素统一协调的合力，这样既能加速农业产业结构调整，又能充分发挥农业生产的区位优势，增强农村经济发展实力，增加农民收入。通过资本来组织劳动、土地的生产，以主导产业为核心，以产前、产后为两翼，实现农业产业化经营，形成产前、产中、产后一条龙的经营体制。同时，也要加快推动主导产业发展的专业技术和各项资本向农户集聚，形成传统生产要素和现代生产要素的有机整合，进而实现土地规模效益，农业劳动生产率和资本的投入产出效益共赢的局面。

(2) 改造经营模式，形成规模经济。四川省当前农户的经营规模普遍较小，截至 2010 年底，全省范围内耕种面积在 5 亩以下的农户占比高达 85.3%，耕种面积在 20 亩以上的农户只有 0.67%(高瑞芳和贾宪威，2010)。虽然近年来随着相关农业政策的出台，农村出现一些种田大户，但该部分种田大户在推动农村经济发展方面发挥的作用微乎其微。随着农村大量劳动力转向非农业生产，大部分进城务工的农民把土地闲置起来而不是转予他人耕种，这使得土地流转速度缓慢，阻碍了农户家庭经营规模的扩大，造成了资源浪费。在联合经营的农户中，存在农户与农户家庭之间的联合经营、农户家庭和其他相关经济组织的联合经营两种情况，且这种联和经营基本是农户和农业大户之间为销售自己的农产品而进行的联合经营，很少有农户和经济组织的联合经营。这就造成了农户在产品销售市场上不具备优势竞争力，不能形成规模优势，更不能较好地实现产品批发地市场和销售地市场的衔接。另外，信息缺乏使得农户在农产品销售中处于劣势，在交易市场上的谈判地位较低，交易成本较高，而成本费用过高，又会导致农户收入降低，从而影响农业要素投入，进而影响农业产出，形成恶性循环。

根据四川省实际情况，农业组织的改造可选择 “公司+协会+农户” 和“合作组织+农户”两种模式，在农业发达地区选择前者，在不发达地区推行后者，逐步形成有一定规模的农业经营组织。同时，政府应提供强有力的政策支持，如在税收、信贷方面给予一定的优惠，营造良好的外部环境，提升合作社服务能力。

(3) 调整产业结构，实现优化升级。前述分析结果显示，四川省农业产业结构分布不够合理，农业所占比例过大，应适当降低其比例；林业所占比重与全国水平变化趋势一致，说明四川省林业发展较好，应注重后续发展；畜牧业发展情况较好，高于全国平均水平；渔业比重远低于全国平均水平，并且发展速度缓慢，应重点扶持。在农业方面，在保证粮食产量不减少的情况下加大经济作物的种植；林业方面在保持良好发展的同时注意生态环境保护，绝对不能出现过度砍伐的情况；畜牧业的主要经济区甘孜藏族自治州和阿坝藏族羌族自治州的经济贡献率最高，应对这两地区的畜牧业合理规划，实现产业升级；四川省由于地形特点，不适于渔业发展，但仍存在内江市、眉山市、广安市三个渔业发展较好的地区，应对这些地区的渔业发展进行规划，形成规模小质量高的渔业产业集群。

(4) 发展特色农业，优化区域布局。四川省的特色优势产业基础较好：“两高双低”优质油菜、优质水果、名茶、水稻、中药材、反季节蔬菜、花卉及观赏植物、畜产品、水产品等农产品基地建设正在全面展开，部分产品已初步取得成果；反季节蔬菜以及各种精细蔬菜快速发展；部分具有地方特色的名优特新土产品的生产已经具有一定的规模；以乡、村为单位的特色生产基地逐步形成，“一村一品”“一乡一色”的特色农业生产格局已逐渐成型，一批特色水果、蔬菜、花卉、养殖乡镇脱颖而出。但就目前的情况来看，四川省的一些特色农产品仍存在的科技含量低、附加值低的问题。四川省的农业科研综合能力在西部地区处于领先地位，但在研发投入的分配方面和技术成果的转化、推广方面做得不够，导致现有特色农产品科技含量较低，附加值较低，市场竞争力不强，对农民增收创收起到的推动作用不强。

在发展特色农产品方面，应选择在省内甚至在全国有一定竞争力或者有市场发展潜力的产品作为四川省特色农业的重点发展项目，如优质水稻，特色名品杂粮，优质油菜，特色茶叶、花卉、蚕桑、水果等项目。同时优化农业区域布局：在农业发达地区重点发展优质水稻、地方名特优水果、“两高双低”油菜、畜禽蛋奶、优质水产和无公害蔬菜等；在林业发达地区发展花木、森林蔬菜产业等；在畜牧业发达地区建立牛羊生产基地、优质家畜供应基地等；在渔业发展较好的地区建立渔业养殖并农家乐的农业旅游业一体的家庭渔场；综合考虑全省发展情况，在农林牧渔业均发展较好的地区，有选择性地发展不同产业，起到查漏补缺作用。

(5)创新经营机制，形成品牌效应。四川省的农业历史悠久，很多农业土特产及其加工品都十分有名，如什邡的烟叶以量高质好而享誉全国；汉源的花椒在唐代就被列为贡品；金川雪梨、苍溪梨，以其汁多味甘质优而成为清朝时的贡品；合江荔枝、茂汶苹果、会理宁南石榴、安岳柠檬等也都是上乘佳品，名声远扬；以优质蚕丝为原料生产的蜀绣与湘绣、苏绣、粤绣齐名，俗称“四绣”；青神竹编享誉海内外，深受各界人士的喜爱；川猪、川茶、川酒更是在全国享有较高的知名度，具有较大的影响力，除满足本省需要外，还大量的外调外销，为四川经济的发展做出了重要贡献。但是当前的农产品市场是一个综合性、开放性大市场，海内外产品同台亮相，平等竞争。四川省特色农产品不仅面临国内其他省份的竞争，还面临来自海外的竞争。随着人民物质生活水平的提高，国内消费者对价格更高、品质更好的海外农产品的需求越来越大，如美国的优质水果、澳大利亚的奶和肉类、泰国的精致大米、巴西的豆类等，都开始逐步占据中国高端农产品消费市场。近年来，有的进口产品因为产量大，价格下降，正不断进入中国农产品消费市场。国外优质产品在今后的市场竞争中可能成为四川特色农产品的“劲敌”。因此，四川省应在推进农业产业升级的同时创新经营机制，形成从生产到销售的完整产业链，拓展销售渠道，扩大市场占有率从而提高竞争力，并在经营过程中推进名牌战略，在现有的特色农产品中选择一批市场潜力大、有较强市场竞争力的品牌作为名牌来培育，争取在“十三五”期间培育出在全省、全国有影响的名牌，突出“绿色、品质、营养、安全”四大特色；加强四川名牌的宣传和市场营销，强化四川名牌的认定、注册及保护工作，塑造四川特色农产品的整体形象；同时制定完整的农产品生产标准体系和农产品质量检疫检验体系，以加强对农产品的生产过程、生产投入品和产品质量的全过程检测，确保农产品质量，形成良好声誉。

8.5　四川省农业供给侧结构性改革的机制与政策创新

8.5.1　农业生产要素流转的机制

在大力推动城镇化的进程中，一些城市周边土地被征用为政府或城市商业用地。四川省成都市 2014 年实有耕地面积为 318510 公顷，相比 2010 年减少近 15000 公顷。而成都市大部分为平原地区，最适合农业耕种，所以在农业要素流转的过程中，应建立严格的耕地保护制度，保证耕地质量。

机械化、信息化程度的加深，兼业在农业的生产经营中已是常态化，农村剩余劳动力转移是必然趋势。但劳动力转移的前提是保证自有土地耕种完好，避免出现耕地撂荒现象。劳动力要素转移不能以农业退化为代价。在农村劳动力转移中，应优先实施劳动力就地产城转移，保证本地区经济发展，再进行剩余劳动力输出。

资金的流转重点是促进资金流入农村，支持新农村建设和扶持现代农业发展。目前，四川省大部分的城市资金回流主要集中在乡村旅游业，真正用于农业发展的资金相对较少。在资金要素的流转中，应注意引导资金进入各类农业经营主体，如个体农户、家庭农场、农业企业等，并通过资本市场发行债券股票等多种方式筹资支持农业发展。

现代生产要素流转包括技术流转、信息流转、大数据整合以及资源流转等。在这些要素的流转中需要相关平台的搭建、政府扶持政策的出台和农民的高度参与。为农民搭建农产品销路平台以及提供历年农产品分析数据，让农民充分了解市场现状以调整生产经营，降低生产的盲目性。利用现代生产要素替代劳动力要素，降低劳动投入，增加农业机械的使用。

农业生产要素流转是为了保障耕地质量、提高农业产出，最终目的是提高农民收入，促进农村发展。完善农业生产性服务体系，改善农业和农村发展的基础条件。

8.5.2　农村经营主体及经营组织形式创新

四川省农业供给侧结构性改革要与经济社会发展趋势相适应，把握农业发展的新特点，形成农业发展的比较优势。

1) 农业经营主体的创新

坚持走农业现代化道路，就需要用现代新型科学技术来改造传统农业，用现代经营组织方式来促进农业现代化。可见，采用传统兼业化的分散小农经营是行不通的，必须建立新型的农业经营主体。在改革开放初期，我国的农业经营主体主要是农村家庭，现在基本形成了多种经营主体并存的格局(图 8-3)。

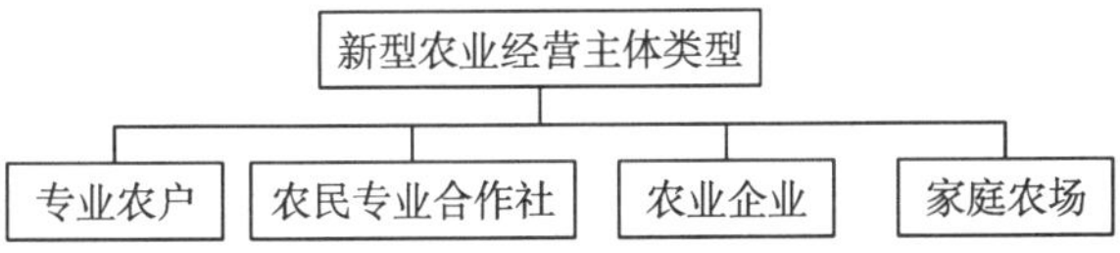

图 8-3　新型农业经营主体

专业农户是指将劳动时间都几乎用于农业中的某特定产业，主要是指农业或者养殖业。目前，我国专业农户已经渐渐发展起来，专业农户的大量存在促进了农民专业合作社的兴起和发展。农民专业合作社是专业农户升级后的产物，在专业农户充当农民合作社成员的同时，由专业合作社向专业农户提供产前、产中、产后等服务。目前四川省专业农户、农业企业正处于加速发展、不断壮大的阶段。

合作经营对于调动农民积极性和增加农民收入发挥着直接有效的作用，四川省应加大对合作经营的支持力度。在各类新型农业经营主体中，四川省拥有广阔的山地、丘陵，将来最具有发展潜力的经营主体就是家庭农场。目前，四川省家庭农场已经处于起步阶段，需要进一步扶持和大力发展。

2）农业经营组织形式的创新

四川省人多地少，人均耕地面积只有 0.67 亩，土地比较分散，不能进行大规模种植，农民经营规模偏小，科技发展水平较低，在生产方式上仍然以粗放式生产为主，这些都严重阻碍了四川农业的发展。因此，为了顺应现代农业生产经营方式的变化，就要不断创新农业经营组织形式（图 8-4）。

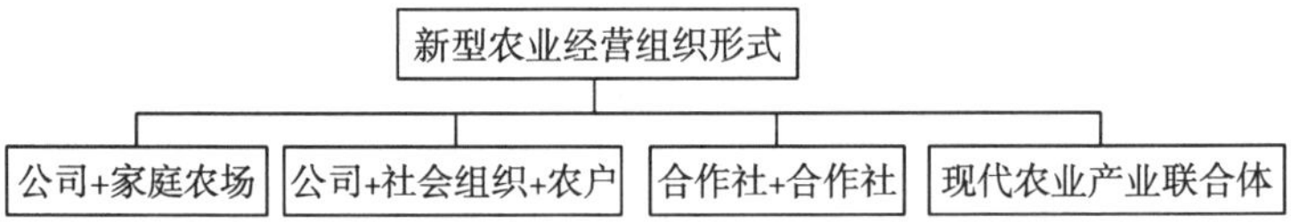

图 8-4　新型农业经营组织形式

新型农业经营组织形式主要有“公司+家庭农场”“公司+社会组织+农户”“合作社+合作社”、“现代农业产业联合体”。这些新型的经营组织形式通过专业化的分工，来提高生产效率，同时农业产业化将“生产、加工、销售”有机地结合在一起，实现一体化经营。农业经营组织形式的创新过程就是通过引进中介机制从而达到最优的资源配置效率和生产效率。例如，“公司+社会组织+农户”这种新型经营组织的创新点就在于在农业企业与农户之间引进社会组织这一中介机制，在公司与农户之间搭起了一座桥梁。由于各经营主体之间的分工越来越细，因此新型农业经营组织的创新首先是要降低交易费用从而提高整个产业的资源配置效率；其次是通过引进先进的科学技术和管理技术，通过扩大生产经营规模形成规模效应，从而提高农业生产效率和获得规模收益。

充分发挥龙头企业的带动作用，增强龙头企业的规模和自身实力，不要盲目地追求企业数量，大力发展科学技术，创新出具有四川特色的经营组织形式。

3）农业供给侧结构性改革的政府行为与政策

四川省农业供给侧结构性改革要依靠政府的引导来进行，政府的政策引导有助于促进农业供给侧结构性改革快速顺利地进行。政府在改革过程中应该充分发挥“引路人”作用，全面考虑各方面因素制定高效的政策。

（1）科学制定农业发展规划。农业供给侧结构性改革首先应从农业供给方入手，这并不意味着要减少农产品的供给，而是要从农业要素投入方面进行改革。在土地方面，对于土地投入量过多的市州应引导其适当降低耕地面积，减少产量过低或不适合农业耕种的土地，同时根据这些土地的性质寻找最适合的用途；对于土地投入量过少的市州应明确规定其最低耕种面积，保证土地投入量达到最优标准。在劳动力方面，重视培养高素质新型职业农民，优化农业产业人员结构，因地制宜地使用高效率的农用机械，提高劳动技术含量。在农业生产技术方面，积极与其他省市或国外农业进行技术交流，将高效率的技术“引进来”，逐步淘汰过时的生产技术。

(2) 加强监督与法制建设。政府在农业供给侧结构性改革方面应发挥其监督者的作用，不仅要确保改革的顺利进行，还要注重一、二、三产业的融合发展。如四川省目前开展的比较好的家庭农场和生态农家乐，将旅游服务业与农业生产有机结合，既给农民带来经济效益，又不耽误农业生产。此外，政府应根据四川省的实际情况对与农业相关的政策与法律制度进行完善与补充，为农业改革提供强有力的制度保障。

(3) 积极推进农业产业结构性调整。农业发展要不断适应国内外宏观经济环境变化，是一个动态发展的过程，这就决定了农业产业结构调整也是一个动态的过程。结合前文分析，四川省农业产业结构调整应该从农业经营方式调整入手，以经营结构调整带动产业结构调整。在新型城镇化背景下，四川农业的现代化水平在不断提高，现代农业和特色优势产业逐渐形成，农业经营方式正在不断变革。四川农业中小农户较多，可以结合地理位置和管理范围，利用农民合作社等组织将小农户集中起来，统一生产与管理，逐步形成具有一定规模和特色的农业产业集群。

(4) 加强农业服务指导。在农业服务指导方面，政府要加强以下几个方面：①保证农业公共服务机构的正常运行。如农业技术服务中心的基础性服务，向农业产业提供技术支持时，允许收取能保持机构基本收支平衡的费用。②维护当地龙头企业与基地农户的良好关系。政府应加强对各市州农业龙头企业的监管，避免龙头企业基于自身利益而做出损害农户利益的行为，保持二者的良好合作关系，龙头企业可为基地农户提供更多的技术与人才支持。③重视农业人才培养。对于从事农业科研和农业经营管理的人才，政府应保障待遇；对于专业农机操作人才，应定期组织技术培训，不断更新操作知识，保证高级农机技术发挥最大效率。

8.5.3 农业供给侧结构性改革中市场机制的健全与完善

农业供给侧结构性改革的核心在于运用市场力量促进农业自身调整，让农民生产出的产品，无论是质量和数量，都符合消费者的需求，实现产地与消费地的无缝对接。这个目标的实现需要不断健全与完善市场机制。

市场化要求农业生产必须面向市场，满足市场质优、价廉、产品特色化及多样化的需求，积极参与市场竞争。但是，目前市场机制还不完善，土地流转机制也不健全，农产品价格相对滞后，农产品的价值实现比较困难，市场机制作用的效果不理想。在供求机制方面，农民不能跟上市场变化的节奏，市场机制未能充分发挥其调节作用；相反，由于农产品缺乏价格弹性，市场价格调节存在滞后性，会过分放大农业生产的波动，出现在农产品相对过剩时过量生产，在供给不足时又很少生产的情况。粮食直补政策在一定程度上也会削弱价格机制的调节作用。因此，必须进一步健全完善市场机制和充分发挥市场机制的作用，让市场在要素资源配置和农业生产上发挥决定性作用。

四川省是一个农业大省，地理环境优越，自然条件好，素有“天府之国”的美誉。四川省也是我国主要的粮食和农副产品生产基地，是全国 13 个粮食主产省之一，经济作物种类繁多，蔬菜、水果、茶叶、油菜、棉花、药材、蚕桑具有优势，四川省农业在全国具有举足轻重的地位。因此，搞好四川省农业供给侧结构性改革，重构农业产业体系和农产品生产经营体系，创新农业发展方式，对于促进四川省现代农业的发展具有十分重要的意义。

因此，在稳定发展农业生产的基础上，不断开发农业的多种功能，加快培育与发展生态养殖业、农产品深加工业和特色农业、现代农产品物流业，有利于四川省农业供给侧结构性改革的顺利推进。

(1)稳定农业生产。四川省是人口大省，必须立足省内需求平衡。要充分调动农民农业生产积极性，落实最严格的耕地保护制度，控制非农建设用地，保护好基本农田，稳定粮食播种面积，推广优良品种和先进实用技术，改革种植模式，提高粮食单产和质量，建立农业保险和巨灾风险防范机制，落实各项防灾减灾措施。

(2)发挥资源优势，调整优化农业结构，构建特色优势产业体系。大力调整种养结构、品种品质结构和区域结构。积极发展四川优质水稻、油菜、玉米、柑橘、商品蔬菜、蚕桑、茶叶、棉花等优势农产品，构建西部地区有特色、成规模的优质水稻、饲用玉米、商品蔬菜、茶叶、蚕桑等优势产区。发挥川猪优势，把生猪产业做大做强。加快发展牛羊等草食牲畜。发挥四川省渔业水面分布广、面积大的优势，大力发展水产业。加快发展经济林和林下产业，推进林竹纸一体化。发展“一村一品”，加强规划引导和政策支持，开展试点示范，培育一批特色明显、类型多样、竞争力强的专业村、专业乡镇和特色产业县。有条件的地方，要积极发展以观光、休闲、度假为主要功能的都市农业。都市农业是一种发展前景看好的朝阳产业，是集农产品生产与观光、休闲、度假、教育于一体的新型产业，具有广阔的发展前景。将劳动力资源优势转化为人力资本优势，继续实施千万农民工培训工程，适应劳务市场需求，加大培训投入，扩大培训规模，创新培训方式，提高农民工的劳动技能和收入水平。

(3)利用龙头企业的带头作用，大力发展农产品加工业。农产品加工业要扩大加工范围，延伸产业链条，提升加工档次和科技含量，形成品牌优势和规模效益。着力打造一批企业档次高、产品质量优、运行机制活、市场前景好的骨干企业，提升壮大一批、培育发展一批、引进嫁接一批龙头企业，发展农产品加工业，延伸农产品生产产业链，提升农产品附加值。

(4)发展适应现代农业要求的物流产业，加强农产品流通基础设施建设。发展现代物流和电子商务，培育多元化、多层次的市场流通主体，构建开放统一、竞争有序的市场体系。

总之，为了更好地实现农业供给侧结构性改革，四川省在农业生产要素流转的过程中，要建立严格的制度来保证耕地的数量并提高耕地质量。在引进现代新型生产技术的同时，要着力培育新型农业经营主体和创新农业经营组织形式，从而打造与四川省经济发展相适应的现代农业。改革是一个长期的过程，在改革过程中，应充分运用市场力量来促进农业自身调整，并不断健全和完善市场机制；在发挥市场决定性作用的同时，政府也要通过积极有效的政策保障改革的顺利进行。

8.6 本章小结

本章首先对农业发展理论进行了梳理，对马克思恩格斯农业发展理论、古典农业发展理论和现代农业发展理论进行总结归纳，对国家及四川省关于农业供给侧改革的政策与实践进行了分析，为后文的研究奠定了理论基础。随后从农业内部产业结构、农产品发展情况、要素效率和农业经营主体及产业组织四个方面对四川省农业现状进行了分析，结论是四川省农业、畜牧业发展对农业的发展贡献较大，其中稻谷、油菜籽等是四川省的优势农产品，林业与畜牧业发展水平较低；虽然四川省农业技术效率明显提高，但总体全要素生产率却是趋于下降的；新型农业经营主体中最具有发展潜力的是家庭农场。

本章在数据分析的基础上，提出了四川省农业供给侧结构性改革的理念、目标、模式与途径以及改革的体制机制和相关的政策建议，认为四川省农业供给侧结构性改革的主要目标应确定为补短板和调结构，主要改革路径为整合农业要素与整合小农户经营，调整农业产业结构，发展特色农业，创新经营机制。为了确保供给侧改革的实施，在改革过程中要充分运用市场力量来促进农业自身调整，不断健全和完善市场机制，政府同时应采取积极有效的政策对改革的顺利进行提供有力的制度保障。

第 9 章　“两化”互动统筹城乡创新驱动发展战略

本章通过借鉴国内外统筹城乡的发展经验，结合四川省政府的相关政策，提出了四川省“两化”互动统筹城乡创新驱动的战略设想及任务。本章分析认为四川省已具备推行“两化”互动统筹城乡创新驱动的条件，力争到 2020 年能完成以成都市为中心的主城市群的构建，并促进各市州县镇产业升级，形成城市群、大中小城市与小城镇协调发展的新型城镇化，推动重点地区创新发展，实施创新人才培育计划这五大战略任务。

9.1　相关理论

9.1.1　马克思、恩格斯城乡协调发展理论

(1)城乡关系思想的产生。19 世纪 40 年代，在工业革命和城市化的影响下，根据当时欧洲经济社会变化的情况，马克思、恩格斯在批判和吸收前人思想观点的基础上(空想社会主义城乡结合观点和李比希的农业化学理论)，形成了城乡关系思想。第一个进行工业革命的国家是英国，恩格斯曾指出：“英国的这一次革命化是现代英国各种关系的基础”(中共中央马克思恩格斯列宁斯大林著作编译局，1979)。城乡关系也就包含其中，由此可见工业革命给城乡关系带来了深刻的影响。在工业革命的影响下，西方资本主义世界掀起一股城市化的浪潮，恩格斯在看到城市化给经济社会发展所带来的积极影响的同时，也看到了其背后所隐藏的种种矛盾。通过表 9-1 和表 9-2，可以看到工业革命对于城乡关系的影响以及城市化对于城乡关系的影响。

表 9-1　工业革命对城乡关系的影响

积极影响	消极影响
直接推动了交通设施的发展和改善，使得城乡之间的关系不断加强	城乡之间的差距拉大，加剧了城乡之间的对立
生产力的发展推动城乡关系根本变化	劳动力浪费和生产无计划使得生产力无法合理运用
科技进步推动农业发展和城乡关系改善	私有制阻碍生产力发展
无产阶级成为改善城乡关系面貌的主要力量	阶级对立造成社会冲突

表 9-2　城市化对城乡关系的影响

积极影响	消极影响
为资本主义大工业提供有利条件	资本主义大工业破坏自身城市中的生存和发展条件(产生生产废料和排泄物)
产生了强大的聚合效应和带动作用	由于工人数增多，收入有限，住房短缺使得城市无产阶级的生活状况恶化，影响工人的健康和发展

续表

积极影响	消极影响
吸引农村人口进入城市，工业文明城市文明熏陶农民摆脱愚昧无知	农村被冷落、凋敝等
通过城市辐射和发展，带动农村的经济和文化发展	财富积累与贫困积累并存

(2) 城乡关系的发展路径。在马克思、恩格斯的一系列经典著作如《德意志意识形态》《共产党宣言》《论住宅问题》《资本论》中都蕴含着他们关于城乡统筹思想的精髓，他们深刻地解释并回答了关于城乡关系如何发展这一问题，并向我们展示了“统一-对立-融合”的发展路径。

城乡统一阶段是指人类社会处于劳动生产率水平十分低下的时期，那个时期没有社会分工，也欠缺城市产生的条件，从而农村与城市不存在差别，城乡之间不存在实质性的分离，只存在“城市和乡村无差别的统一”(中共中央马克思恩格斯列宁斯大林著作编译局，1979)，在城乡对立阶段，马克思和恩格斯指出：“城乡之间的对立是随着野蛮向文明的过渡、部落制度向国家的过渡、地域局限性向民族的过渡而开始的，它贯穿着文明的全部历史直至现在。”(中共中央马克思恩格斯列宁斯大林著作编译局，1995) 马克思和恩格斯在批判城乡对立的片面性的基础上，对于城乡融合做出了前瞻性的科学判断。

(3) 城乡关系的发展动力。马克思和恩格斯在讨论关于城乡关系如何发展的问题上，指出生产力是决定城乡关系发展方向的根本动力，而社会分工是城乡关系发展的直接动因，城乡关系示意图如图 9-1 所示。

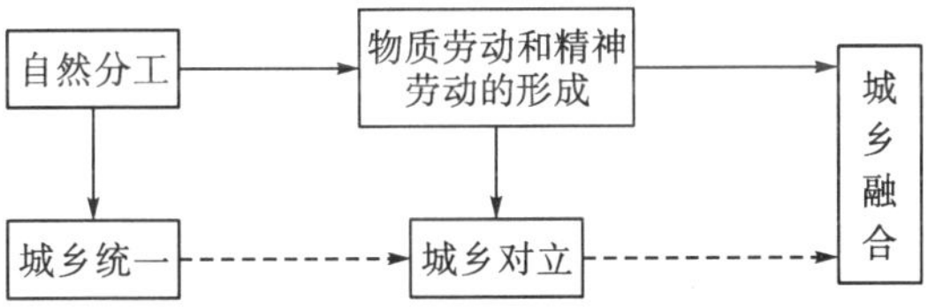

图 9-1　城乡关系示意图

(4) 城乡关系的深入探索。马克思和恩格斯认为，消除城乡对立，实现城乡融合，最关键的就是要废除私有制。马克思和恩格斯在探索怎样缩小城乡差别的道路上做出了很多努力。他们在分析西方国家现代化进程的过程中提出要充分发挥城市的中心化作用，通过城市的繁荣富裕来带动农村。其提出的最具有预见性和指导意义的建议，就是要将工业生产和农业生产这二者有机地结合起来。而要实现这点，首先就是要明确“工业并不是仅限于城市”；其次是要进一步加强城乡及其产业之间的联系，例如通过城市和农村的联合，将城市空气中、水中、土地里的污染物排除掉。

9.1.2　刘易斯二元经济理论

刘易斯 (1989) 在其论文《劳动力无限供给条件下的经济发展》一文中，首次明确提出了二元经济结构的思想，并被后人称为刘易斯模式，也被称作无限供给过剩劳动力发展模式。刘易斯认为处于经济发展早期阶段的大多数国家，其经济结构并不是一元的，而是二元的。发展中国家二元经济示意图如图 9-2 所示。在刘易斯的二元经济理论中，高工资经济和低工资经济并存。在低工资经济的传统部门中，人均产量比资本主义部门低，劳动力的价格仅仅只是能够维持生活的最低工资。

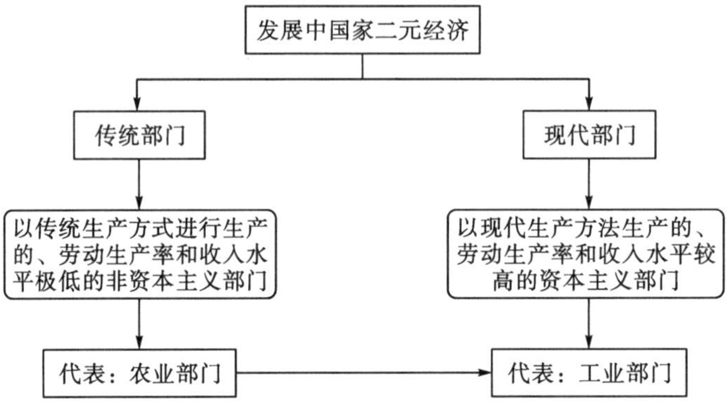

图 9-2　发展中国家二元经济示意图

刘易斯认为在传统部门中，“相对于资本和自然资源而言，人口是众多的，劳动的边际生产率很小或者等于零，甚至为负数”（刘易斯，1989）。在这些国家里，刘易斯进一步认为存在着劳动力无限供给的情况。比如说在传统农业部门中，如果有些家庭，其成员找到其他工作，那么剩下的家庭成员依旧可以耕种好他们所拥有的土地，土地的产量是不会变的。刘易斯强调指出：“当然他们要干更多的活，这种看法包括了一个前提，即在这种情况下，他们也愿意多干活”（刘易斯，1989）。

只要这些传统部门的收入比现代资本主义部门低，那么劳动力市场上就会始终出现劳动力供给剩余的情况。也就是说，在资本主义部门中，只要资本家愿意，总是可以得到更多的劳动力。刘易斯认为无限供给就是劳动力的供给弹性无限大。刘易斯在进一步解释关于无限供给的本源含义时，指出无限供给实质上讲的是一种劳动力供给远远大于需求的情况。在这种情况下，新工业可以建立，或者旧工业可以扩大，都在现行相对工资水平下而不受限制。

如图 9-3 所示，刘易斯总结概括了二元经济模式的特征。刘易斯认为资本家会以不变的工资率得到更多的剩余，从而完成资本积累，以达到推动生产规模扩张的目的。在经济

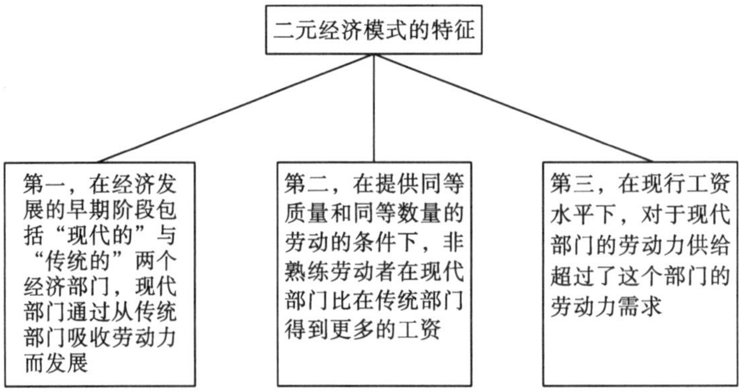

图 9-3　二元经济模式的特征

发展的下一期，由于生产规模扩张过程中得到更多的剩余，更多的劳动力会被吸引进入到生产过程中，从而创造出更多的资本剩余。

9.1.3 钱纳里经济发展理论

(1)结构转变中的农业发展。在传统部门中，农业是主体，我国作为农业大国，我国传统部门向现代部门的转化主要是指传统农业向现代农业转化。哈佛大学教授钱纳里(1988)在其《发展的模式 1950—1970》一书中，对世界上 100 多个国家经济发展过程中的数据进行了采集，并定义了 10 个基本过程，通过运用回归方程来描述经济发展过程中的结构转变过程。二元经济模式的特征如表 9-3 所示，可以发现在到达发达经济阶段的之前，会经过工业化阶段的发展，正是在此过程中，传统的农业会向现代化农业改造，从而完成经济由二元向一元的转化。

表 9-3 二元经济模式的特征

阶段	初级产品阶段	工业化阶段			发达经济阶段	
		初期	中期	后期	初级阶段	高级阶段
人均 GNP/美元	300～600	600～1200	1200～2400	2400～4500	4500～7200	7200～10800
主要生产活动	农业	制造业			第三产业	

(2)农业产业份额下降。在钱纳里多国模型中人均收入水平与产业份额之间存在着紧密的联系。钱纳里产业份额变化的标准型式如表 9-4 所示，可以看出，随着人均国民生产总值(gross national product，GNP)的提高，农业占 GNP 的份额和占就业的比重在逐渐减少，工业和服务业占 GNP 的份额和占就业的比重随着人均 GNP 的提高呈现上升趋势。进一步分析农业占 GNP 的份额下降的原因主要有以下几点(图 9-4)。

表 9-4 钱纳里产业份额变化的标准型式

人均 GNP/美元(1964 年)	占 GNP 的份额/%			占总人口就业的份额/%		
	农业	工业	服务业	农业	工业	服务业
＜100	52.2	12.5	35.3	71.2	7.8	21.0
100	45.2	14.9	39.9	65.8	9.1	25.1
200	32.7	21.5	45.7	55.7	16.4	27.9
300	26.6	25.1	48.2	48.9	20.6	30.4
400	22.8	27.6	49.6	43.8	23.5	32.7
500	20.2	29.4	50.4	39.5	25.8	34.7
800	15.6	33.1	51.4	30.0	30.3	39.6
1000	13.8	34.7	51.5	25.2	32.5	42.3
＞1000	12.7	37.9	49.5	15.9	36.8	47.3

注：资料来源于钱纳里等(1988)。

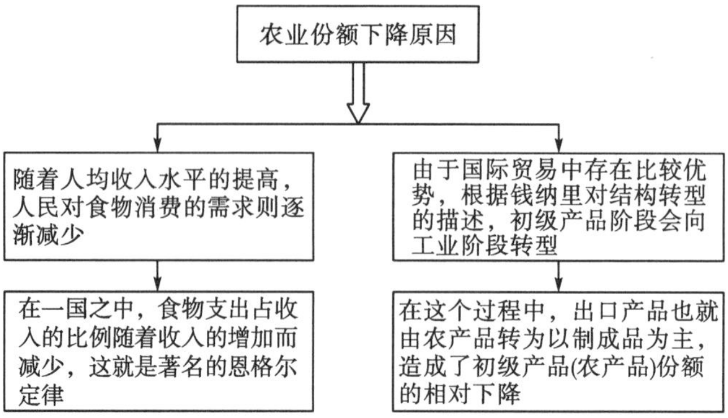

图 9-4　农业份额下降原因分析示意图

(3)农产品质量和生产效率的提高。在钱纳里的经济结构转变模式中，农业份额相较工业和服务业的份额的确是减少了，但是随着传统农业向现代农业的转化，农产品的质量和生产效率都得到了提高。劳动力过剩和资本、技术短缺是传统农业的特点，随着过剩劳动力流出农业部门，技术、资本等要素流入农业部门使得农产品在结构转型的过程中的质量和生产效率都得到了显著提升。

9.1.4　熊彼特创新理论

熊彼特于 1912 年在他的代表作《经济发展理论》一书中，首次提出了关于创新的概念。随后，熊彼特在 1939 年出版的《商业周期》和 1942 年出版的《资本主义、社会主义与民主》两部著作中，比较系统地总结和归纳了关于创新的理论思想，较全面地提出创新理论。

(1)创新的定义与内容。熊彼特(1991)认为：所谓的创新就是把一种生产要素和生产条件的“新组合”引入生产体系，并通过市场获取潜在利润的活动和过程。熊彼特认为创新具有五种主要的形式(图 9-5)。

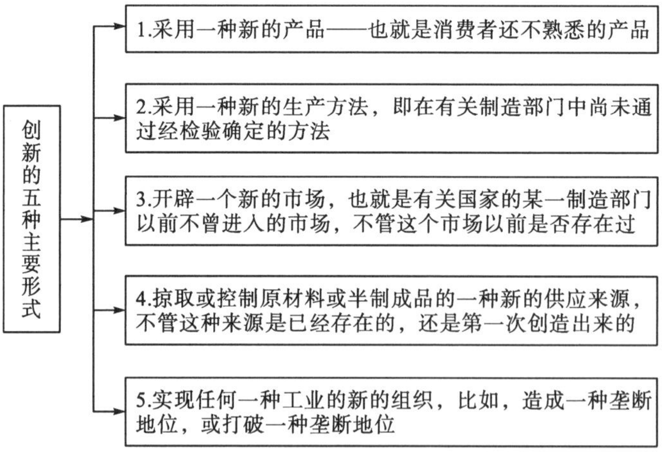

图 9-5　创新的五种主要形式

(2)创新与企业家。熊彼特认为，创新就是企业家的根本职能，创新者就是企业家。企业家就是企业的经营者，但企业经营者并不一定能成为真正的企业家(图 9-6)。

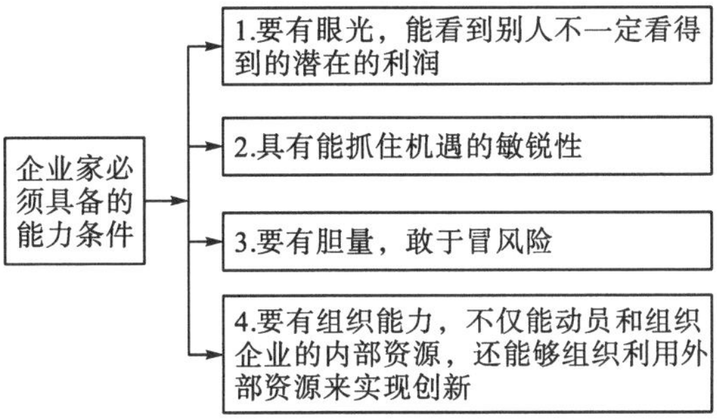

图 9-6 企业家具备的能力条件

(3)创新与经济发展的原动力。熊彼特认为创新的动力主要来自两个方面，一方面是来自利润的追逐，而另一个则来自“企业家精神”(图 9-7)。

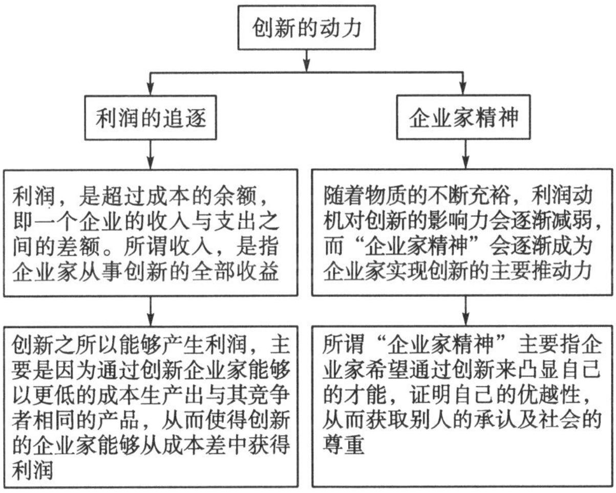

图 9-7 创新的动力

9.2 四川省“两化”互动统筹城乡创新驱动发展战略

9.2.1 国内外城乡统筹发展的借鉴与启示

统筹城乡发展自提出以来一直被视为一项能促进我国社会经济协调健康发展的重要举措，受到高度重视。纵观国外城市化水平较高的国家如美国、英国、法国、日本和韩国等，随着 20 世纪 50 年代兴起的城市化浪潮，这些国家在统筹城乡发展方面做了很多改革，逐渐形成了比较完整的制度体系，其经验值得借鉴。国内的经验主要有“以工哺农、城乡结合”的大城市城乡统筹模式；以乡镇企业为动力的苏南模式；“全城谋划、全域统筹、全球定位”的成都模式等。综合国内外发展经验，可以发现国内外的做法有共通之处，这为四川省统筹城乡发展提供了很多可资借鉴的经验。

(1)政府作为主导，积极制定统筹城乡发展相关法律法规和制度。统筹城乡发展是以政府制定农村改革的政策为起点，市场加以配合，是一场自上而下的改革。这是因为市场对农村经济的调节存在滞后性，且农村基础设施建设及其他公共设施建设也只有政府运用国家财政才能有效提供，因此政府的主导作用不容忽视。在国内外统筹城乡发展的案例中，政府都发挥了重要作用，如美国政府在20世纪50年代后期制定了一系列郊区税收优惠政策，并高度重视农村的道路、水电、排灌、市场等基础设施及教育、文化、卫生等社会事业建设；英国于1909年颁布了世界上第一部城市规划法——《住宅、城镇规划条例》，该条例起到强化政府宏观调控城乡统筹协调发展的作用；日本和韩国更是注重统筹城乡发展的立法，日本共制定了三次全国综合开发计划，并先后出台了《落后地区工业开发优惠法》《离岛振兴法》《向农村地区引入工业促进法》《新事业创新促进法》《防止农田污染法》等法律。

(2)采取符合地区情况的措施，因地制宜地制定计划。日本和韩国在发展初期都是工业占主导地位，农村和农民处于弱势地位，因此在统筹城乡发展时都积极推动农业协会的建立与发展，有效保护农民的权利，避免工业和商业资本对农民的剥削。四川省成都市龙泉驿区素有“四时花不断，八节佳果香”的美誉，因地制宜地大力发展生态农业是行之有效的发展方式。四川省各农村分布相对分散且发展情况各不相同，因此政府要先考察各地区的基本情况，全面透彻地了解本地区在自然环境及其他产业发展方面的优劣势，以便因地制宜制定城乡统筹发展计划。

(3)有目的性地增加农村财政投入，将“精准扶贫”落到实处。韩国“新村运动”时将所有农村需要的公共资源进行排序，村庄自主选择进行改造的次序。为了实现财政投入的最大效用，政府将实物作为扶贫方式，如提供建造房屋的水泥等，并依照改造进度将全国所有村落划分为自立、自助、基础三个等级，自立村为最优等级，第二年的政府援助物资只给自立和自助村。到了1978年，韩国只有少部分基础村，剩余全部实现了自立自助。四川省可以借鉴此经验，将全省的村落划分等级，不同等级的村落实行不同的扶贫政策，这样既可以将扶贫物资的使用效率到达最优，又能推动各村落的自主发展。

(4)重视农村人才的培养。“以人为本”是各国发展过程中不可忽略的重要原则，高素质的人才特别是高素质的农业人才在推进发展的过程中能起到事半功倍的效果。四川省属于人口大省，在统筹城乡发展过程中更要注重人才的培养。美国在统筹城乡发展过程中重视农民的职业技术教育，推行的“工读课程计划”显著提高了农民的技能和素质；韩国加强对小城市和农村教育事业的投入，在农村形成了4H特色教育和专业农民教育的新体系；日本在统筹改造期间公共教育投资连年增长，全国形成了多个独具特色的“电脑村”“高效村”等，培养了大批高素质人才，有效地推动了日本农村的发展。从当前的情况来看，不仅是四川省，我国的农业发展都面临着农业高新技术和人才的缺口，农村教育基础薄弱，难以为农村经济发展输送高素质人才。对农村教育的建设任重道远，资金投入高，历时时间长，但是其后期的回报率是非常高的。

(5)创新金融服务体系推进现代农业发展。云南省开远市就是典型例子，它以金融为杠杆的创新性改造突破了资金限制，房屋、林权抵押贷款又避免了金融机构无法回收账款的麻烦，推动了当地农村和金融机构的双重发展。虽然我国的农村金融体制改革已接近二十年，但农村金融还存在着许多制度性和操作性上的问题，农村金融机构没有发挥预想的支农作用，对农村的贷款率低下。而开远市以农村信用社为基点，推行“政府+银行+担保公司+农民专业合作社+农户”的融资模式，极大地强化了金融机构对现代农业经营主体的支持作用，这是值得借鉴的。

9.2.2 四川省“两化”互动统筹城乡创新驱动战略设想

1. “两化”互动统筹城乡战略设想

(1) 战略目标。四川省在推进“两化”互动统筹城乡发展方面的总目标在于构建起以“四大城市群”为主体形态、一批区域中心城市为依托、300 个左右中小城市和重点镇为骨干、1500 个左右小城镇为基础，布局合理、层次清晰、功能完善的城镇体系①。同时推进特色优势产业、战略性新兴产业、现代服务业协调发展，形成一批带动作用强的万亿产业带、千亿产业园区和百亿企业，产业支撑作用明显增强。到 2020 年，工业化率和城镇化率力争双双达到全国平均水平，建成西部经济发展高地，实现全面小康。

(2) 战略指导思想。城乡统筹“两化”互动发展战略，要求四川省全面贯彻党的十八大和十八届二中、三中、四中、五中全会精神，以人为本，坚持走中国特色新型工业化道路，实现新型城镇化与新型工业化在时间上的同步演进，空间上的产城一体，布局上的功能分区，产业上的三产融合。四川省推动城乡统筹发展的总体要求是坚持工业反哺农业、城市支持农村，大力实施“两化”互动、城乡统筹发展战略，健全城乡发展一体化体制机制，推动实现城乡要素平等交换、合理配置和基本公共服务均等化。为此，四川省委九届四次全会提出了全省工作的总体取向是“加快发展、科学发展、又好又快发展”；并且从四川的区位优势出发，明确了建设西部经济发展高地的战略定位：打造“一枢纽、三中心、四基地”。即建设西部综合交通枢纽；建设西部物流中心、商贸中心和金融中心；建设重要战略资源开发基地、现代加工制造业基地、科技创新产业化基地和农产品深加工基地。同时，提出了“一主、三化、三加强”的发展思路，即坚持以工业强省为主导，大力推进新型工业化、新型城镇化、农业现代化，加强开放合作、加强科技教育、加强基础设施建设。

实施城乡统筹“两化”互动发展战略，就必须坚持以习近平新时代中国特色社会主义思想为指导，牢牢把握科学发展的主题和加快转变经济发展方式的主线，坚持科学的统筹规划先行，依据加快发展的总体取向，坚持产城一体，以新型工业化为核心，以新型城镇化为依托，以改革创新为动力；同时坚持以人为本，统筹规划和协调推进新型工业化和新型城镇化的良性互动、协调联动的可持续发展。

(3) 战略实施原则②。①以人为本，公平共享。以人的城镇化为核心，有序推进农业转移人口市民化，稳步推进城镇基本公共服务常住人口全覆盖。②优化布局，集约高效。以

---

① 《中共四川省委、四川省人民政府关于加快推进新型工业化新型城镇化互动发展的意见》(川委发〔2011〕15 号)。

② 四川省新型城镇化规划(2014—2020 年)(减缩版)[EB/OL].新华网四川频道. http://www.sc.xinhuanet.com/content/2015-04/03/c_1114856498.htm

城市群为主体形态，合理确定城镇规模和功能定位，促进大中小城市和小城镇协调发展。优化城镇空间结构，提高建设用地的节约集约利用效率。③四化同步，城乡一体。推进新型城镇化与工业化、信息化和农业现代化同步发展，强化产业对城镇化的支撑作用；努力破解城乡二元结构，形成城乡发展一体化的新格局。④市场主导，政府引导。正确处理政府和市场关系，使市场在资源配置中起决定性作用，使城镇化成为市场主导、自然发展的过程，成为政府引导、科学发展的过程。

2.创新驱动战略设想

(1)战略目标。四川省已被列为国家系统推进全面创新改革试验区之一，这是改革开放 30 多年来中央赋予四川省最重大的改革试验任务之一，也是四川省转变经济发展方式面临的重大历史机遇。四川省应从省情实际、阶段特征和长远目标出发，制定新的历史条件下"治蜀兴川"的创新驱动战略，以期更好更快的转变经济发展方式，促进区域经济发展。

四川省创新驱动的战略目标为"三年实验突破，五年基本转型"，即在三年内基本构建推进四川重点地区的创新改革的长效机制，在全省范围内实现引领、指导和带动作用；通过五年的努力使全省总体进入创新驱动发展阶段，衡量创新发展程度的主要指标高于全国平均水平，实现"发展动力转换，发展方式转变"，建成国家创新驱动发展先行省。

(2)战略指导思想。全面贯彻党的十八大和十八届三中、四中、五中全会及十九大报告精神，深入学习贯彻习近平总书记系列重要讲话精神，牢固树立并切实贯彻创新、协调、绿色、开放、共享的发展理念，以实现创新驱动转型发展为目标，以推动科技创新为核心，以破除体制机制障碍为主攻方向，开展系统性、整体性、协同性创新改革试验，统筹推进经济社会和科技领域改革，加快形成适应经济发展新常态的体制机制和发展方式，推动经济增长保持中高速、产业发展迈向中高端，加快建成国家创新驱动发展先行省，奋力推进"两个跨越"。

(3)战略实施原则。①坚持问题导向，紧扣转型发展。找准全面创新改革的突破口，着力打通科技向现实生产力转化的通道，让创新落实到形成新的增长点上。②坚持深化改革，优化创新环境。把科技创新和体制机制创新作为双重任务，发挥市场在资源配置中的决定性作用，更好发挥政府作用。③坚持全面创新，着力重点突破。把科技创新摆在四川省发展全局的核心位置，实现科技创新、制度创新、开放创新的有机统一和协同发展。④坚持人才为先，激发创新活力。把人才作为创新的第一资源，把完善激励机制放在优先位置，给予科技人员合理利益回报和精神鼓励，营造大众创业、万众创新的政策环境和制度环境。

(4)战略实施条件。战略实施条件主要有以下三个方面。①创新资源、创新能力处于中西部前列。得益于"三线"建设等历史因素及近年来承接产业转移取得的成效。四川省是西部首位的创新资源大省，2012 年已拥有独立研究与开发机构 216 家，企业科技机构 171 家，研发机构总数居西部第一。截至 2014 年底，四川县级以上政府部门所属研究与开发机构已达 155 家，高等学校研究机构 449 家，研究与试验发展(R&D)经费支出 449.3 亿元，科研收入 4.54 亿元，完成国家计划项目 107 项，地方计划项目数 114 项，获得奖励项目数 271 项[①]，均处于中西部前列。在创新资源集聚的基础上，四川省自主研发能力、创新成果转化能力都有明显提升。②创新引领作用日益显著。四川省成都市坚持把创新摆在城市发展全局的核心位置，聚集了四川省 70%以上的国家级重点实验室，60%以上的国家级工程技术中心，区域创新体系不断完善，自主创新能力逐步增强，在全省产业转型升级中的智囊作用逐步显现(何礼，2014)。③创新对经济发展的推动作用不断提升。2014 年，四川省高新技术产业总产值突破 12000 亿元，2015 年达到 13500 亿元，科技进步对经济增长贡献率达到 50%[②]。

9.2.3　四川省“两化”互动统筹城乡创新驱动战略任务

(1)构建以成都市为中心的主城市群。成都市是四川省的省会，理应作为四川经济发展的重中之重，四川省“两化”互动统筹城乡创新驱动发展战略应率先发展成都平原经济区，力争到 2020 年，成都平原经济区经济总量突破 2.8 万亿元，成为一个现代化、国际化城市；在成都周边培育川南经济区、川东北经济区、攀西经济区、川西北生态示范区四大经济增长极，争取到 2020 年，经济总量过 2000 亿的市(州)达 8 个，优势领域竞争力进一步增强。

(2)分类指导，促进各市州县镇产业升级。要按照各市州的主体功能定位，根据各市州的环境特点分类指导，力争在各市州内形成一批现代农业强县、工业经济强县、旅游经济强县，并以此壮大县域经济，争取到 2020 年地区生产总值过 100 亿的县超过 130 个。

(3)协调发展，形成城市群、大中小城市与小城镇协调发展的新型城镇化。力争到 2020 年，四川省城镇化质量和水平明显提升，常住人口城镇化率达到 54%左右，户籍人口城镇化率达到 38%左右，并以四大城市群为主体形态，基本形成结构更加完善、定位更加清晰、大中小城市和小城镇发展更加协调的“一轴三带、四群一区”的城镇化发展格局，城镇发展模式和用地布局结构更加合理，基础设施和公共服务设施不断完善，城镇综合承载能力不断增强。

(4)推动重点地区创新发展。四川省已有成德绵全面创新试验改革先行区，争取在该试验区域基本构建起推进全面创新的长效机制，并以成德绵地区为带头发挥其辐射带动作用，创新驱动成都平原经济区发展，从而逐步带动川南、川东北、攀西等城市群的创新改革。

(5)实施创新人才培育计划。把激励创新者的积极性放在优先位置，用好利益分配杠杆，按照创新规律培育和引进人才，按照市场规律配置、激励和使用人才，实现人尽其才、才尽其用、用有所成。推动实施千人计划、天府高端引智计划、卓越人才培养计划、高端产业人才培养计划等，努力造就一大批战略科技人才、科技领军人才、创新型企业家和高技能产业工人。深化科研院所分类改革，扎实推进科研院所和高校去行政化、股权激励、协同创新等改革试点，探索实行体现科研人员劳动价值的收入分配制度。大力实施“创业四川行动”，打造一批“孵化+创投”“互联网+”“创新工厂”等新型孵化器和创意评估、创意交易等综合服务平台。

① 国家统计局、科学技术部、财政部.2014 年全国科技经费投入统计公报，www.stats.gov.cn/tjsj/tjgb/rdpcgb/qgkjjftrtjgb/201511/t20151123_1279545.html，2015 年 11 月 23 日.

② 数据来源：根据《四川统计年鉴 2015》整理得出。

9.3 四川省“两化”互动统筹城乡创新驱动发展战略实施路径

1) 创新驱动发展战略实施主体及作用

2012 年 5 月四川省就已经提出新型工业化与新型城镇化互动发展，共同促进城乡统筹工作的顺利开展，“两化”互动也成为统筹城乡创新驱动发展战略中重要的一环。四川盆地地势多样且复杂，城乡一体化的推进有赖于农业产业化的建立并为新型工业化提供动力，充分发挥平原、高原、丘陵地区的特色与优势，建立符合当地条件的特色产业链，同时完成规模效益的提升。

新形势下的城镇化道路需要充分发挥城镇居民对各种工业产品与农业产品的需求作用，这一主体的数量庞大，消费水平较高，对产品的生产有直接促进的作用，也对产品往“高、精、尖”方向的发展提供动力支持。因此，农业产业化与新型工业化为统筹城乡发展确立了实施方向。

城镇化率是衡量新型城镇化水平的重要指标，农村居民在实现户籍转变的同时，自身素质和观念的转变更为重要。在融入新的生活环境的同时，农村居民能够从内在与外在都接纳新的生活方式，主动与城镇居民交流，积极参加社区活动，由此提高统筹城乡与新型城镇化在主体上的配合度，加快城乡一体化进程。

“两化”互动中应该由新型工业化推动新型城镇化，新型城镇化为新型工业化提供保障。在这一过程中，新型工业企业和农业产业化经营主体应充分发挥其带头作用，同时带动相关配套设施的改进与完善，寻求统筹城乡的新动力。

2) “两化”互动与统筹城乡关系

“两化”互动与统筹城乡之间是相辅相成的关系。统筹城乡是一个综合配套体系，“两化”互动带来的工业化率与城镇化率的提高需要在公共事业、基础设施以及法律政策的保障下进行。此外，农村土地制度与户籍制度的改革仍是城乡一体化过程中的必要措施。

新型工业化带动新型城镇化，新型城镇化为新型工业化提供保障。推进四川省工业化与城镇化进程不能仅仅以工业化率与城镇化率为参考指标。尽管近年来四川省的工业化率与城镇化率逐年提升，城乡二元体制仍然没有被打破，城乡差距依然存在。新型工业化下要求劳动密集型企业向资本技术密集型企业转变，产业结构也应进行相应的调整，在这一过程中伴随着劳动力综合素质的提升；农村中乡镇企业在吸收大量就业人员的同时将改变就业人员的集中区域与自身综合能力，对新型城镇化产生促进作用。在新兴龙头企业的带动下，农村产销体系健全完善，科学的发展模式必然带来基础设施的改进以及农村文化卫生事业的发展。因此，新型城镇化与新型工业化是不可分割的一个整体。

3) 四川省“两化”互动统筹城乡战略实施特色路径

四川省作为中国西南地区重要的商品集散中心与交通枢纽，经济地位与农业地位十分重要。四川省农业的发展程度是四川省各项经济发展指标的重中之重。与此同时，四川省拥有盆地、平原、丘陵、高原等多种地形，各个地区对于农业的发展要求也各有侧重。因此，四川省“两化”互动城乡统筹的战略实施需要结合创新驱动力和当地特色优势进行发展。

四川省“两化”互动的总体目标应该是形成工业化与城镇化之间的良性互动、协调发展关系，同时在工业化推动城镇化的作用下，实现农业现代化的目标，进行农业产业升级，这样农业现代化为城镇化提供有效的要素资源补给，使得城镇化为工业化提供保障。“两化”互动，同时实现“三化”联动，统筹城乡之间的关系如图 9-8 所示。

图 9-8 “两化”互动关系图

“两化”互动的最终目的是要实现城乡一体化，在这一目标下，需要从城乡统筹的相关理论入手，分析科学的城镇化发展路径，传统落后的工业发展模式必须摒弃。现阶段用信息化带动工业化的科学发展观是新时期发展工业化的主要路径，农业现代化也要求坚持可持续发展观；在评价城镇化水平时，不仅仅以城镇化率为衡量标准，而应从多个角度确定评价指标，如农业劳动生产率、三大产业的比率、城乡居民收入等。根据这些基本思路，建立四川省差异化的“两化”互动统筹城乡发展战略的特色路径如图 9-9 所示。

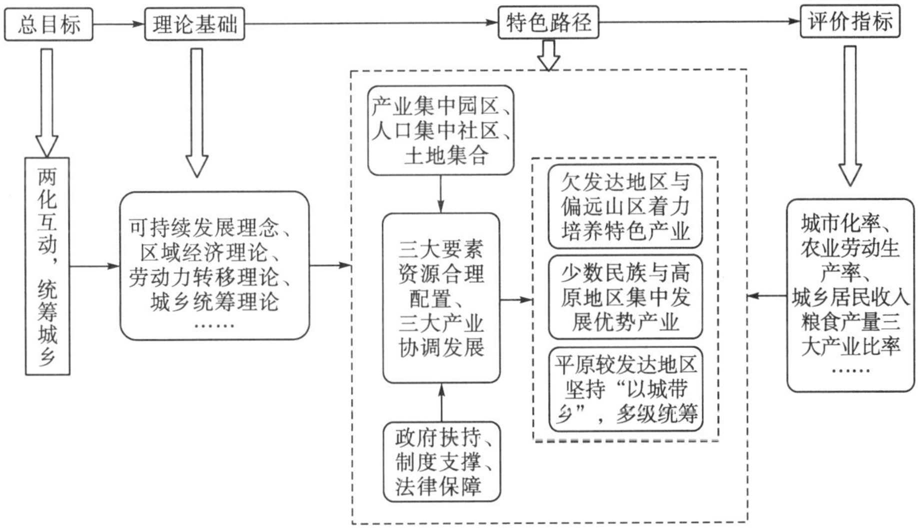

图 9-9 “两化”互动统筹城乡创新驱动发展战略实施路径

(1) 以城带乡，“两化”同步特色路径。部分已有研究表明，工业化对城镇化提供的经济支撑度高于城镇化对工业化的保障作用，因此应该强调“以城带乡”，充分发挥工业化对城镇化的带动作用。但是，基于四川省目前的“两化”发展水平和发展趋势，真正做到“两化”同步难度较大，可以对四川省内按经济发展程度的不同划分出具体区域，差别化处理“两化”同步水平。在平原等经济较发达的地区重点发挥工业化对城镇化的带动作用，将特色或优势产业集中形成产业园区，开展集约式发展，新型工业化与新型城镇化的水平保持在基本一致的水平上，相互促进；在欠发达地区或偏远山区，由于基础设施薄弱、交通不便等阻碍因素，可以允许工业化与城镇化之间的差异化保持在一定合理的范围内，在这些地区加强基础设施建设与政府作为，大力推进农业现代化，结合当地特色发展特色农业，以此提高城乡居民的生活水平。真正做到三大产业协调发展，三种要素资源合理流动(图 9-10)。

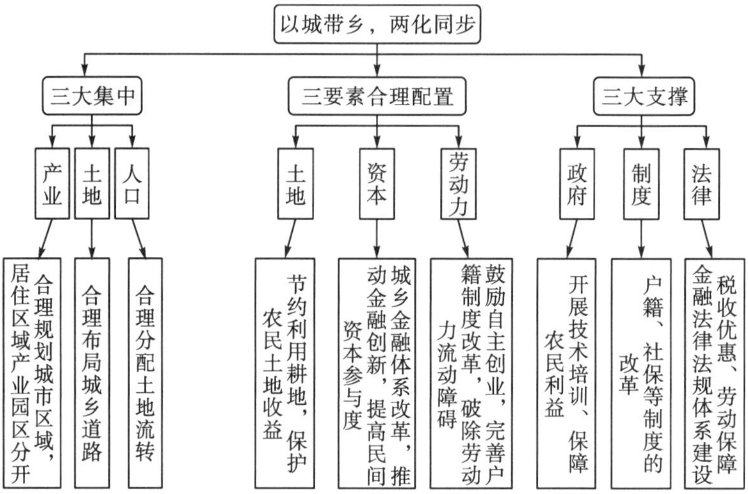

图 9-10　以城带乡、“两化”同步路径

(2) 欠发达地区与偏远山区着力培育特色产业。贫困地区的城乡差距较发达地区的城乡差距更大，这意味着人民生活水平的提升空间更大，欠发达地区的县域经济发达程度应作为选择特色产业的基本条件。特色产业需要当地县域经济的支撑，不能盲目地发展工业，要求“以工促农”。因此，该地区的首要目标应该是结合当地特色产业对县域经济的发展战略进行总体上的规划，政府在基础设施建设、公共文化事业的发展上给予更多的支持，努力提高农民的知识水平与专业能力。此外，相关配套政策如：户籍制度和土地制度的改革政策的出台是城乡统筹整合机制发挥效用的前提，力求实现城市与农村共同发展。

(3) 少数民族与高原地区集中发展优势产业。少数民族地区由于自然条件的限制，且这一地区的工业基础较为薄弱，因此应该考虑充分发挥现代高原畜牧业的优势。在政府的推动下争取建立相对有竞争力的大型牧场，以此实现规模效益，在西南地区树立良好的品牌形象，提升少数民族地区经济发展水平和农牧民生活水平。

(4) 平原较发达地区坚持“以城带乡”，多极统筹。在经济基础较好的平原地区是建立“以城带乡”的重点区域，四川省城乡统筹的规划目标是在这些地区争取形成四大城市群，包括“成都平原城市群”“川南城市群”“攀西城市群”“川东北城市群”，加强城市群之间、城市群与外界的合作交流，新型工业与现代农业并举，信息化带动工业化的同时也对农业产生正面效应。先进的工业园区能够集中先进的科学信息技术，从而进一步推动新型工业化。新型城镇化发展下基础设施会进一步完善，政府对公共事业的支持也可以通过在地区内部建立健全基础教育、职业教育体系、医疗卫生保障体系，建立图书馆，组建文化团体上体现出来。在这一过程中政府的科学规划与政策支持尤为重要，统筹城乡综合配套改革政策既包括各项惠农支农政策，也包括土地与户籍制度的改革(图 9-11)。

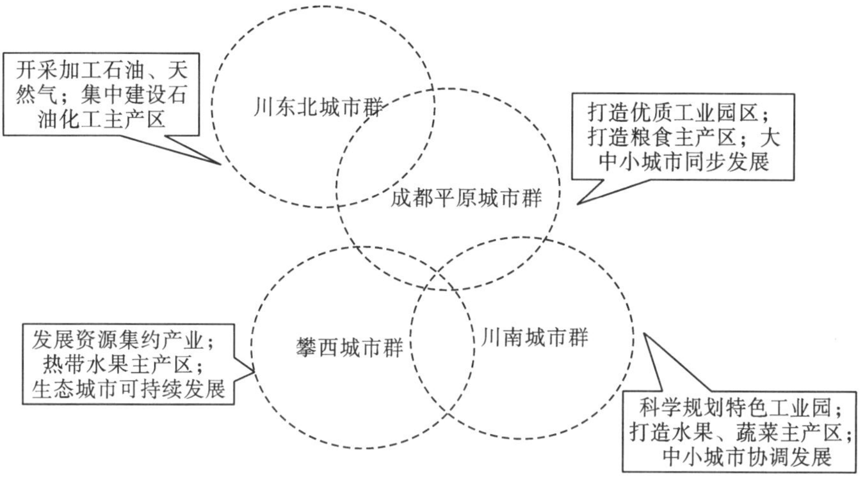

图 9-11　各地区创新驱动特色路径

9.4　结论及政策建议

9.4.1　主要结论

(1)四川省“两化”程度不断提高，工业化与城镇化相对滞后于全国水平。首先，就产业结构来看，2014 年全国三次产业的增加值已经出现“三二一”的比例结构，进入了后工业化初期阶段；然而四川省三次产业仍呈现“二三一”的产业结构现象，工业化水平仅仅处于中期阶段。其次，从城镇化水平来看，截至 2014 年，全国的城镇化率为 54.77%，四川省的城镇化率为 46.3%；同时，四川省户籍制度限制下的市民化率与城镇化率之间一直存在较大差距，2014 年四川省的市民化率为 29.41%，两者之间相差 16.89%。

(2)四川省产业发展不平衡，三大生产要素的城乡配置不合理。四川省发展存在工业化发展速度减缓、农林牧渔产业发展差异较大、地区之间发展不均衡、二元结构明显、基础设施建设不全、资源配置失衡等问题。就城乡之间资源流动和配置的具体分析知，农业用地面积有所减少，城市建设用地持续增加；城乡资本分配严重失衡，农村经济发展资本投入不足，城乡经济发展水平、居民收入水平和消费水平差距大；从城乡就业和产业就业角度看四川省劳动力流动规模较大，同时普查数据显示劳动力不论是省内转移还是省外转移的数量都较多，且劳动力外流现象明显。

(3)四川省城镇化与工业化发展趋于协调，“两化”互动对缩小城乡收入差距的作用效果和方向并不一致。四川省城镇化建设保持着连续 10 年持续良好的发展态势，工业化建设也在全省产业结构不断优化、工业产业比重下降的背景下保持着工业总产值的增加。同时“两化”互动发展也逐步走向协调，2013 年之后两者协调程度有所提高，但在“两化”互动发展机制中仍存在着地区之间“两化”发展协调性差异较大，“两化”互动过程中对农业发展不能很好兼顾，“两化”互动机制仍有很多不足等问题。“两化”互动对四川省的城乡收入差距的实证分析知，从短期看，工业化的发展对缩小城乡收入差距有促进作用，但城镇化率提高所起的作用却相反，且工业化作用强度大于城镇化；从长期看，工业化对缩小城乡收入差距起阻碍作用，城镇化的提高具有促进作用。

(4)“两化”互动与统筹城乡发展相辅相成，不能割裂开来。统筹城乡是一个综合配套体系，“两化”互动带来的工业化率与城镇化率的提高需要在公共事业和基础设施以及法律政策的保障下进行。此外，农村土地制度与户籍制度的改革仍然是城乡一体化过程中需要重点关注和解决的问题。与此同时，四川省作为中国西南地区重要的商品集散中心与交通枢纽，具有重要的战略地位和经济地位。然而，四川省复杂的地理环境和资源环境约束，决定了“两化”互动城乡统筹的战略实施需要结合创新驱动力和当地特色优势进行发展。

9.4.2 政策建议

(1)稳步推进工业化，健全完善农村劳动力产城转移相关制度。首先，应该完善就业体系和社会保障体系；其次，应该加快就业政策和户籍制度改革，提高农民工的市民化程度；最后，应该加强对农民工的职业技能、道德、法律等培训，确保农民工自身素质以及技能的提高，增强就业能力，提高农民收入。

(2)在大力推进城镇化的同时，着力加强新农村建设。首先，应该重视农村产业的发展，尤其是乡镇企业以及农民种养殖专业合作社的发展；其次，应该高度重视和落实失地农民的各种补偿，为其再就业创造条件。

(3)在工业化、城镇化发展中要体现因地制宜。我国现阶段的工业化和城镇化主要偏向大中城市的规划与发展。但根据现状，应该将“两化”发展重心偏向中小城镇，根据当地的区位优势和资源禀赋，发展特色产业。这样，既能解决当地剩余劳动力的就业，又能促进当地城镇的建设与发展，从而增加农民收入，缩小城乡居民收入差距。

(4)“两化”互动发展要注重地区间的协调性，依据实际情况把握好两者关系。农业作为支撑工业化和城镇化发展的基础，在大力发展“两化”过程中农业的发展力度绝对不能降低。今后一段时期，为保证“两化”发展的互动协调，政府职能与市场机制要有效配合，协调处理好工农关系，科学合理地配置城乡之间的要素资源。

(5)以新型工业化与新型城镇化互动发展促进城乡统筹工作。这一过程中涉及的乡镇企业应充分发挥其带头作用，同时带动相关配套设施的改进与完善，寻求统筹城乡的新动力。针对四川省特殊的省情，应该因地制宜地促进“两化”互动发展。

(6)四川省的发展战略应体现城乡统筹、“两化”互动与创新驱动的结合，推陈出新，建立四川省“两化”互动统筹城乡发展新战略。首先，在制定政策时要坚持“以人为本”，在推进人口城镇化、就业制度改革等时不仅要给予农村人口优惠便利的政策，还要注意不损害城镇人口的利益，尽量达到满足双方利益的帕累托最优；其次，注重教育改革，普及高等教育，为新型城镇化和产业升级输送专业人才；在财政金融方面，要有目的性地增加财政投入，实现农村地区的“精准扶贫”；最后，大力推进农村金融机构的体制机制创新，根据不同地区的不同情况制定科学合理的金融支持计划，促进农村和现代农业的发展。

9.5 本章小结

在“大众创业、万众创新”的时代，城乡统筹、“两化”互动发展也需要形成创新驱动的体制、机制与政策。本章在借鉴国内外统筹城乡发展理论和经验基础上，结合四川省城乡统筹、新型工业化、新型城镇化发展情况，提出了四川省“两化”互动统筹城乡创新驱动的战略目标及任务，提出统筹城乡与“两化”互动发展相结合，推进以成都为中心的主城市群的构建，并促进各市州县镇产业升级，形成城市群、大中小城市与小城镇多点多级协调发展的新型城镇化，推动重点区域创新发展的战略路径。

第 10 章　典型经验及其借鉴

本章总结了我国城乡统筹发展的几大主要模式：成都模式——“田园城市”模式；珠江三角洲模式——“城市-工业”带动模式；苏南模式——小城镇发展模式；上海模式——城乡整体规划模式。总体启示：要实事求是、因地制宜；抓住改革关键，加强顶层设计；促进产业结构优化升级，提升农村地区经济增长能力；改善农村生产生活条件，加快农村配套设施建设；必须推动制度创新。

在我国统筹城乡发展实践中，各个地区由于自身历史、经济、地理环境等各有不同，分别探索出符合本地实际的城乡统筹发展模式，这些已经经历过实践检验的城乡统筹模式及经验对我国其他待发展或者正在推进统筹城乡发展的地区具有借鉴意义。

10.1　成都模式——“田园城市”模式

成都模式立足于西部地区城乡发展水平与资源禀赋，注重城乡产业布局建设特色型、地方型的城乡空间结构与人性化的城市空间结构，在全域成都建成人与自然和谐相处、现代化都市与新农村共同进步的城乡相融新形态。

10.1.1　成都市概况

成都市位于我国西部，四川省中部。全市总面积达 14335 平方公里，在省会城市排名 14，共辖 11 个区 5 个市(县级市)4 个县。成都市 2014 年地区生产总值达到 10056.6 亿元，较 2013 年增长 8.9%，高于全国省会城市平均水平。2014 年，成都城镇居民人均可支配收入达到 32665 元，农村居民人均纯收入为 14478 元，城乡收入差距进一步缩小，比 2002 年下降 15.08%，相比于另外两个副省级城市西安市和济南市，成果显著(表 10-1)。另外，随着地区生产总值超过万亿元大关，成都市被《中国城市 60 强》收录为全国 1.5 线城市，排序紧随于北上广深之后①。

表 10-1　城乡居民人均可支配收入比较

城市	2014 年			2002 年			城乡收入比变动/%
	城镇居民/元	农村居民/元	倍差	城镇居民/元	农村居民/元	倍差	
成都市	32665	14478	2.26	8972	3377	2.66	−15.08
西安市	36100	14462	2.5	7184	2641	2.72	−8.23
济南市	38763	14726	2.63	8982	3356	2.68	−1.65

注：数据根据各地统计年鉴整理。

① 数据来源：《2014 成都市统计年鉴》。

10.1.2　成都市统筹城乡发展的历程回顾

成都市统筹城乡发展的历程回顾如表 10-2 所示。

表 10-2　成都市统筹城乡发展主要历程

时间段	主要历程
2003～2007 年	这一时期，成都市启动了全面深入的统筹城乡“自费改革”，全市被划分为 3 个圈层：6 个中心城区；7 个近郊区，并与中心城区共同构成主城区和 8 个(市)县的远郊区。2014 年成都市出台了《关于统筹城乡经济社会发展推进城乡一体化的意见》，提出了统筹城乡经济社会发展、推进城乡一体化发展的指导思想、总体要求、主要任务和奋斗目标，标志着成都市统筹城乡发展实践全面展开。城乡统筹纳入了成都国民经济和社会发展“十一五”规划
2007～2009 年	成都市成为全国城镇居民基本医疗保险试点城市。2007 年 6 月国务院批准成都市设立全国统筹城乡综合配套改革试验区，成都市提出了“全域成都”的理念，据此初步规划出“一区、两带、六走廊”的“全域成都发展格局”。2008 年实施的《城乡规划法》，把“城市规划”变革为“城乡规划”，把城市和乡村建设看成是整体的系统工程
2009 年以后	中共成都市委对城乡一体化实践全面提升和深化，确立了建设“世界现代田园城市”的历史定位和长远目标，将农田保护、生态环保、现代高端产业、城市先进功能有机融合，以“多中心、组团式、网络化”的布局，走出一条科学建设世界级特大城市的新道路。2010 年成都市宣布城乡统一户籍，并将“全面深入推进城乡一体化”作为加快转变发展方式和建设世界现代田园城市的根本要求纳入了“十二五”规划中。2011 年，成都市第十五届人大四次会议审议通过《关于全面深入持久推进城乡一体化实施成都市国民经济和社会发展第十二个五年规划纲要的决议》，指出全面深入、持久推进城乡一体化总体战略；建设世界现代田园城市是全体成都人民的共同意志和共同行动

10.1.3　成都市推进统筹城乡发展的主要做法

在统筹城乡发展实践中，成都市取得了许多值得借鉴的经验成果，其实施办法可以总结为“三四见六，以一化二”。成都市统筹城乡“三四见六”方针具体实施办法见图 10-1。

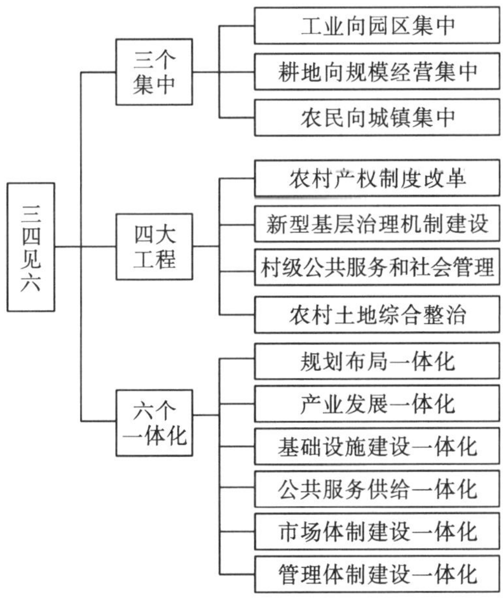

图 10-1　成都市统筹城乡“三四见六”方针具体实施办法

另外，"以一化二”是指针对长期存在的“二元结构现状”，积极推进城乡一体化建设，充分利用国家西部大开发战略机遇与政策，最大可能性地发挥西部区域性经济发展极的扩散效应，从而获得解决“三农问题”的看得见、摸得着、享受得到的具体办法。

1）“三个集中”整合城乡要素资源

(1)工业向园区集中：集中发展是城镇与乡村统筹发展的本质，聚集发展资源可以最大限度发挥规模经济效应。成都市把以前分散的116个开发区整合为21个工业集中发展区，6个工业集中发展点；并以此为载体，按照“一区一园一业主”的要求，培育企业集团，延伸产业链，引导工业集中、集约、集群发展。截至2014年12月，全市工业集中度超过80%①。

(2)耕地向规模经营集中：土地的适度规模经营集中有利于现代农业发展。通过培育农业龙头企业、新型农业经营组织和专业合作社，鼓励、支持种植大户等发展现代农业，这是改变农业生产方式、提高农业生产效率、促进农业现代化、规模化和机械化发展的必要路径。截至2014年年底，成都市全市达到规模经营的耕地面积共计305万亩，这一指标占全市土地流转总面积的比例超过了75%①。

(3)农民向城镇集中：逐渐减少农村居民数量，促进农村地区大量剩余劳动力转移，是缩小城乡发展差异、统筹城乡发展的关键所在。通过土地置换，对放弃承包地经营权的农民在经济上予以补偿，建立社会保障体系，扩大社保覆盖面，向迁移入城或者集中居住新型社区的农民提供与城市居民同等的社会服务和基础设施保障，以促进农村劳动力实现由农村到城镇、由第一产业向第二或第三产业的“产城”转移，为农业集约化与规模化经营创造条件。根据2014年年底的统计数据，成都市全市城镇化率已经超过70%，全市共计新建1600多处城乡新型社区，帮助130余万名农民获得更理想的居住生活条件。

2）“四大工程”改革农村基本制度

(1)农村产权制度改革。通过建立成都土地承包经营权流转信息平台，支持采取各类合法流转方式流转土地承包经营权。在明确土地承包经营权、农村集体建设用地和农村宅基地三种土地权属前提下，尝试建立完善统一的城乡土地要素市场。实行农村土地所有权确权颁证，创建设立农用耕地保护机制及保护基金，推进农村产权流转，实质仍是“还权赋能”，把法律允许通过使用土地等生产要素获得的权益还给农民，以恢复农民应有的权利，让农民能够自主行使自身权利。

(2)新型基层治理机制建设。根据“三分离、两完善、一加强”的总方针(图10-2)，建立健全“服从地方党组织领导，并以地方居民自治为核心，吸收社会组织广泛参与”的新型乡村管理机制。在部分条件成熟的地区，尝试将村级管理服务职能与集体资产管理职能分离进行管理与执行，建立县、乡、村三级决策听证制度，完善民主监督制度。

---

① 数据来源：四川新闻网. 成都2015年经济社会发展目标确定GDP增长8%左右[EB/0L].(2015-01-20). http://scnews.newssc.org/system/ 20150120/000530747.html.

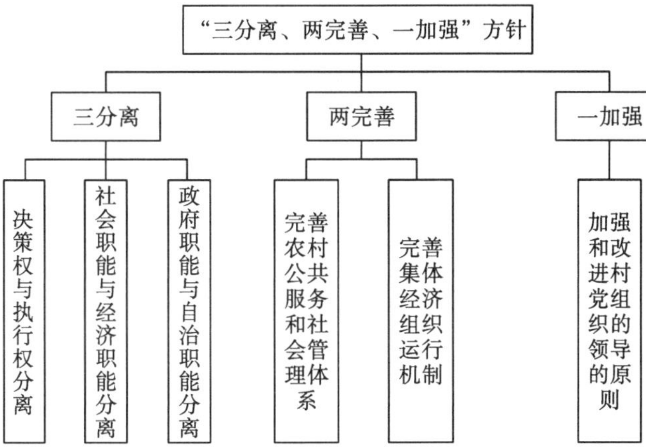

图 10-2　成都市新型基层治理机制建设方针

(3) 村级社会管理和公共服务改革。这是为了进一步深化城乡统筹工作、提高成都市周边农村地区的社会治理与公共服务水平的改革工作重点之一。具体实施方案是将村级社会治理和公共服务所需资金归入地方政府财政预算，保障农村基础设施建设、地方教育投资、医疗卫生投资、就业和社会保障、当地农业生产服务等多个方面，对所涉及资金的每一笔支出都需要经村民民主评议，保证"财政下乡，民主决策"政策的顺利实施。

(4) 综合整治农村土地。依据"发展、多样、互融、共享"四大原则和"三个集中"重要方针，依据土地利用总体规划，结合产业培育、城乡发展等相关规划，制定实施农村土地整治规划，科学确定土地综合整治时机、布局和规模，并全面推动农村耕地与集体建设用地综合整治工作。土地综合整治是对农村地区的田、水、路、林、村进行统筹规划与治理，不仅追求有效耕地面积的扩大，同时要求单位耕地面积质量的提高，科学提升农业产业生产力，着力改善人民生产生活条件。

3)"六个一体化"建立城乡统筹发展机制

(1)"城乡规划一体化"，合理构建城乡统筹的规划体制，从而实现全市范围内的各类规划综合全覆盖。城乡统筹规划体系由编制和管理两部分组成，前者决定了整体规划的覆盖面广度以及各部分之间的衔接状况，而后者在建设过程中是直接影响规划一体化程度的关键因素(图 10-3)。成都市在实践过程中，实现了城乡规划理念转型的"三次飞跃"(表 10-3)。

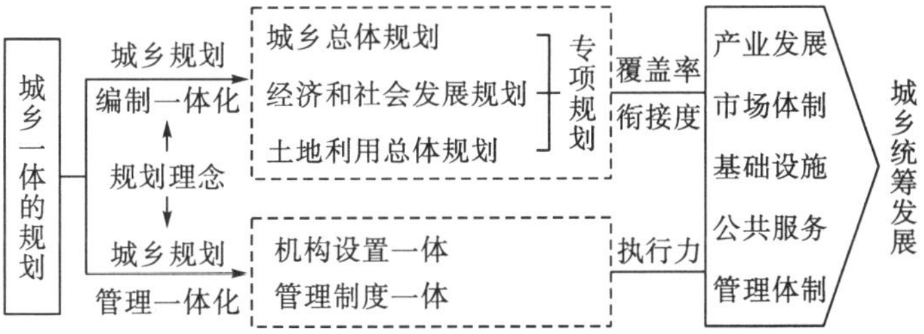

图 10-3　城乡一体化内涵及其在城乡统筹中的作用[1]

①梁小琴. 城乡统筹的改革样本——成都市统筹城乡发展、推进城乡一体化调查报告[N]. 人民日报，2010-03-02.

表 10-3　成都市城乡规划理念转型的“三次飞跃”

时间	规划理念
第一次跃升（2003～2006 年）	从城市规划到城乡规划。按照人性化、生活化的城市空间架构，探索并走出了一条“多中心、组团式、网络化”的城乡空间布局发展的新路子，基本形成“青山绿水抱林盘，大城小镇嵌田园”的生态城乡格局。
第二次跃升（2006～2009 年）	从“各自为政”到全域成都。从 2006 年开始，成都将全市 19 个区（市）县作为一个有机的整体统一规划，形成“一区两带五楔六走廊”的全域空间格局。对城乡基础设施、民生设施、生产要素、新农村建设等，按照社会公平、城乡平等的原则，进行统一规划布局，引导公共资源向农村倾斜，构建覆盖全域、区域统筹、城乡一体的基础设施体系和公共服务体系。
第三次跃升（2009 年以后）	从区域中心到全球定位。2009 年，在多年城乡统筹实践的基础上，成都创造性提出了“世界现代田园城市”统筹城乡的长远目标，实现了从区域中心到全球定位的根本性跨越。

(2)“产业发展一体化”是指成都市主城区区域与周边近郊区域在某特定区范围集中打造成立相关产业密集区，因地制宜，大力发展区域现代农业、制造业、旅游业和现代服务业；周边区域积极主动地利用主城区产业和城市功能辐射带来的有利条件，建成城镇聚集与产业聚集的科学统筹发展“新走廊”，促进城乡产业互动发展（图 10-4）。

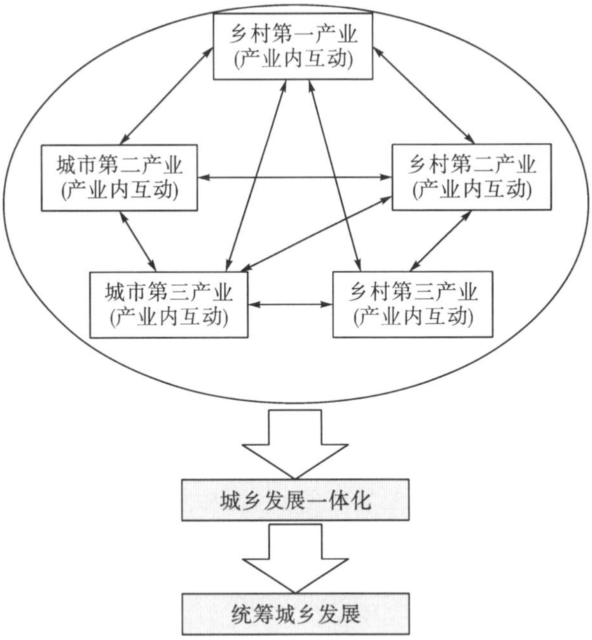

图 10-4　统筹城乡产业互动机制

资料来源：四川大学成都科学发展研究院和成都市委统筹委（2010）。

(3)“市场体制一体化”是指建立土地、资本和劳动力等生产要素在城乡两部门间能够自由流动与转移的市场体系。依据《成都市集体土地所有权和集体建设用地使用权确权登记实施意见》等文件，成都市主动创建农用耕地保护基金，积极开展农村集体用地以及宅基地的确权颁证，在农村各级单位纷纷成立相关农村产权交易中心。成都市自上而下地创建了政府投融资平台，积极引入商业保险公司，推广农业保险试点，引导社会资金、民间资本参与现代农业发展、城镇体系建设，创建了城市与乡村两部门各种生产要素自由流动与转移的市场体系。

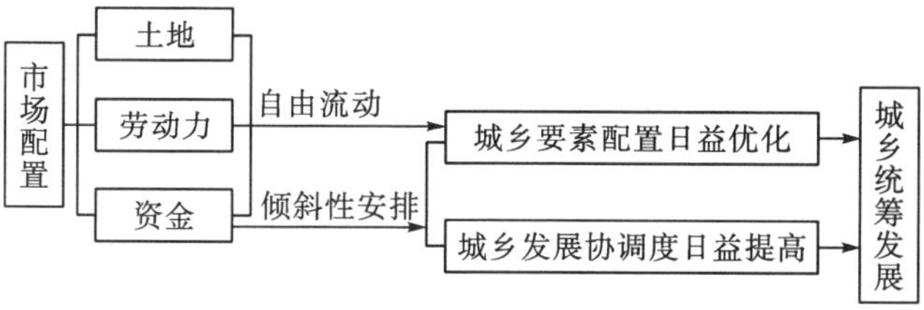

图 10-5　城乡市场在城乡统筹发展中的配置作用

(4)“基础设施一体化”是对城乡分割的二元体制所导致的农村基础设施投入渠道不固定，地方政府应该针对性地设计科学合理的城镇体系，对城乡能源供需、交通通信、水利工程、环境监测等基础设施进行统一科学的规划与布局，搭建一个全新并且能够覆盖城乡的基础设施体系。成都市 2014 年全年将 2000 个新型农村社区作为改革重点，建成共计 40 千米农村 10 千伏电网线路以及约 70 千米低压线路，新建或扩建 6 个超 110 千伏及以上输变电工程，新增 50 个行政村通光纤，改造共计长达 1000 千米的灌区节水渠道，新建 8 个消防站，再配置 14 辆专用于城市消防的消防车。大力推动“广播村村响”工程，共建成 300 个行政村和集中居住区广播室。改进和完善传输方式，确保 17.5 万户偏远地区居民收看好电视……[1]通过一系列有效的基础设施建设，成都市增强了自身能源开发与利用、水利水电等设施、城市消防设施、乡村广播广电设施等基建项目的建设与利用。

(5)“公共服务一体化”充分体现了以服务人民群众为核心的制度优势。公共服务具备三种基本功能：保证所有社会成员生存的基本需要，保障社会成员的基本尊严和基本能力的需要，还要保持所有社会成员基本身心健康的需要。公共服务均等化是衡量统筹城乡发展的一个重要标准，也是实现城乡统筹发展的重要保障。依据包括《关于深化城乡统筹进一步提高村级公共服务和社会管理水平的意见(试行)》在内的一系列政策条例，成都市通过构建城乡一体的公共事业财政支出保障机制，逐步改善农村地区义务教育、医疗卫生、文化保护等硬件设施，大力推进医疗人员、教师等优质资源向农村流动，全面提升农村地区的医疗、教育服务水平；探索建立城乡社会保险、城镇职工社会保险、农民工综合社会保险、农民养老保险的衔接机制。

(6)“管理体制一体化”主要包括财政管理体制一体化和行政管理体制一体化。2004 年以来，成都市按照建立公共财政体制框架的要求，逐步建立起了“保两头、紧中间”统筹城乡的公共财政制度。探索建立农村基础设施和公共服务保障机制，以保障机制与途径的稳定，提高金融转移支付水平，构建为农服务的投资稳定增长机制。从城乡行政管理体制一体化的角度，成都市最近几年始终以建设服务型政府为重点，并始终明确各级地方政府的职责，以从“管理到服务”的形式对政府职能重新确定。以符合“精简、统一和高效

① 数据来源：四川新闻网.成都 2014 民生工程半年报，基础设施篇：50 个行政村通光纤[EB/0L].(2014-08-04). http://scnews.newssc.org/system/ 20140804/000471840.html.

的行政机关改革”的原则，促进各个职能部门的有机统一，扩大基层政府的权责。健全行政权力的监督机制，包括法律监督、民主监督、行政监督。根据“公开透明行使公共权力”的原则，对政府机关的行政权力及其执行过程予以公开，切实保障人民知情权、表达权、参与权与监督权。这些措施有助于进一步消除体制性障碍与促进城乡统筹发展。

10.2 东部地区三种先行模式

结合我国城乡发展现状来看，未来的统筹城乡工作重点应该在我国的中西部地区，在考虑时间因素的情况下，最近几年正在实践中的“成都模式”具有重要的参考价值。除此之外，在我国东部地区还有另外三种经典统筹城乡模式，虽然其实践过程主要在20世纪，但依然值得各个地区研究学习。

10.2.1 珠江三角洲模式——“城市-工业”带动模式

珠江三角洲模式强调城市对城乡整体发展的引领作用，城市作为整体区域的核心对各种资源进行引导，实现资源要素从城市到农村的有效转移与自由流动，通过极化与扩散效应促进农村的发展，因此城市的辐射和带动能力将直接影响它对农村地区的推动效应(刘奇和王飞济，2003)。

(1)珠江三角洲概况。珠江三角洲经济区包括广州市、深圳市、东莞市等共计十四个市县的范围，总面积达到5.67万平方公里，占广东全省面积的31.5%。2010年常住总人口6481万人，占广东全省人口62.0%。改革开放以来，珠江三角洲地区整体经济发展迅速，城市化推进速度提高显著。按非农业人口占总人口比重计算，该地区城市化率已从1978年的不足12%上升为2014年的81.3%①，成为当今中国最富有活力的经济区域之一。

(2)珠江三角洲城乡统筹发展主要历程。珠江三角洲的城乡统筹发展历程大致可以分为三个阶段(表10-4)。

表10-4 珠江三角洲地区城乡统筹发展主要历程

时间段	基本情况
第一阶段——商品农业阶段(1978～1992年)	1992年，珠三角农业商品化率已经达到了80%以上，农业劳动生产率高达7000元/人左右，土地生产率高达2200元/亩以上。随着珠三角农业商品率与生产率的提高，不仅促进了珠三角的农业发展，也加快了珠三角农村剩余劳动力的流动与转移，促进了珠三角第二产业与第三产业的发展。整体而言，珠三角城乡一体化发展已经走出了一二三产业协调发展的路径
第二阶段——农村工业化阶段(1992～1997年)	城市的迅速发展，带来了资源特别是土地的稀缺，这在深圳表现得尤为突出。由于企业成本上升而向邻近各个乡镇转移，大力发展中小型乡镇企业促进了农村农业化向工业化转变，农村的各种资源得到整合利用，城市的功能也变得更加齐全和完善，农村工业化使得农村经济得以集聚，基本实现了城乡同步发展(徐勃，2010)
第三阶段——城乡一体化阶段(1997年以后)	城乡一体化就是要实现城市和农村资源的互动和自由流通。在此阶段，珠三角按照现代化发展的要求，对基础设施进行了完善，特别是高速公路直通城镇，环城高速辐射到城市的整个空间，这样给予资源更通畅更便利的流通，为珠三角城乡一体化发展提供了不可或缺的硬件基础

(2)珠江三角洲统筹城乡工作实施办法。珠江三角洲统筹城乡工作主要包括以下三种做法(表10-5)。

① 根据《2014广东省统计年鉴》整理。

表 10-5　珠江三角洲统筹城乡主要实施办法

统筹方针	主要办法
积极推进产业结构优化升级	整体上看，珠江三角洲地区已进入工业化成熟期，要求其城市化水平在数量和内涵上与之相适应。1997 年，珠江三角洲的三次产业所占的比重分别为 7.5%、49.6%、42.9%，劳动力在三次产业之间的分布为 40.8%、32.9%、26.3%，表明第一产业劳动生产率与第二、三产业的差距较大，劳动力流向非农业的内在要求较为强烈，产业升级推动城市化发展的潜力较大。珠三角经济区经过改革开放 20 多年的快速发展，逐渐形成了稳定的“二、三、一”的就业结构。珠三角通过对产业结构和布局的科学调整，以及对城市分工和城市内部功能区的重新规划，使乡镇企业和大中城市的二、三产业吸收农村剩余劳动力的潜力不断增加，并建立起“特大城市—大城市—中小城市—小城镇”的等级完备、分布合理、分工明确、专业化生产与综合服务匹配、居住与工作相协调的开放性城镇体系。2005 年，三次产业所占的比重分别为 3.05%、50.69%、46.25%，第一产业就业人员比重为 14.7%，第二产业就业人员比重为 48.5%，第三产业就业人员比重为 36.8%。使城市化水平在“质”和“量”上得以进一步提高①
发展外向型经济	1978 年改革开放以来，珠三角地区，一方面，“引进来”，利用其独特的地理区位优势大力引进外资和港资等，通过“前店后厂”的方式与香港开展制造业分工合作(珠江三角洲为“厂”，香港为“店”)，由此导致直接从事出口的乡镇企业在珠江三角洲地区迅速崛起。以利用外资和港资等和从事“三来一补”为主要形式的乡镇企业迅速发展。另一方面，坚持“走出去”战略，大力发展对外贸易，加大对外向企业扶持力度。据统计，发展中国家在进口替代阶段，工业吸收劳动力的速度一般只有 2.5%~3.0%，而在“出口导向”阶段工业吸收劳动力的速度普遍达到 5%～6%，几乎是进口替代阶段的两倍。因此，坚持“出口导向”战略，必然进一步推动珠江三角洲地区城市化进程
以中心带动外围，建立珠三角大都市带	珠三角不断调整行政区划，建立了“珠三角大都市带”，一是以广州、深圳等中心城市为大都市带“骨架”，二是以东莞、佛山、珠海等地区性中心城市为“节点”，带动周边次级中心城市及小城镇发展，分享大城市分工协作利益。另外，香港和澳门的回归以及分别与深圳和珠海城市功能的融合互补，很大程度上弥补了深圳和珠海作为国际性都市的不足，使得广州到深圳之间以及广州到珠海之间的城市断裂点北移，原有的首位度被打破，新的位序分布也更加平衡，充分发挥了城市的扩散功能

10.2.2　苏南模式——小城镇发展模式

不同于珠江三角洲的大城市带动模式，苏南地区则是根据自身实际情况，依赖农民自己发展乡镇企业，采取小城镇模式。在政府的主导作用下，农村地区不仅是地方经济发展的基础，还依赖自身发展能力作为整体经济发展的引擎，并通过渗透和延伸至城市部门，向其提供自然资源、消费市场、劳动力，实现城乡之间的相互帮助、相互补充，达到城市和农村的整合目的(张霞，2007)。该模式的典型地区是苏南地区。苏州市是苏南模式的发源地之一，是苏南模式的典型代表，本节以苏州为例介绍苏南模式。

(1) 苏州市概况。苏州市地处长江下游，区域内交通便利，京杭大运河、京沪铁路以及多条高速公路横贯全市区。作为苏南地区的工业中心，也是长三角经济圈重要的经济中心之一，苏州市 2014 年地区生产总值达 1.35 万亿元，位列全国第五，区域内城镇居民人均可支配收入达到 4.66 万元，而农村居民人均纯收入为 2.36 万元，前者较 2013 年增长 8.5%，后者增长 10%，城乡居民收入水平位居全国前列②。

(2) 苏州市城乡统筹发展的背景和进程。苏州市城乡统筹工作主要分为以下三个阶段(表 10-6)。

① 数据来源：《2010 珠三角统计年鉴》。
② 数据来源：《2014 年苏州统计年鉴》。

表 10-6 苏州市城乡统筹主要发展历程

时间	基本情况
20 世纪 80 年代	苏州市大力发展乡镇企业推进农村工业化，大量吸收农村剩余劳动力，农民的生活水平得到提升，推动了苏州市的城镇化建设
20 世纪 90 年代	国家开放上海浦东等沿海地区，苏州市抓住机遇大力发展外向型经济，成为现代制造业的国际基地，率先实现了“内转外”的历史性跨越，进入城乡统筹发展的新阶段
进入 21 世纪后	2002 年，苏州市大力推进“三农”与”三化”并进战略(三化：工业化、城市化、国际化)。以新型工业化推动农村产业新发展，以城市化提升农村建设新形态，以经济国际化塑造农村发展新理念，把解决“三农”问题与推进“三化”互动并进。通过一系列的实践创新，建立了综合推进城乡一体化的发展机制。2008 年 9 月，苏州市成为江苏省城乡一体化综合配套改革试点城市。次年出台了《关于城乡一体化发展综合配套改革的若干意见》，开始了统筹城乡发展的新探索

(3)苏州市推进统筹城乡发展的具体做法。苏州市在统筹城乡发展实践中所实施的主要办法见表 10-7。

表 10-7 苏州市在统筹城乡发展实践中所实施的主要办法

统筹方针	主要做法
统筹推进“七个一体化”	城乡规划一体化 基础设施一体化 资源配置一体化 产业布局一体化 公共服务一体化 社会管理一体化 就业社保一体化
用“三形态”来科学推动镇域规划	融入城市化 就地城镇化 农村现代化
用“三集中”来优化城乡空间布局	引导农村工业企业向规划区集中 引导农民居住向新型社区集中 引导农业用地向适度规模经营集中
用“三置换”来构建富民强村机制	将集体资产所有权、分配权置换成社区股份合作社股权，将村原集体经济组织改组为股份合作经济组织，将集体资产股份化后平均量化到每个集体经济组织成员 将土地承包权、经营权置换成土地股份合作社股权 将宅基地使用权及住房所有权参照拆迁办法置换城镇住房，或置换产业用房，或进行货币置换，或进行股份量化置换成置业股份合作社股权
用“三合作”来构筑新型集体经济	农民社区股份合作社 土地股份合作社 农民专业合作社
用“三举措”来对接城乡基础服务	推进城乡基础设施一体化 推进城乡公共服务一体化 推进城乡社会管理一体化
用“三创新”来优化城乡产业布局	积极创新农业发展载体 积极创新农业经营机制 积极创新农业支持保护制度
用“三保障”来对接城乡就业社保	建立新型农村基本养老保险制度，积极推动其向城镇社会养老保险制度对接 建立健全农村居民医疗保险制度，并积极推动其向城镇居民基本医疗保险制度对接 积极推动农村最低生活保障制度向城市最低生活保障并轨

10.2.3　上海模式——城乡整体统筹模式

城乡整体统筹模式以消除城乡对立的矛盾，缩小城乡发展的差距为主要目标，从而达到城乡关系协调发展(梅林，2009)，上海市所实施的“城乡统筹规划”就是这种模式的代表之一。在这种模式中，城乡两部门不再是对立关系，而是作为一个整体，利用通过城乡统筹规划，统筹城乡产业结构，从而成功改革原有的城乡封闭体系，科学统筹配置城乡生产要素，综合开发与利用城乡要素资源，有效推进城乡社会与经济的繁荣发展。

(1) 上海市概况。上海市的典型特征是“大都市、小郊区”。随着上海社会经济的快速发展以及城市化进程的不断推进，作为中心城市，上海的货物流通、人才流动、资金流动、信息传递与技术传播也对其相邻地区进行大规模、高效率的辐射。

(2) 上海统筹城乡发展历程。上海市统筹城乡发展主要历程包括以下两个阶段(表 10-8)。

表 10-8　上海市统筹城乡主要发展历程

时间	基本情况
第一阶段：20 世纪 70 年代末～80 年代中期	主要借助乡镇企业的异军突起和农业剩余劳动力的就地转移，从郊区内部形成动力，实现农民的职业变迁，从而缩小了城乡之间、工农之间的收入差距，在一定程度上缓解了城乡二元结构矛盾，并促进了全市的经济发展和结构调整升级
第二阶段：20 世纪 80 年代中期以后	自 20 世纪 80 年代中期以来，上海市大批工业企业陆续向近郊迁移，市区人口密度开始下降，上海市近郊区人口密度开始上升，远郊人口密度呈不同程度的下降，上海市开始进入城市郊区化发展阶段。1986 年，上海市正式把城乡一体化作为全市经济和社会发展的战略思想和指导方针。上海市郊区的“三个集中”使得郊区工业园区快速发展，同时农村城镇化进程加快，农业产业化、农村现代化发展迅速。此外，上海市郊区的基础设施建设取得重大进展，已形成了 9000 公里的公路网以及完备的农用事业设施，这些都为上海市进一步推进城乡一体化打下了坚实的基础

(3) 上海市统筹城乡发展的具体做法。综合来看，上海市统筹城乡工作所实施的主要办法可以总结为以下四点(表 10-9)。

表 10-9　上海市统筹城乡工作所实施的主要办法

统筹方针	主要办法
制定城乡统一的发展规划	上海市把农村经济社会发展纳入上海国际化大都市的建设中，逐步把郊区变为经济发展重心、工业发展和基础设施建设的重点。通过郊区镇建设、基础设施建设、道路交通水电等工程建设，逐步改善郊区发展环境
稳步推进“三个集中”	上海市以优化资源配置为重点，稳步推进郊区工业向园区集中；在尊重农民意愿的前提下，积极引导农民向集镇集中；以农民新型联合合作为载体，逐步实现土地向规模经营集中，稳步实现郊县城乡一体化、农业现代化、农村城镇化和农民市民化
深化农村改革	上海市积极探索农村股份合作制，实现农村土地制度改革；通过完善合同制，加快农村就业制度改革；积极发挥市场作用，构建资源要素向农村流动的机制
积极发展农村社会事业	上海市通过农村基础设施建设、农村文化教育卫生事业发展、农村社会保障体系的建立等措施，逐步完善农村社会事业，缩小城乡差距，改善农民生活条件

10.3 四大模式的比较与启示

10.3.1 四大模式的相似点与不同点

四大模式的相似点与不同点如表 10-10 和表 10-11 所示。

表 10-10 四大模式的相似点

相似点	具体表现
把实现产业结构的优化升级作为一个重要的策略	各个地区无论采取什么样的模式，都很关注农业问题，尤其是产业结构的优化升级问题。例如成都市的“四大工程”将重点放在了解决农民问题上；苏州市城乡统筹发展的措施之一就是在全区建立优质、高效的农业生产基地，推动农业机械化、良种化、水利化和服务社会化；上海市城乡统筹发展战略中的重要一点就是合理调整城乡产业结构。我国许多地区产业结构不合理，尤其是城乡产业结构不协调，制约了城乡经济社会一体化的发展，因此实现产业结构的优化升级成为城乡统筹发展迫切需要解决的问题
重视农村、农业与农民的发展	这些地区在进行城乡统筹时，都关注农村自身经济发展能力的提高。如珠江三角洲城乡统筹发展的三个阶段：商品农业阶段、农村工业化阶段、完善基础设施阶段，重点在于提高农业劳动生产率，实现农村工业化，提高农业生产能力。成都市将土地向适度规模经营集中，采取培育龙头企业、积极发展农村新型集体经济和专业合作经济组织，以及鼓励、支持种植大户等多种方式，促进了农业的现代化、规模化和机械化。苏州市以乡镇企业为城乡统筹的支柱，以小城镇为城乡联结的枢纽，极大地改善了农民的生产、生活条件和质量，大大加快了农村产业结构的优化和城市化进程；上海市城乡统筹发展战略的中心是提高城乡综合劳动生产率和社会经济效益，加速城乡各项社会事业的共同发展
注重加强农村基础设施建设	这些地区在统筹城乡发展的过程中都注重解决城乡基础设施差距问题。如珠江三角洲城乡统筹发展的第三阶段是完善基础设施阶段；成都市的“基础设施一体化”；上海市城乡统筹发展战略之一是统筹规划城乡建设等
注重发挥政府的引导规划作用	各地方政府或发挥引导的职能，或发挥规划的职能。如珠三角大都市带规划；成都的“全域成都”科学规划；上海市在 1986 年正式把城乡一体化作为全市经济和社会发展的战略思想和指导方针

表 10-11 四大模式的不同点

不同点	具体差异
发展基础不同	从发展阶段来看：成都市是典型的内陆型城市，地处西部地区，处于后工业化发展的初期；苏南和珠江三角洲处在后工业化发展的中后期；上海市已进入后工业化的高级阶段。从发展区域的城乡空间发展格局来看：成都市是大城市带郊区；苏南地区是少数中等城市带动广阔的广大农村地区，上海市是一个特大型中心城市带动大郊区。从发展的经济条件来看：成都市在反哺农业上的经济实力相对有限，苏南地区、珠江三角洲作为改革开放最前沿的地区和上海作为特大型中心城市都经济发达，具有强大的经济实力来支援郊区和农业的发展。
发展重点不同	各地区根据发展阶段和经济条件，它们各自的发展重点也不一样。成都市是基于对个人权利的尊重——成都改革的三大支柱“产权改革、公共服务均等化、基层民主”，以尊重个人权利特别是农民与农民工的权利为标志。苏南模式基于农村改革使得农业取得了大发展，乡镇企业得以大规模兴起，随之成为苏南模式城乡一体化发展的主要推动力量。上海模式的推行得益于城市强大的工业基础，随着工业企业向郊区的转移，城市开始大规模的郊区化，为防止工业企业过分分散带来的规模不经济，上海模式着重加强郊区的集中工业化以促进城市化，同时带动农村地区的非农化，以加快农村劳动力的转移和农村城市化的发展。上海市虽然也强调城乡生态系统的功能协调，但其重点还是在于经济发展与社会融合。
发展方式不同	成都统筹城乡发展一方面土地适度规模经营，发展现代农业，另一方面限制或保护各类用地、在城市中引入农业景观等手段以实现建设“田园城市”的目的。苏南模式主要为自下而上的分散式发展，这种模式是在一个缺乏具有强大经济实力的中心城市的情况下，由于短缺经济带来的极大的市场需求，从而诱发了在农村地区乡镇企业的发展。苏南模式是一种体制转换和短缺经济引发的、自发性的、分散的城乡经济发展模式，对工业化、城市化和城乡一体化起到一定推动作用。珠江三角洲模式是通过不断优化城镇结构，实现了城镇区域的集聚与扩散效应，从而带动乡村经济的快速发展，实现城乡经济结构的融合与优化调整。上海模式则是一种自上而下的、中心城市主导型的城乡一体化模式，这种模式在我国当前的经济发展阶段和条件下具有普遍的意义。

10.3.2　经验借鉴

(1) 实事求是，因地制宜。中国幅员辽阔，各个地方的资源禀赋、区位优势、经济发展水平等实际情况千差万别，因此不同地区的城乡统筹建设实践也应该有其特殊性与针对性。目前已经取得完全或阶段性成功的统筹模式都是源于各个地区遵循实事求是的原则，结合自身实际，因地制宜进行改革的成果。在参考、执行国家的城乡发展总体规划部署的政策方案时，各个地区不能盲目照搬其他地区的模式，而应该积极学习先进理论与实践经验，结合区域实际，创建一条科学合理的城乡协调发展道路。

(2) 统筹城乡改革的关键：加强顶层设计。事先科学制定规划，可以有效避免政府推进城乡统筹发展工作的盲目性，而且还能利用引入的智力资源，帮助促进政府和地方工作效率与水平的提高。系统合理的城乡规划直接影响到城乡统筹发展的成效，科学的规划能够充分考虑和发挥不同地区的比较优势，也十分有助于各区域之间优势互补，促进生产要素的合理配置。

(3) 促进产业结构优化升级，提升农村地区经济增长和可持续发展能力。在我国现行的几种经典统筹城乡模式中，几乎都会重视优化升级各自区域内的产业结构，特别是对农业产业的升级，还注重提高农村地区自身经济增长与发展的能力。在统筹城乡发展实践过程中，各地区必须将这两点予以综合考虑，通过产业结构的优化升级帮助提升农村地区的经济发展能力，而农村地区经济发展水平的提升又可以推动地区产业结构升级。大力发展现代农业，规范城乡商品与生产要素市场，促进城乡产业结构的优化，真正实现城乡协调统筹发展的目标。

(4) 改善农村生产生活条件，加快农村配套设施建设。广大农村普遍存在基础设施配套不完善的问题，各级地方政府在推进城乡统筹工作中应该着力于当地农村的能源开发与利用，加强农村交通通信、水利工程、义务教育、环境保护等配套设施的建设，为统筹城乡发展做好基础工作。

(5) 必须推动体制机制创新。创新体制机制是实现城乡统筹发展的重要保障和基础，是实现城乡一体化的关键。另外，在城乡一体化建设中的土地管理与使用制度、公共财政制度、社会保障制度以及农村金融体系改革等关键问题上，成都市、上海市、苏州市和珠江三角洲等地都进行了成功的尝试与创新。

10.4　本章小结

本章从我国城乡统筹发展的实践层面，对成都市、珠江三角洲、苏南、上海市等内陆和沿海地区的城乡统筹发展模式进行了系统观察和分析。成都市是国家确立的统筹城乡发展综合配套改革试验区，近年来，城乡统筹工作取得积极进展，形成了一些典型经验，对中西部地区有一定示范作用。沿海地区改革开放起步早、经济发展水平高，在城乡统筹和城乡一体化发展历程中的相关做法与经验对国内其他地区有一定的借鉴意义。城乡统筹着力于破解城乡二元结构，需要各地区结合区域发展水平、要素资源禀赋，充分发挥政府与市场作用，实现城乡要素资源的流转整合，提升产业结构与效益，大幅度缩小城乡发展差距，对各种模式进行历史性审视、总结与借鉴，对于全国统筹城乡发展战略的实现有重要的现实意义。

参考文献

艾智科. 2010. 现代田园城市: 统筹城乡发展的一种新模式——以成都为例[J]. 城市发展研究, (3): 5-7.

蔡昉, 都阳. 2002. 迁移的双重动因及其政策含义——检验相对贫困假说[J]. 中国人口科学, (4): 1-7.

蔡昉. 2010. 城市化与农民工的贡献——后危机时期中国经济增长潜力的思考[J]. 中国人口科学, (1): 2-10.

蔡海龙. 2013. 农业产业化经营组织形式及其创新路径[J]. 中国农村经济, (1): 130-137.

曹飞. 2013. 城乡统筹进程中的要素整合机制研究[J]. 贵州社会学科, (3): 76-79.

曹明霞, 徐元明. 2014. 县域农业综合竞争力的时空演化特征与提升策略——基于江苏省的实证分析[J]. 现代经济探讨, (07): 44-48.

陈磊, 张春霞, 许佳贤. 2011. 基于DEA的农业产业化龙头企业带动农户能力评价研究——以福建省 87 家龙头企业为例[J]. 经济问题, (12): 82-85.

陈庆. 2012. 总体战略下的特色路径——各市州因地制宜推进“两化”互动、统筹城乡[J]. 四川党的建设: 城市版, (8): 22-23.

陈曦. 2012. 哈耶克经济理论评述[D]. 长春: 吉林大学.

陈旭. 2013. 中国目前农村土地产权制度研究[D]. 长春: 吉林大学.

陈彦光、周一星. 2005. 城市化 Logistic 过程的阶段划分及其空间解释——对 Northam 曲线的修正与发展[J]. 经济地理, (6): 817-822.

陈瑜思. 2011. 农村土地承包权流转政策下农地经济规模确定问题研究[D]. 西安: 西安建筑科技大学.

大卫·李嘉图. 1976. 政治经济学及赋税原理[M]. 北京: 商务印书馆.

邓琨. 2011. 农业产业结构调整对农业经济增长影响的实证分析——以四川省为例[J]. 广东农业科学, 38(9): 193-196.

邓霞. 2015. 四川省农村劳动力转移问题研究[D]. 成都: 成都理工大学.

邓泽辉. 2010. 委托-代理关系的数学描述及应用分析[J]. 华南理工大学学报(自然科学版), 3(3): 156-161.

董瑞华. 1998. 农业合作化与家庭联产承包责任制的实施比较研究[J]. 当代中国史研究, (4): 33-41.

杜书运. 2007. 农村劳动力转移就业成本—收益问题研究[M]. 北京：经济科学出版社.

恩格斯. 1997. 路德维希·费尔巴哈和德国古典哲学的终结[M]. 中共中央编译局, 译. 北京: 人民出版社.

付君谦. 2010. 河南省农业产业结构分析及对策[J]. 新乡学院学报: 社会科学版, 24(5): 65-68.

高帆, 李童. 2016. 中国城乡资本流动存在“卢卡斯之谜”吗[J]. 经济学家, (3): 75-86.

高国力. 1995. 区域经济发展与劳动力迁移[J]. 南开经济研究, (2): 27-32.

高瑞芳, 贾宪威. 2010. 四川农业微观组织的现状调查研究[J]. 管理观察, (31): 11-12.

戈特哈德·贝蒂·俄林. 2008. 区际贸易和国际贸易[M]. 逯宇铎, 译. 北京: 华夏出版社.

郭丽妮. 2013. 优化中国农村非农产业组织结构刍议[J]. 福建农林大学学报, 6(1): 25-28.

郭其友, 李宝亮. 2007. 机制设计理论: 资源最优配置机制性质的解释与应用[J]. 外国经济与管理, (11): 1-8.

郭庆然. 2014. 中国工业化与城市化协调演进的量化测度[J]. 统计与决策, (23): 142-145.

国务院发展研究中心课题组. 2011. 农民工市民化进程的总体态势与战略取向[J]. 改革, (5): 5-29.

何刚. 2006. 近代视角下的田园城市理论研究[J]. 城市规划学刊, (2): 74.

何礼. 2014. 四川实施创新驱动发展战略的思考[J]. 宏观经济管理, (06): 79-80.

洪银兴. 2011. 关于创新驱动和创新型经济的几个重要概念[J]. 群众, (8): 33.

洪银兴. 2013. 论创新驱动经济发展战略[J]. 经济学家, (01): 5-11.

洪银兴. 2014. 关于市场决定资源配置和更好发挥政府作用的理论说明[J]. 经济理论与经济管理, (10): 5-13.

胡建. 2014. 土地市场化视阈中的农村集体土地产权改造[J]. 求实, (6): 91-94.

胡锦涛. 2012. 坚定不移沿着中国特色社会主义道路前进, 为全面建成小康社会而奋斗[J]. 求实, (22): 3-25.

胡俊波. 2007. 禀赋、不确定性与转型期农村劳动力转移[D]. 成都: 西南财经大学.

黄红球. 2013. 农业产业化经营评价指标体系设置及评价方法研究——基于广东省的证据[J]. 农业技术经济, (7): 110-117.

黄建强, 郭宗萱. 2011. 农村必要劳动力与劳动力转移问题研究[J]. 江西社会科学, (7): 174-179.

黄剑, 黄卫平. 2015. 中国经济“新常态”下的创新驱动与转型调整[J]. 江淮论坛, (06): 40-47.

黄廷廷. 2013. 农地产权主体的缺陷、分析及重构[J]. 经济体制改革, (3): 66-70.

黄伟雄. 2002. 珠江三角洲城乡一体化发展模式与格局的探讨[J]. 经济地理, (05): 335-338.

黄文清, 孙能利, 张俊飚. 2010. 基于 S-S 模型下的西部地区农业产业结构效益与竞争力分析[J]. 湖北农业科学, (12): 3242-3246.

贾宪威, 李天霞. 2010. 四川省农业产业化经营不同组织模式的风险研究[J]. 安徽农业科学, 38(26): 18-20.

江维国. 2016. 我国农业供给侧结构性改革研究[J]. 现代经济探讨, (4): 15-19.

蒋乃华. 2002. 封进. 农村城市化进程中的农民意愿考察——对江苏的实证分析[J]. 管理世界, (2): 24-28.

匡远配. 2013. 我国城乡居民收入差距: 基于要素收入流的一个解释[J]. 农业经济问题, (2): 76-84.

拉尼斯, 费景汉. 1961. 一个经济发展理论[J]. 美国经济评论, (9): 36-41.

兰晓红. 2010. 农村土地流转动因、问题及对策研究[J]. 特区经济, (10): 159-160.

雷文斯坦. 1880. 人口迁移之规律[J]. 英国皇家学会杂志, (6): 107-109.

李朝民, 王艳. 2015. 进一步深入推进农业农村改革——“十三五”前期研究课题主要观点综述（三）[N]. 农民日报. 07-03.

李恩. 2015. 市场配置资源的历史演进及对改革的启示[J]. 管理学刊, (4): 32-35.

李克强. 2012. 协调推进城镇化是实现现代化的重大战略选择[J]. 行政管理改革, (11): 4-10.

李梦, 黄敬宝. 2010. 刘易斯模型与我国农村剩余劳动力转移[J]. 消费导刊, (3): 138-139.

李培林, 田丰. 2011. 中国新生代农民工: 社会态度和行为选择[J]. 社会, (3): 1-23.

李萍. 2012. 统筹城乡与新型城镇化发展[J]. 财经科学, (12): 11-13.

李永发, 焦勇. 2014. 中部六省农业投入产出效率和影响因素分析[J]. 统计与决策, (11): 126-130.

李元华. 2015. “新常态”下中国稳增长与促平衡的新挑战和新动力[J]. 经济纵横, (1): 46-50.

李佐军. 2015. 寻找向新常态过渡的“新动力”[J]. 宁波经济, (1): 3-5.

列宁. 1963. 列宁全集[M]. 北京: 人民出版社.

刘成玉. 2013. 中国土地产权制度特征及其效率分析[J]. 华东经济管理, 27(5): 134-140.

刘后平, 邓霞, 韩明月. 2015. 新型城镇化与农民意愿[J]. 山西财经大学学报, (s1): 14-17.

刘后平, 邓霞, 王庆瑞. 2013. 四川新型城镇化进程中的农村劳动力转移问题[C]//四川省第六届中青年专家学术大会论文集. 经济体制改革(增刊), 14-16.

刘后平, 邓霞. 2016. 农村劳动力转移对劳动生产率增长的效应分析——基于四川省数据的实证研究[J]. 湖北农业科学, 55(5): 1336-1442.

刘后平, 何宇飞, 陈月澈. 2017. 农业内部产业结构调整的经济增长效应分析——以四川省为例[J]. 江苏农业科学, 45(19): 76-80

刘后平, 凌弈. 2015. 非对称信息条件下的土地流转收益保证贷款研究[J]. 金融理论与实践, (10): 39-44.
刘后平, 刘浩秋. 2012. 统筹城乡发展中的要素整合效应——对四川郫县战旗村的典型调查[C]// 第六届四川省博士专家论坛论文集. 北京: 光明日报出版社: 14-17.
刘后平, 杨青, 韩明月. 2015. 生态移民创新驱动新型城镇化发展——龙泉驿区调研分析[C]// 四川省第七届青年专家学术会议论文集. 成都: 四川科学技术出版社: 22-24.
刘后平. 2006. 我国农村剩余劳动力转移障碍分析[J]. 农村经济, (12): 111-114.
刘建铭. 2004. 关于农区工业化、城镇化与农业现代化互动发展的思考[J]. 经济经纬, (2): 64-66.
刘决琦, 曹必武. 2016. 在供给侧改革背景下实现新作为[J]. 中国农村金融, (1): 16-17.
刘莉. 2014. 职业教育在农业现代化进程中的作用——基于西奥多. W. 舒尔茨改造传统农业思想的反思[D]. 沈阳: 沈阳师范大学.
刘奇, 王飞. 2003. 论统筹城乡经济社会发展[J]. 中国农村经济, (9): 9-11.
刘奇葆. 2012. “两化”互动、统筹城乡, 走具有西部特色的科学发展之路[J]. 求是, (16): 11-14.
刘幸, 肖洪安. 2012. 基于DEA模型的四川省农业产业化龙头企业生产效率分析[J]. 西南农业大学学报, 10(8): 24-28.
刘易斯. 1989. 二元经济论[M]. 北京: 北京经济学院出版社.
罗夫永, 柯娟丽. 2006. 农村土地产权制度的缺陷及其创新[J]. 财经科学, (8): 104-109.
罗浩轩. 2013. 中国农业资本深化对农业经济影响的实证研究[J]. 农业经济问题, (09): 4-14.
罗纳德·哈里·科斯. 1994. 财产权利与制度变迁[M]. 刘守英, 等, 译. 上海: 上海三联书店.
罗纳德·哈里·科斯. 2009. 企业、市场与法律[M]. 盛洪, 陈郁, 译. 上海: 格致出版社, 上海三联书店, 上海人民出版社.
马克思. 1972. 资本论: 第1卷[M]. 北京: 人民出版社.
马歇尔. 2005. 经济学原理: 上卷[M]. 朱志泰, 译. 北京: 商务印书馆.
马颖, 朱红艳. 2007. 地区收入差距、剩余劳动力流动与中西部城镇化战略——基于中国区域发展的经验对托达罗-菲尔茨模型的扩展[J]. 福建论坛, (3): 10-15.
梅付春. 2013. 河南省粮食生产核心区农业产业结构合理性分析[J]. 河南农业科学, 42(8): 154-156.
梅林. 2009. 东北地区城乡关系协调发展模式与对策研究[D]. 长春: 东北师范大学.
母世杰. 2009. 四川省丘陵山区农机化发展现状与对策[J]. 四川农机, (4): 8-10.
穆勒. 2009. 政治经济学原理[M]. 金镝, 金熠, 译. 北京: 华夏出版社.
穆希. 2016. 农业供给侧改革如何发力[J]. 创造, (2): 38-39.
欧阳敏. 2011. 我国城乡统筹发展模式比较及其启示[J]. 商业时代, (3): 13-14.
彭美玉, 田焱, 王成璋. 2007. 制度关联性的一般均衡模型与“反租倒包”的经济分析[J]. 中国农村观察, 6: 14-26.
蒲志仲. 2009. 我国农村土地产权制度演变分析[J]. 理论导刊, (2): 52-55.
钱纳里, 等. 1988. 发展的型式 1950—1970[M]. 北京: 经济科学出版社: 32.
钱忠好. 1999. 三论农村土地的复合所有制[J]. 扬州大学学报(人文社会科学版), (2): 55-58.
乔治·斯蒂格勒. 1989. 产业的组织[M]. 北京: 北京经济学院出版社.
申兵. 2011. 我国农民工市民化的内涵、难点及对策[J]. 中国软科学, (2): 1-15.
施发启. 1998. 中国产业结构的协调性分析[J]. 统计研究, (2): 19-25.
书云. 2007. 农村劳动力转移就业成本——收益问题研究[M]. 北京: 经济科学出版社.
舒尔茨. 2011. 改造传统农业[M]. 梁小民, 译. 北京: 商务印书馆.
斯大林. 1979. 斯大林选集[M]. 北京: 人民出版社.
四川大学成都科学发展研究院, 成都市委统筹委. 2010. 成都市统筹城乡发展年度报告(2009)[M]. 成都: 四川大学出版社.

宋才发, 向叶生. 2015. 农村土地产权制度改革的法律问题探讨[J]. 广西社会科学, (1): 98-102.

孙超英, 张华泉. 2013. 科学发展观与四川"两化"互动、统筹城乡总体战略[J]. 理论与改革, (4): 121-124.

孙军, 王先柱. 2010. 要素流动的层次演进与区域协调发展[J]. 云南财经大学学报, (2): 128-133.

唐磊雯. 2009. 中国社会城镇化深层动力机制探究[J]. 中国集体经济, (1): 19-22.

唐小明, 付剑茹. 2010. 新农村建设背景下我国农村金融体系创新研究[J]. 财会月刊, (05): 47-48.

藤飞. 2012. 重庆市统筹城乡发展路径研究[D]. 重庆: 重庆工商大学.

田聪华, 沈鸿, 戴健. 2012. 基于新疆农业结构调整下的农业内部增收潜力分析[J]. 新疆农业科学, (12): 2319-2323.

田国强. 2003. 经济机制理论: 信息效率与激励机制设计[J]. 经济学（季刊）, (2): 271-308.

王斌. 2015. 四川省农业全要素生产率的评价与分析[J]. 统计与决策, (3): 146-148.

王春明. 2009. 促进农村人力资本形成的路径研究[J]. 经济纵横, (10): 39-41.

王丽英, 雷鹏程, 刘晏彤. 2017. 要素投入、经营规模对农地利用效率的影响——基于四川省 418 户农户调查数据[J]. 农村经济, (7): 39-44.

王丽英, 刘后平. 2010. 制度内生、政府效率与经济增长的分类检验——基于省级面板数据的估计与分析[J]. 经济学家, (1): 20-26.

王丽英, 王庆瑞. 2015. 城镇化与工业化互动发展的协调性与驱动力研究[J]. 西部论坛, 25(2): 1-9.

王丽英, 张明东, 刘后平. 2017. 家庭生产要素配置对西部地区农户城镇化意愿的影响[J]. 西部论坛, 27(3): 8-13.

王为. 2013. 马克思虚拟资本理论研究[D]. 南宁: 广西大学.

王艺青. 2011. 农户土地流转动因研究——基于河南省三门峡农村的调研分析[D]. 郑州: 河南农业大学.

王忠林. 2011. 我国农村集体土地流转制度研究——基于对山东省滕州市农村集体土地流转制度改革的考察[D]. 青岛: 中国海洋大学.

威廉·配第. 2006. 赋税论[M]. 邱霞, 原磊, 译. 北京: 华夏出版社.

威廉·配第. 2010. 政治算术[M]. 北京: 中国社会科学出版社.

卫志民. 2003. 近 70 年来产业组织理论的演进[J]. 经济评论, (1): 86-90.

沃西里·里昂惕夫. 1993. 1919—1939 年美国经济结构: 均衡分析的经验应用[M]. 王炎库, 邹艺湘, 译. 北京: 商务印书馆.

吴方卫. 1999. 我国农业资本存量的估计[J]. 农业技术经济, (06): 34-38.

吴玺玫. 2010. 新形势下农业产业化组织结构形式探析[J]. 华中农业大学学报, (86): 40-45.

吴兴陆, 亓名杰. 2005. 农民工迁移决策的社会文化影响因素探析[J]. 中国农村经济, (1): 26-39.

吴旭晓. 2012. 我国中部地区城市化工业化和农业现代化"三化"协调发展研究: 以赣湘鄂豫四省为例[J]. 农业现代化研究, (1): 1-7.

吴易风, 等. 2009. 马克思主义经济学与西方经济学比较研究: 第二卷[M]. 北京: 中国人民大学出版社.

伍艺, 刘后平. 2014. "两化"互动发展中的劳动力市场分割问题探讨[J]. 农村经济, (2): 99-102.

伍艺, 刘后平. 2015. 农民进城意愿影响要素实证分析——基于四川省 1523 份调查问卷[J]. 浙江农业学报, 27(7): 1266-1271.

谢恒. 2014. 成渝统筹城乡国家综合配套改革试验区发展研究[D]. 沈阳: 辽宁大学.

新华社. 2013. 中共中央关于全面深化改革若干重大问题的决定[J]. 求是, (22): 3-18.

熊彼特. 1991. 经济发展理论[M]. 北京: 商务印书馆.

徐勃. 2010. 珠三角城乡一体化的路径研究[J]. 特区经济, (8): 33-34.

徐秋实, 陈萍. 2015. 从国外城镇化建设模式看中国新型城镇化发展路径[J]. 世界农业, (3): 171-177.

许经勇. 2016. 农业供给侧改革与提高要素生产率[J]. 吉首大学学报(社会科学版). (3): 20-25.

薛晴, 孙怀安. 2014. 国外城乡一体化发展成功经验举隅[J]. 农业经济, (01): 61-63.

亚当·斯密. 2005. 国民财富的性质和原因的研究. [M]. 郭大力, 王亚南, 译. 北京: 商务印书馆.

杨春梅, 郑继兴. 2010. 现代农业市场化体系构建与运行机制[J]. 商业经济, (9): 32-34.

杨德才. 2007. 新制度经济学[M]. 南京: 南京大学出版社.

杨俊辉. 1984. 四川省 1949—1983 年工农业总产值[J]. 农村经济, (10): 33.

杨立勋, 刘媛媛. 2013. 中国农业产业结构调整效果测度及评价[J]. 统计与决策, (23): 73-77.

杨世柳. 2012. 中国城乡信贷资源协调配置问题研究[D]. 重庆: 西南大学: 7-36.

杨朔, 李世平. 2014. 基于 DEA-Malmquist 指数法的陕西省耕地全要素生产率分析[J]. 西北农林科技大学学报(社会科学版), (1): 1-9.

杨翼. 2013. 中国统筹城乡发展的理论与实践研究——基于经济机制与指标体系视角[D]. 成都: 西南财经大学.

尹少勋. 2010. 我国农村剩余劳动力转移数量和影响因素分析[D]. 广州: 暨南大学.

应舒. 2014. 我国东西部城乡一体化发展模式比较研究[D]. 苏州: 苏州大学: 13-16.

营正刚. 2001. 技术创新经济学的发展历程与趋势——从性比特到现代技术创新经济学[J]. 经济研究, (3): 10-11.

于法稳. 2016. 生态农业: 我国农业供给侧结构性改革的有效途径[J]. 企业经济, (4): 22-25.

俞云峰. 2010. 统筹城乡发展与城市化: 日韩两国的经验及启示[J]. 生产力研究, (1): 184-186.

臧锐, 杨青山, 杨晓楠, 等. 2010. 增强城市群综合承载能力的政府合作机制研究[J]. 经济地理, 8: 44-50.

曾超群. 2010. 农村土地流转问题研究[D]. 长沙: 湖南农业大学.

曾令秋, 胡健敏. 2011. 新中国农地制度研究[M]. 北京: 人民出版社.

张泓, 柳秋红, 肖怡然. 2007. 基于要素流动的城乡一体化协调发展新思路[J]. 经济体制改革, (6): 100-103.

张五常. 2000. 佃农理论[M]. 北京: 北京商务印书馆.

张五常. 2009. 中国的经济制度[M]. 北京: 中信出版社.

张霞. 2007. 基于国内外城乡统筹发展模式比较的几点思考[J]. 湖北经济学院学报(人文社会科学版), (3): 51-52.

张欣, 赵涛. 2011. 基于 DEA 的我国省级区域低碳经济的效率评价研究[J]. 西安电子科技大学学报, (21): 61-67.

张勇. 2009. 农村劳动力转移与经济增长的实证研究[J]. 经济评论, (1): 42-47.

赵今朝, 龚唯平. 2009. 产业结构系数: 经济增长理论分析的新思路[J]. 学术研究, (7): 97-102.

赵曦, 严红, 成卓. 2012. 深入推进西部大开发战略的制度与机制设计[J]. 天府新论, (2): 64-70.

赵晓波. 2013. 中国全要素土地利用效率计量分析[D]. 沈阳: 辽宁大学.

赵阳. 2007. 共有与私用: 中国农地产权制度的经济学分析[M]. 北京: 生活·读书·新知三联书店.

中共中央编译局. 1995. 马克思恩格斯选集: 第 1-4 卷[M]. 北京: 人民出版社.

中共中央马克思恩格斯列宁斯大林著作编译局. 1979. 马克思恩格斯全集: 第 31 卷、47 卷[M]. 北京: 人民出版社.

中共中央马克思恩格斯列宁斯大林著作编译局. 1995. 马克思恩格斯选集: 第 1-4 卷[M]. 北京: 人民出版社.

朱农. 2005. 中国劳动力流动与“三农”问题[M]. 武汉: 武汉大学出版社.

宗杰, 佟光霁. 2014. 中国农村金融供需缺口测算研究[J]. 北方论坛, (3): 141-143.

A Wadudand, B White. 2000. Farm household Efficiency in Bangladesh: a Comparison of Stochastic Frontier and DEA Methods[J]. Applied Economies, (13): 1665-1673.

Caselli F. 1999. Technological Revolution[J]. American Economic Review, 89: 233-245.

Coase R H. 1960. The Problem of social Cost[J]. Journal of Lawand Economies, 31-44.

Jin X, Gao Y. 2014. Empirical Analysison Regional Agricultural Industrial Structure in Jiangsu[J]. Nanjing Journal of Social Sciences.

Jorgenson D W. 1961. The Development of a Dual Economy [J]. Economic journal, (11): 309-334.

Lewis W A. 1954. Economic Development with Unlimited Supply of Labor[J]. The Manchester School Economics and Social Studies, (22): 139-191.

Nag S, Roy D, Joshi L, et al. 2015. An Analysis of Total Factor Productivity, Factor demand, and Profit of India' s Agriculture[J]. Biochemical Journal, 153(2): 463-468.

Chen P C, Yu M M, Chang C C, et al. 2008. Total factor productivity growth in China' s agricultural sector[J]. China Economic Review, (4): 580-593.

PopKin S L. 1979. The Rational Peasant[D]. Berkeley: University of California Press.

Rennings K. 2000. Redefining innovation-eco-innovation research and the contribution from ecological economics[J]. Ecological Economics, 32: 319-332.

Renold L. 1977. Imageand Reality in Economic Development[M]. Yale: Yale University Press.

Sanidas E. 2004. Technology, technical and organizational innovations, economic and societal growth[J]. Technology in society, 26: 67-84.

Ma S, Heng H. 2013. Will the decline of efficiency in China' s agriculture come to an end? An analysis based on opening and convergence[J]. China Economic Review, 27(4): 179-190.

Todaro M P. 1969. A model of labor migration and urban unemployment in less developed countries[J]. The American Economic Review, 59(1): 138-148.

Williamson. 1985. The Economic Institutions of Capitalism[M]. New York: Free Press.

Yamaguchi M, Yao W J. 2007. Total Factor Productivity of Chinese Agriculture, its Convergence and Technological Diffusion among Regions[J]. Journal of Rural Problems, 43(3): 293-301.

Zeeshan, Ahmad, Meng, et al. 2015. Optimal Scheme Selection of Agricultural Production Structure Adjustment Based on DEA Model; Punjab(Pakistan)[J]. 东北农业大学学报(英文版), 22(4): 48-52.

Zhan H, Liu S. 2015. An analysis of intermediate in puts influencing the gross product sofagriculture and its composition based on grey incidence analysis[J]. 5(2): 206- 221.